PAL-Aufgabenbank · Wirtschafts- und Sozialkunde

PAL-Aufgabenbank
der PAL = **P**rüfungs-**A**ufgaben- und **L**ehrmittelentwicklungsstelle

Herausgegeben von der
Industrie- und Handelskammer Region Stuttgart

Testaufgaben aus der
PAL-Aufgabenbank
für die Berufsausbildung

Wirtschafts- und Sozialkunde
Sechste, völlig neubearbeitete Auflage

Dr.-Ing. Paul Christiani GmbH & Co. KG

Bestell-Nr. 100038
ISBN 3-87125-010-4

6. Auflage 6⁷⁶⁵ | 2003 02 01
Alle Drucke derselben Auflage sind parallel verwendbar.

© 1996 by Verlag Dr.-Ing. Paul Christiani GmbH & Co. KG, Konstanz

Alle Rechte, einschließlich der Fotokopie, Mikrokopie, Verfilmung, Wiedergabe durch Daten-, Bild- und Tonträger jeder Art und des auszugsweisen Nachdrucks, vorbehalten. Nach dem Urheberrechtsgesetz ist die Vervielfältigung urheberrechtlich geschützter Werke oder von Teilen daraus **auch für Zwecke von Unterricht und Ausbildung nicht gestattet,** außer nach Einwilligung des Verlages und ggf. gegen Zahlung einer Gebühr für die Nutzung fremden geistigen Eigentums. Nach dem Urheberrechtsgesetz wird mit **Freiheitsstrafe bis zu einem Jahr oder mit Geldstrafe** bestraft, „wer in anderen als den gesetzlich zugelassenen Fällen ohne Einwilligung des Berechtigten ein Werk vervielfältigt ...".

Wirtschafts- und Sozialkunde

Inhaltsverzeichnis

Berufsbildung

Berufsausbildung	001 bis 079
Fortbildung und Umschulung	080 bis 098

Betriebswirtschaft

Grundfunktionen der Betriebe	099 bis 119
Unternehmungsziele, Betriebsaufgaben	120 bis 142
Betriebsarten, Betriebskennzahlen	143 bis 215
Unternehmungsformen	216 bis 324
Arbeitgeber- und Arbeitnehmerorganisationen	325 bis 358

Arbeits- und Tarifrecht

Arbeitsrecht, Arbeitsvertrag	359 bis 394
Arbeitszeit, Entlohnung, Entgeltfortzahlung	395 bis 447
Urlaub, Kündigung, Arbeitszeugnis	448 bis 493
Arbeitsschutzrechte	494 bis 538
Tarifautonomie, Tarifverträge	539 bis 556
Streik, Aussperrung	557 bis 577

Betriebliche Mitbestimmung

Betriebsverfassungsgesetz	578 bis 589
Betriebsrat	590 bis 625
Jugend- und Auszubildendenvertretung	626 bis 641
Aufgaben des Betriebsrats	642 bis 673

Sozialversicherung

Geschichtliche Entwicklung, soziale Sicherung	674 bis 696
Versicherungsarten, Selbstverwaltung, Versicherungsprinzipien	697 bis 713
Krankenversicherung	714 bis 747
Unfallversicherung	748 bis 771
Arbeitslosenversicherung	772 bis 830
Rentenversicherung	831 bis 840

Arbeits- und Sozialgerichtsbarkeit

Arbeitsgericht	841 bis 855
Sozialgericht	856 bis 864

Hinweise zur Organisation der schriftlichen Prüfung ... Seite 149

Anlagen:
Musteraufgabensatz
Lösungsschablone
Lösungsvorschläge
Markierungsbogen

Geleitwort

700 Beauftragte der Arbeitgeber, der Arbeitnehmer und Lehrer an beruflichen Schulen entwickeln derzeit in 70 Fachausschüssen der PAL praxisnahe Aufgaben für Zwischen- und Abschlußprüfungen in 105 gewerblichen Berufen.

Diese umfassende Arbeit der PAL trägt dazu bei, die von den Kammern durchgeführten Prüfungen möglichst gerecht und vergleichbar zu gestalten. Die „PAL-Aufgabenbank" nimmt den Fachausschüssen der PAL die zeitraubende Erarbeitung neuer Aufgaben ab, sie erleichtert den Ausbildern in den Betrieben und den Lehrern der Berufsschulen eine wirksame und umfassende Kontrolle des Leistungsstandes der Auszubildenden. Die „PAL-Aufgabenbank" hilft schließlich dem Auszubildenden, sich mit dem System der programmierten Prüfung vertraut zu machen.

Die bereits veröffentlichten Teile der „PAL-Aufgabenbank" haben eine hervorragende Aufnahme gefunden. Dies hat den Herausgeber und die PAL ermutigt, weitere Testaufgaben zu veröffentlichen.

Herausgeber und PAL haben den Wunsch, daß auch diese Sammlung von Testaufgaben Ausbildern und Lehrern ihre verantwortungsvolle Aufgabe erleichtern möge. Die PAL wird weiterhin bemüht bleiben, zur Weiterentwicklung der beruflichen Bildung beizutragen. Sie nimmt Anregungen zu Verbesserungen sowie Hinweise auf etwaige Unstimmigkeiten dankbar entgegen.

Stuttgart, im April 1996

Hans Peter Stihl Peter Kistner
Präsident Hauptgeschäftsführer

Industrie- und Handelskammer Region Stuttgart

Die PAL-Aufgabenbank

umfaßt gebundene und ungebundene Prüfungsaufgaben für die Prüfungsfächer Technologie, Technische Mathematik, Arbeitsplanung (Technische Kommunikation) und Wirtschafts- und Sozialkunde. Sie wurde für die Zusammenstellung von Aufgabensätzen für die Zwischen- und Abschlußprüfungen erstellt.

Für betriebliche und schulische Leistungsmessungen und zur Selbstkontrolle des Ausbildungsstands wurden aus dem Prüfungsgebiet Wirtschafts- und Sozialkunde 864 Aufgaben aus der PAL-Aufgabenbank entnommen, verändert und als Testaufgaben in dem vorliegenden Werk veröffentlicht.

Mit den veröffentlichten Testaufgaben steht den Ausbildern in den Betrieben und den Lehrkräften der Berufsschulen eine Aufgabensammlung zur Verfügung, die eine zeitraubende Erstellung immer neuer Aufgaben weitgehend überflüssig macht. Im Betrieb und in der Schule lassen sich nun häufiger Leistungsmessungen durchführen. Hierdurch können Mängel bei der Vermittlung und Schwierigkeiten bei der Aufnahme des Ausbildungsstoffs schneller erkannt werden, was wesentlich zur Verbesserung der Ausbildung beiträgt. Der Auszubildende kann mit diesen Testaufgaben seinen Ausbildungsstand selbst überprüfen. Er muß sich bei der Prüfungsvorbereitung allerdings intensiv mit den in den Testaufgaben angesprochenen Kenntnissen beschäftigen, denn in der vorliegenden Sammlung von Testaufgaben ist nur ein Teil, und dieser noch in veränderter Form, der Prüfungsaufgaben enthalten, die den Fachausschüssen zur Verfügung stehen. Hinzu kommt, daß es die große Zahl von Testaufgaben unmöglich macht, durch Auswendiglernen zum Prüfungserfolg zu gelangen.

Die Aufgaben wurden unter Beteiligung eines großen Kreises von Fachleuten aus der Ausbildungspraxis und dem beruflichen Schulwesen erarbeitet. Bei der Erstellung dieser Aufgaben wurde großer Wert auf praxisbezogene Aufgaben gelegt. Zum Erreichen dieses Ziels haben die zahlreichen Hinweise und Verbesserungsvorschläge von Ausbildungsfachleuten beigetragen.

Im Interesse einer größtmöglichen Übersichtlichkeit sind alle Aufgaben in gut überschaubaren Feldern angeordnet, so daß dem Auszubildenden die Konzentration auf die jeweilige Aufgabe erleichtert wird.

Zu jedem Fachgebiet wurden Testaufgaben unterschiedlicher Schwierigkeit zusammengestellt. Der Ausbilder bzw. der Lehrer hat daher darauf zu achten, daß nur solche Testaufgaben bei der Leistungsmessung verwendet werden, die der Auszubildende bei dem ihm vermittelten Wissen tatsächlich lösen kann. Der durchschnittliche Lösungszeitaufwand liegt bei den PAL-Aufgaben zur Wirtschaft- und Sozialkunde bei etwa 1 Minute je Aufgabe. Hierdurch ist es möglich, in einer relativ kurzen Zeit eine große Zahl von Aufgaben bearbeiten zu lassen. Auf diese Weise läßt sich ein umfassendes, aussagefähiges und zuverlässiges Bild vom Kenntnisstand des Auszubildenden ermitteln.

Die vorliegende 6. Auflage

wurde völlig neu bearbeitet. Dabei wurden die zahlreichen Änderungen, die sich in den vergangenen Jahren im Arbeits- und Sozialversicherungsrecht ergaben, berücksichtigt.

Außerdem wurden die gebundenen Aufgaben des Typs 2 aus 5, die von den Industrie- und Handelskammern zur Winterprüfung 1995/96 aus der Abschlußprüfung in den neugeordneten Ausbildungsberufen wieder herausgenommen wurden, durch Aufgaben des Typs 1 aus 5 ersetzt. Weiterhin wurden die Hinweise zur Abschlußprüfung überarbeitet und der Muster-Aufgabensatz aktualisiert.

Aufgabenbank   Berufsbildung

001

Nach Artikel 12 des Grundgesetzes haben alle Deutschen das Recht, Beruf, Arbeitsplatz und Ausbildungsstätte frei zu wählen. Was wird durch dieses Grundrecht garantiert?

1. Das Versprechen des Staats, niemals einen Arbeitszwang auszuüben
2. Ein Rechtsanspruch auf einen Ausbildungs- und Arbeitsplatz
3. Ein Rechtsanspruch auf finanzielle Unterstützung, wenn Wohnsitz und Arbeitsplatz mehr als 50 km voneinander entfernt sind
4. Das Recht, aus beruflichen Gründen den Dienst bei der Bundeswehr zu verweigern
5. Das Recht der freien Berufswahl sowie der freien Wahl des Arbeitsplatzes und der Ausbildungsstätte

002

Wovon wird vor allem in ländlichen Gegenden die Berufswahl oft am stärksten beeinflußt?

1. Von der Art und dem Umfang des örtlichen Angebots an Ausbildungsplätzen
2. Von den Wünschen der Eltern und den Ratschlägen der Freunde
3. Von dem gesellschaftlichen Ansehen der Berufe in der Gegend
4. Von den Wünschen und Interessen der Jugendlichen
5. Vom Verdienst und den Aufstiegsmöglichkeiten in den verschiedenen Berufen

003

In welcher Zeile der Tabelle ist sowohl die Aussage zum Facharbeiter als auch die zum ungelernten Arbeiter richtig?

	Facharbeiter	ungelernter Arbeiter
1	Die auszuführenden Tätigkeiten sind anspruchslos.	Die übertragenen Arbeiten sind anspruchsvoll.
2	Ein Berufswechsel kommt selten vor.	Ein Betriebswechsel ist fast nicht möglich.
3	Die berufliche Mobilität ist gering.	Das Einkommen ist meist höher als das eines Facharbeiters.
4	Die Aufstiegsmöglichkeiten sind besser.	Das Arbeitsplatzrisiko ist groß.
5	Der Kündigungsschutz ist besser als beim ungelernten Arbeiter.	Die Gefahr der Arbeitslosigkeit ist geringer als beim Facharbeiter.

004

Welcher Vergleich zwischen Facharbeiter und ungelernten Arbeiter ist *falsch*?

1. Die Aufstiegsmöglichkeiten des Facharbeiters sind größer.
2. Die berufliche Mobilität des Facharbeiters ist größer.
3. Der Kündigungsschutz des Facharbeiters ist besser.
4. Die soziale Stellung des Facharbeiters ist höher.
5. Das Einkommen des Facharbeiters ist meist höher.

005

Welches Gesetz ist die wichtigste rechtliche Grundlage für die Berufsausbildung im „Dualen System"?

1. Berufsbildungsgesetz
2. Betriebsverfassungsgesetz
3. Jugendarbeitsschutzgesetz
4. Jugendschutzgesetz
5. Bundesbildungsförderungsgesetz

006

Welche Aufgaben hat die Berufsschule im „Dualen System der Berufsausbildung"?

1. Vermittlung der Fertigkeiten und Kenntnisse entsprechend dem Ausbildungsberufsbild
2. Vermittlung der fachpraktischen Kenntnisse und Vorbereitung auf die Fachschulreife
3. Vermittlung einer breiten praktischen und theoretischen Grundausbildung und Durchführung der Zwischenprüfung
4. Vermittlung der fachtheoretischen Kenntnisse und Erweiterung der allgemeinen Bildung
5. Vermittlung einer beruflichen Grundbildung im Berufsfeld und Durchführung der Abschlußprüfung

Berufsbildung   **Aufgabenbank**

007

Welche Aussage über das Zusammenwirken von Ausbildungsbetrieb und Berufsschule im „Dualen System der Berufsausbildung" ist *falsch*?

(1) Hauptträger der Berufsausbildung ist der Betrieb.

(2) Der Ausbildungsplan des Betriebs und der Unterrichtsplan der Berufsschule sind stets genau aufeinander abgestimmt.

(3) Die Berufsschule vermittelt die fachtheoretischen und allgemeinbildende Kenntnisse.

(4) Der Betrieb vermittelt die fachpraktischen Qualifikationen.

(5) Der Berufsschulunterricht wird entweder als Teilzeit- oder Blockunterricht durchgeführt.

008

Welche Stelle erläßt die Rahmenlehrpläne für die Berufsschulen?

(1) Der Bundestag

(2) Das Bundesministerium für Wirtschaft

(3) Das Bundesministerium für Bildung

(4) Die Industrie- und Handelskammer

(5) Das Kultusministerium des jeweiligen Bundeslands

009

Welche Aussage über die Berufsausbildung nach dem Berufsbildungsgesetz ist *falsch*?

(1) Sie wird vor allem in den Betrieben der Wirtschaft durchgeführt.

(2) Sie kann auch als Teilzeitausbildung in berufsbildenden Einrichtungen durchgeführt werden.

(3) Sie kann auch in öffentlichen Betrieben durchgeführt werden.

(4) Sie wird als Vollzeitausbildung durchgeführt.

(5) Sie kann auch in beruflichen Schulen durchgeführt werden.

010

Welcher Vergleich zwischen einem Auszubildenden und einem Jungarbeiter ist richtig?

Der Auszubildende

(1) hat ein höheres Einkommen.

(2) ist – im Gegensatz zum Jungarbeiter – berufsschulpflichtig.

(3) bekommt mehr Urlaub.

(4) hat eine sozial geringere Stellung als der Jungarbeiter.

(5) hat bessere Berufsperspektiven.

011

In welcher Zeile der Tabelle ist sowohl die Aussage zum Auszubildenden als auch die zum Jungarbeiter richtig?

	Auszubildender	Jungarbeiter (unter 18 Jahre)
(1)	Ist berufsschulpflichtig	Ist nicht berufsschulpflichtig
(2)	Hat meist ein geringeres Einkommen als der Jungarbeiter	Befindet sich in einem Arbeitsverhältnis
(3)	Bekommt mehr Urlaub als der Jungarbeiter	Hat einen besseren Kündigungsschutz als der Auszubildende
(4)	Hat mehr Freizeit als der Jungarbeiter	Hat einen sichereren Arbeitsplatz als der Auszubildende
(5)	Hat das Streikrecht	Hat kein Streikrecht

012

Welche Behauptung über die gesetzliche Regelung der Berufsausbildung ist richtig?

(1) Die Gesetze und Verordnungen für die Berufsausbildung werden vom Bundesminister für Bildung erlassen.

(2) Die Gesetzgebung für die Berufsausbildung ist Angelegenheit der Bundesländer.

(3) Die Gesetzgebung für die Berufsausbildung ist Angelegenheit des Bundes.

(4) Die Gesetze für die Berufsausbildung werden vom Bundestag und die Ausbildungsordnungen von den Landesparlamenten erlassen.

(5) Die Gesetze für die Berufsausbildung werden von den Landesparlamenten und die Verordnungen von den Industrie- und Handelskammern erlassen.

Aufgabenbank — **Berufsbildung**

013

§1 des Berufsbildungsgesetzes enthält folgenden Satz: „Die .... hat eine breit angelegte berufliche Grundbildung und die für die Ausübung einer qualifizierten beruflichen Tätigkeit notwendigen fachlichen Fertigkeiten und Kenntnisse in einem geordneten Ausbildungsgang zu vermitteln".
Mit welchem Begriff muß die Lücke am Anfang des Satzes ausgefüllt werden?

1. Berufsbildung
2. Berufsausbildung
3. Berufliche Weiterbildung
4. Berufliche Fortbildung
5. Berufliche Umschulung

014

In welchem der genannten Fälle gilt das Berufsbildungsgesetz *nicht*?

1. Frau Braun wird bei einem Arzt zur Arzthelferin ausgebildet.
2. Frau Fischer wird bei der Deutschen Bahn AG als Technische Zeichnerin ausgebildet.
3. Herr Müller wird zum Werkzeugmechaniker umgeschult.
4. Herr Huber nimmt an der Industriemeisterprüfung der IHK München teil.
5. Frau Schulz wird in einer Berufsfachschule zur elektrotechnischen Assistentin ausgebildet.

015

Das Berufsbildungsgesetz unterscheidet zwischen Ausbildenden und Ausbilder. Welche Aussage über diese zwei Personen ist *falsch*?

1. Der Ausbildende muß immer eine natürliche Person sein.
2. Der Begriff „Ausbildender" ersetzt den früher geläufigen Begriff „Lehrherr".
3. Der Ausbildende kann auch eine juristische Person des privaten Rechts, z.B. eine AG oder eine GmbH sein.
4. Der Ausbilder ist die Person, die unmittelbar verantwortlich ist und in wesentlichem Umfang ausbildet.
5. Der Ausbilder kann nur eine natürliche Person sein.

016

Ein Firmeninhaber vereinbart im Mai mit einem Jugendlichen und dessen Eltern, den Jugendlichen ab 1. September zum Werkzeugmechaniker auszubilden. Was muß der Firmeninhaber danach tun?

1. Er muß unverzüglich das Arbeitsamt um Genehmigung zur Einstellung bitten.
2. Er muß den Jugendlichen sofort bei der Berufsschule anmelden.
3. Er muß unverzüglich den wesentlichen Inhalt des Berufsausbildungsvertrags schriftlich niederlegen.
4. Er muß ab 1. Juni die Ausbildungsvergütung zahlen.
5. Er muß bis spätestens Ende August das Kultusministerium um Genehmigung zur Einstellung bitten.

017

Ein Firmeninhaber (Ausbildender) schließt mit einem Jugendlichen einen Berufsausbildungsvertrag ab. Wer muß diesen Vertrag unterschreiben?

1. Nur der Ausbildende und der Auszubildende
2. Nur der Ausbildende und der gesetzliche Vertreter des Auszubildenden
3. Der Ausbildende, der Auszubildende und der Direktor der Berufsschule
4. Der Ausbildende, der Auszubildende und dessen gesetzlicher Vertreter
5. Der Ausbildende, der Auszubildende und der Vertreter der Kammer

018

Es soll ein Berufsausbildungsvertrag mit einem Jugendlichen abgeschlossen werden. Welche Aussage über diesen Berufsausbildungsvertrag ist *falsch*?

1. Er muß schriftlich abgeschlossen werden.
2. Er muß dem Berufsbildungsgesetz entsprechen.
3. Er ist unverzüglich dem Arbeitsamt zur Eintragung in das Verzeichnis der Berufsausbildungsverhältnisse einzureichen.
4. Er muß vom Ausbildenden, dem Auszubildenden und dessen gesetzlichen Vertreter unterzeichnet werden.
5. Er ist unverzüglich dem Auszubildenden und dessen gesetzlichen Vertreter auszuhändigen.

Berufsbildung — Aufgabenbank

019

Was muß in einem Berufsausbildungsvertrag unter anderem angegeben sein?

1. Vereinbarungen über Vertragsstrafen
2. Bestimmungen über die Weiterbeschäftigung nach der Ausbildung
3. Beginn und Ende der täglichen Arbeitszeit
4. Dauer der wöchentlichen Unterrichtszeit in der Berufsschule
5. Dauer der Probezeit

020

Was darf in einem Berufsausbildungsvertrag *nicht* vereinbart werden?

1. Abkürzung der Ausbildungszeit aufgrund einer vorangegangenen Ausbildung
2. Voraussetzungen für die Kündigung des Berufsausbildungsvertrags
3. Zahlung einer Entschädigung für die Ausbildung durch den Auszubildenden
4. Dauer der regelmäßigen täglichen Arbeitszeit
5. Ausbildungsmaßnahmen außerhalb der Ausbildungsstätte

021

Was darf ein Berufsausbildungsvertrag *nicht* enthalten?

1. Eine Verpflichtung, nach der Berufsausbildung im Betrieb zu bleiben
2. Eine Vereinbarung über das Ende der Berufsausbildung
3. Eine Vereinbarung über die Führung des Ausbildungsnachweises
4. Eine Vereinbarung über die Dauer der täglichen Arbeitszeit
5. Eine Vereinbarung über die Höhe der Vergütung

022

Ein Berufsausbildungsvertrag enthält unter anderem die folgenden fünf Angaben. Welche Angabe ist nach dem Berufsbildungsgesetz *nicht* zulässig?

1. Das Berufsausbildungsverhältnis beginnt am 15. August.
2. Die regelmäßige tägliche Arbeitszeit beträgt 8 Stunden.
3. Der Auszubildende verpflichtet sich, nach bestandener Abschlußprüfung noch zwei Jahre im Ausbildungsbetrieb als Facharbeiter zu arbeiten.
4. Die Probezeit beträgt 3 Monate.
5. Der Auszubildende verpflichtet sich, an der dreiwöchigen überbetrieblichen Ausbildung im Lichtbogenschweißen bei der Industrie- und Handelskammer teilzunehmen.

023

Nach dem Berufsbildungsgesetz hat der Ausbildende dem Auszubildenden eine angemessene Vergütung zu gewähren. Wo kann der Auszubildende nachlesen, ob seine Vergütung dem geltenden Mindestsatz entspricht?

1. Berufsbildungsgesetz
2. Berufsausbildungsvertrag
3. Jugendarbeitsschutzgesetz
4. Tarifvertragsgesetz
5. Tarifvertrag

024

Welche Behauptung über die Ausbildungsvergütung ist *falsch*?

1. Sie muß mit fortschreitender Berufsausbildung, mindestens jährlich, erhöht werden.
2. Sie muß spätestens am letzten Arbeitstag des Monats gezahlt werden.
3. Sie ist auch zu zahlen, wenn der Auszubildende an Ausbildungsmaßnahmen außerhalb der Ausbildungsstätte teilnimmt.
4. Sie ist dem Auszubildenden auszuzahlen bzw. auf sein Konto zu überweisen.
5. Sie muß halbjährlich erhöht werden.

Aufgabenbank   **Berufsbildung**

025

Wie lang muß bei einem Berufsausbildungsverhältnis die Probezeit mindestens und wie lang darf sie höchstens sein?

① Mindestens eine Woche und höchstens sechs Monate

② Mindestens einen Monat und höchstens drei Monate

③ Mindestens zwei Wochen und höchstens sechs Monate

④ Mindestens einen Monat und höchstens sechs Monate

⑤ Mindestens sechs Wochen und höchstens drei Monate

026

Mit welcher Kündigungsfrist kann der Ausbildungsvertrag während der Probezeit gelöst werden?

① Sofort, ohne Einhaltung einer Kündigungsfrist

② 2 Wochen

③ 6 Wochen

④ 2 Monate

⑤ 3 Monate

027

Wie muß ein Berufsausbildungsverhältnis nach Ablauf der Probezeit gekündigt werden?

① Schriftlich ohne Angabe der Kündigungsgründe

② Schriftlich mit Genehmigung der Industrie- und Handelskammer

③ Schriftlich mit Angabe der Kündigungsgründe

④ Mündlich ohne Angabe der Kündigungsgründe

⑤ Mündlich mit Angabe der Kündigungsgründe

028

Ein Auszubildender will sich nach der Probezeit in einem anderen als dem gewählten Beruf ausbilden lassen. Was muß er tun?

① Er muß zuerst die angefangene Ausbildung beenden.

② Er muß seinem Ausbilder den Grund sagen und kann in der nächsten Woche bei der anderen Firma anfangen.

③ Er fängt sofort bei der anderen Firma an. Eine Kündigung ist nicht erforderlich.

④ Er muß seinen Berufsausbildungsvertrag mit einer Kündigungsfrist von 4 Wochen kündigen.

⑤ Er kann mit der neuen Ausbildung sofort beginnen, wenn er die bisher gezahlte Ausbildungsvergütung zurückzahlt.

029

In welchem der genannten Fälle sollte der Berufsausbildungsvertrag unverzüglich gelöst und ein Berufswechsel vorgenommen werden?

① Die ärztliche Nachuntersuchung ergibt, daß der Auszubildende den Anforderungen des Ausbildungsberufs gesundheitlich nicht gewachsen ist.

② Der Auszubildende erfährt, daß in der Berufsschule freiwerdende Lehrerstellen nicht mehr besetzt werden und daß dadurch der Berufsschulunterricht gekürzt werden muß.

③ Der Auszubildende hört in der Betriebsversammlung, daß die Belegschaft in den nächsten fünf Jahren um 10 % reduziert werden soll.

④ Dem Auszubildenden wird durch die Industrie- und Handelskammer mitgeteilt, daß er im praktischen Teil der Zwischenprüfung nur 48 Punkte erreicht hat.

⑤ Dem Auszubildenden wird vom Berufsschullehrer am Ende des zweiten Ausbildungsjahrs mitgeteilt, daß er das Klassenziel nicht erreicht hat.

030

Wann endet ein Berufsausbildungsverhältnis, wenn das Vertragsende **vor** der letzten Prüfungsleistung liegt?

① Mit Vertragsende

② Mit Bestehen der schriftlichen Prüfung

③ Mit Ablauf des Monats, in dem die schriftliche Prüfung bestanden wurde

④ Mit Ablauf des Monats, in dem die mündliche Prüfung bestanden wurde

⑤ Mit Bestehen der mündlichen Prüfung

Kopieren und jede Form der Vervielfältigung oder Reproduktion nicht gestattet.

Berufsbildung

031

Ein Auszubildender stellt bei der Industrie- und Handelskammer einen Antrag auf vorzeitige Zulassung zur Abschlußprüfung. Was hat die Kammer vor ihrer Entscheidung zu tun?

(1) Sie muß den Ausbildenden und den gesetzlichen Vertreter befragen.

(2) Sie muß dem Prüfungsausschuß-Vorsitzenden den Antrag zur Entscheidung übergeben.

(3) Sie muß den Ausbildenden und die Berufsschule anhören.

(4) Sie muß dem Prüfungsausschuß den Antrag zur Entscheidung übergeben.

(5) Sie muß nur die Berufsschule befragen und dann den Antrag an den Prüfungsausschuß weitergeben.

032

Nach dem Berufsbildungsgesetz kann die Ausbildungszeit auf Antrag von der zuständigen Stelle verlängert werden. Wer muß diesen Antrag stellen?

(1) Der Ausbilder

(2) Die Berufsschule

(3) Der Ausbildende

(4) Der Ausbildende im Einvernehmen mit der Berufsschule

(5) Der Auszubildende

033

In welchem Fall muß ein Berufsausbildungsverhältnis verlängert werden?

(1) Auf Verlangen der Industrie- und Handelskammer bei nichtbestandener Abschlußprüfung

(2) Automatisch bei schlechten Leistungen in der Zwischenprüfung

(3) Auf Verlangen des Ausbilders bei nichtbestandener Abschlußprüfung

(4) Auf Verlangen der Berufsschule bei ungenügenden Leistungen

(5) Auf Verlangen des Auszubildenden bei nichtbestandener Abschlußprüfung

034

Ein Auszubildender möchte nach Bestehen der Abschlußprüfung den Betrieb wechseln. Welche Aussage über den Betriebswechsel ist richtig?

(1) Der Auszubildende muß spätestens einen Monat vor Ende des Berufsausbildungsverhältnisses mündlich kündigen.

(2) Der Auszubildende muß spätestens drei Monate vor Ende des Berufsausbildungsverhältnisses schriftlich kündigen, wobei er keine Gründe nennen muß.

(3) Der Auszubildende kann den Ausbildenden rechtzeitig über den Betriebswechsel unterrichten. Eine Kündigung ist nicht erforderlich, da das Berufsausbildungsverhältnis mit dem Bestehen der Abschlußprüfung automatisch beendet wird.

(4) Der Auszubildende muß den Ausbildenden unverzüglich nach Abschluß des Arbeitsvertrages unterrichten.

(5) Der Auszubildende muß spätestens drei Monate vor Ende des Berufsausbildungsverhältnisses unter Angabe von Gründen schriftlich kündigen.

035

Einem Auszubildenden ist nichts über den weiteren Fortgang seiner Beschäftigung nach Beendigung der Berufsausbildung mitgeteilt worden. Am letzten Ausbildungstag wird ihm gesagt, daß am nächsten Tage seine Tätigkeit in der Firma beendet ist. Ist das nach dem Berufsbildungsgesetz zulässig?

(1) Ja, allerdings muß der Arbeitgeber dem Auszubildenden eine Abfindung zahlen.

(2) Ja, da in diesem Fall keine gesetzliche Verpflichtung zur Weiterbeschäftigung besteht.

(3) Nein, da nach dem Berufsbildungsgesetz der Ausbildende den jungen Facharbeiter noch 1 Jahr beschäftigen muß.

(4) Nein, denn der Ausbildende hätte das mindestens drei Monate vorher mitteilen müssen.

(5) Nein, der Arbeitgeber muß schriftlich kündigen.

036

Nach dem Berufsbildungsgesetz ist dem Auszubildenden nach Beendigung der Ausbildung ein Zeugnis auszustellen. Welche Angabe ist nur auf Verlangen des Auszubildenden in das Zeugnis aufzunehmen?

(1) Führung des Auszubildenden

(2) Dauer der Ausbildung

(3) Art der Ausbildung

(4) Ziel der Ausbildung

(5) Erworbene Fertigkeiten

Aufgabenbank   **Berufsbildung**

037

Welche rechtliche Verpflichtung muß jeder Ausbildende bei Abschluß des Berufsausbildungsvertrags übernehmen?

(1) Die Ausbildung persönlich durchzuführen.

(2) Die in der Ausbildungsordnung genannten Fertigkeiten und Kenntnisse während der Ausbildung zu vermitteln.

(3) Die für den Berufsschulbesuch erforderlichen Lernmittel kostenlos zur Verfügung zu stellen.

(4) Die allgemeine Berufskleidung kostenlos bereitzustellen und für deren regelmäßige Säuberung zu sorgen.

(5) Eine gesunde und ausreichende Verpflegung kostenlos zur Verfügung zu stellen.

038

Welche rechtliche Verpflichtung übernimmt der Ausbildende bei Abschluß des Berufsausbildungsvertrags *nicht*?

(1) Den Auszubildenden charakterlich zu fördern

(2) Den Auszubildenden nur Aufgaben zu übertragen, die dem Ausbildungszweck dienen

(3) Dem Auszubildenden die Fahrtkosten für den Weg von der Wohnung zur Ausbildungsstätte zu erstatten

(4) Den Auszubildenden zum Führen eines Berichtsheftes anzuhalten

(5) Dem Auszubildenden kostenlos die besondere Arbeitskleidung, wie Schutzhandschuhe, Schutzhelm, zur Verfügung zu stellen

039

Welche rechtliche Verpflichtung übernimmt der Ausbildende bei Abschluß des Berufsausbildungsvertrags *nicht*?

(1) Die Ausbildung planmäßig, zeitlich und sachlich gegliedert durchzuführen

(2) Den Auszubildenden nach der Abschlußprüfung als Facharbeiter zu beschäftigen

(3) Den Auszubildenden zu den Prüfungen freizustellen

(4) Den Auszubildenden zum Besuch der Berufsschule anzuhalten

(5) Die Gebühr für die Abschlußprüfung zu bezahlen

040

Nach dem Berufsbildungsgesetz und dem Berufsausbildungsvertrag muß der Ausbildende dem Auszubildenden kostenlos die Ausbildungsmittel zur Verfügung stellen, die zur Berufsausbildung erforderlich sind. Was gehört *nicht* zu diesen Ausbildungsmitteln?

(1) Berichtsheft

(2) Werkzeuge

(3) Werkstoffe

(4) Allgemeine Berufskleidung

(5) Ausbildungsordnung

041

Nach dem Berufsbildungsgesetz muß der Ausbildende dem Auszubildenden kostenlos die Ausbildungsmittel zur Verfügung stellen, die zum Ablegen von Zwischen- und Abschlußprüfungen erforderlich sind. Was gehört unter anderem dazu?

(1) Fahrtkosten zur Prüfungswerkstatt

(2) Übernachtungskosten im Zusammenhang mit der Abschlußprüfung

(3) Werkzeuge und Werkstoffe

(4) Fachbücher, soweit sie im Berufsschulunterricht verwendet werden.

(5) Allgemeine Berufskleidung

042

Ein Auszubildender benötigt für den Weg von der Wohnung zur Berufsschule 45 min. Welche Aussage über diese „Wegezeit" ist richtig?

(1) Der Ausbildende muß weder die Wegezeit auf die Arbeitszeit anrechnen noch die Wegezeit vergüten.

(2) Der Ausbildende muß lediglich die Zeit für eine Wegstrecke auf die Arbeitszeit anrechnen.

(3) Der Ausbildende muß die gesamte Wegezeit – also zweimal 45 min – vergüten.

(4) Der Ausbildende muß lediglich den Aufwand für 45 min vergüten.

(5) Der Ausbildende muß die gesamte Wegezeit – also zweimal 45 min – auf die Arbeitszeit anrechnen.

Kopieren und jede Form der Vervielfältigung oder Reproduktion nicht gestattet.

Berufsbildung — Aufgabenbank

043

Ein Auszubildender arbeitet im Rahmen seiner Ausbildung in einer Produktionsabteilung. Der Facharbeiter, dem er zugeteilt ist, muß wegen Auftragsmangel kurzarbeiten. Kann der Ausbildende diese Kurzarbeit auch für den Auszubildenden anordnen?

(1) Ja, sofern der Auszubildende mit der Kurzarbeit einverstanden ist.

(2) Nein, der Ausbildende muß Maßnahmen ergreifen, um die Ausbildungszeit sinnvoll zu nutzen.

(3) Ja, sofern die Industrie- und Handelskammer die Kurzarbeit des Auszubildenden genehmigt.

(4) Ja, sofern das Arbeitsamt die Kurzarbeit genehmigt.

(5) Ja, sofern der Ausbildende die Ausbildungsvergütung ungeschmälert weiterzahlt.

044

Nach dem Berufsbildungsgesetz muß für den Auszubildenden eine sachliche und zeitliche Gliederung der Ausbildung (Ausbildungsplan) vom Ausbildenden erstellt werden. Welche Aussage ist richtig?

(1) Sie muß dem Ausbildungsvertrag beigefügt werden.

(2) Sie muß im Betrieb öffentlich ausgehängt werden.

(3) Sie muß bei der Berufsschule hinterlegt werden.

(4) Sie muß dem Auszubildenden nur auf Verlangen zur Einsichtnahme zur Verfügung gestellt werden.

(5) Sie muß vom Betriebsrat und der Gewerkschaft genehmigt werden.

045

Welche Verpflichtung übernimmt der Auszubildende bei Abschluß des Berufsausbildungsvertrags *nicht*?

(1) Sich nach besten Kräften um das Erreichen des Ausbildungsziels zu bemühen

(2) Bei Fernbleiben von der betrieblichen Ausbildung oder vom Berufsschulunterricht den Ausbildenden unverzüglich zu benachrichtigen

(3) Die ihm im Rahmen der Berufsausbildung übertragenen Arbeiten sorgfältig auszuführen

(4) Auf jegliche Nebentätigkeit für die Dauer der Berufsausbildung zu verzichten

(5) Dem Ausbildenden das Berufsschulzeugnis vorzulegen

046

Welche Behauptung über die Pflichten des Auszubildenden ist richtig?

Im Rahmen der Berufsausbildung muß der Auszubildende

(1) die Ausbildungsmittel pfleglich behandeln.

(2) bei Terminarbeiten Überstunden machen.

(3) die erforderlichen Handwerkzeuge selbst kaufen.

(4) allen Weisungen der Erwachsenen folgen.

(5) wenn es erforderlich ist, in Wechselschicht arbeiten.

047

Mehrere Auszubildende unterhalten sich über die Pflichten, die sie bei Abschluß des Berufsausbildungsvertrags übernommen haben. Welcher Auszubildende irrt sich?

(1) Karl: Eine ärztliche Bescheinigung über eine Arbeitsunfähigkeit brauchen wir aber erst am dritten Tag nach dem Fernbleiben dem Ausbildenden zuzuleiten.

(2) Urs: Vor Ablauf des ersten Ausbildungsjahrs müssen wir uns von einem Arzt nachuntersuchen lassen.

(3) Uwe: Unsere Hauptpflicht ist die Lernpflicht.

(4) Jens: Bei krankheitsbedingtem Fernbleiben vom Ausbildungsbetrieb müssen wir den Ausbildenden unverzüglich benachrichtigen.

(5) Heinz: Als Auszubildende müssen wir allen Weisungen der Ausbilder folgen.

048

Wer stellt nach dem Berufsbildungsgesetz fest, welcher Betrieb ausbilden darf?

(1) Der Arbeitgeberverband

(2) Der Deutsche Gewerkschaftsbund

(3) Die Industrie- und Handelskammer

(4) Das Arbeitsamt

(5) Die Berufsgenossenschaft

Aufgabenbank **Berufsbildung**

Kennzeichen	Aufgabe
A	Erlaß von Ausbildungsordnungen
B	Vermitteln von Ausbildungsstellen
C	Durchführen von Eignungstests
D	Feststellen der Eignung der Ausbildungsstätte
E	Führen des Verzeichnisses der Berufsausbildungsverhältnisse
F	Festlegen der Höhe der Ausbildungsvergütung
G	Feststellen der persönlichen und fachlichen Eignung des Ausbilders
H	Errichten von Prüfungsausschüssen
K	Durchführen von Zwischen- und Abschlußprüfungen
L	Überwachen der Durchführung der Berufsausbildung

Bild a

049

Bild a. In der Tabelle sind Aufgaben aufgeführt, die von verschiedenen Institutionen wahrgenommen werden müssen. In welcher Auswahlantwort stehen nur Aufgaben, die nach dem Berufsbildungsgesetz die Industrie- und Handelskammer zu erfüllen hat?

(1) A, C, D und F
(2) A, D, E und H
(3) C, D, F und L
(4) D, F, H und K
(5) D, E, G und L

050

Bild a. In der Tabelle sind Aufgaben aufgeführt, die von verschiedenen Institutionen wahrgenommen werden müssen. In welcher Auswahlantwort stehen nur Aufgaben, die nach dem Berufsbildungsgesetz die Industrie- und Handelskammer zu erfüllen hat?

(1) A, C und F
(2) B, D und H
(3) C, D, F und L
(4) D, E, H und K
(5) B, D, F und K

051

Welche der genannten Aufgaben hat die Industrie- und Handelskammer im Rahmen des Berufsbildungsgesetzes wahrzunehmen?

(1) Erlaß von Ausbildungsordnungen
(2) Festlegen der Höhe des Urlaubs für Auszubildende und Umschüler
(3) Überwachen des Unterrichts der Berufsschule
(4) Beraten der Ausbildenden bei der Durchführung der Berufsausbildung
(5) Überwachen der Einhaltung der Unfallverhütungsvorschriften

052

Nach dem Berufsbildungsgesetz darf nur ausbilden, wer persönlich und fachlich geeignet ist. An welches Mindestalter ist die fachliche Eignung gebunden?

(1) 21 Jahre
(2) 24 Jahre
(3) 25 Jahre
(4) 28 Jahre
(5) 30 Jahre

Berufsbildung — Aufgabenbank

053

Durch welche Institution erfolgt die staatliche Anerkennung der gewerblich/technischen Ausbildungsberufe?

1. Durch den Deutschen Industrie- und Handelstag
2. Durch die einzelnen Industrie- und Handelskammern
3. Durch den Bundesminister für Wirtschaft
4. Durch den Bundesminister für Bildung
5. Durch die Kultusminister der Bundesländer

054

Nach dem Berufsbildungsgesetz darf in einem staatlich anerkannten Ausbildungsberuf nur nach der Ausbildungsordnung ausgebildet werden. Welche Aussage über die Ausbildungsordnung ist richtig?

1. Die Ausbildungsordnung wird vom Bundestag beschlossen.
2. Die Ausbildungsordnung ist für alle anerkannten Ausbildungsberufe inhaltlich gleich.
3. Die Ausbildungsordnung enthält Maximalanforderungen, d.h. der Betrieb darf weniger, als in der Ausbildungsordnung angegeben, vermitteln.
4. Die Ausbildungsordnung gilt für den Ausbildungsbetrieb und für die Berufsschule.
5. Die Ausbildungsordnung dient als Grundlage für eine geordnete und einheitliche Berufsausbildung.

055

Nach dem Berufsbildungsgesetz dürfen Jugendliche unter 18 Jahren nur in „anerkannten Ausbildungsberufen" ausgebildet werden. Welche Aussage ist richtig?

1. An dem Anerkennungsverfahren sind Arbeitgeberverbände und Arbeitnehmerorganisationen beteiligt.
2. Die staatliche Anerkennung erfolgt durch den Bundesminister für Bildung.
3. Es gibt heute etwa 120 staatlich anerkannte Ausbildungsberufe.
4. Gleichzeitig mit der staatlichen Anerkennung wird vom Bundesminister für Wirtschaft ein für alle Berufsschulen geltender Rahmenlehrplan erlassen.
5. Soll ein anerkannter Ausbildungsberuf aufgehoben werden, weil er der wirtschaftlichen Entwicklung nicht mehr entspricht, dann ist die Zustimmung des Bundestags erforderlich.

056

Nach dem Berufsbildungsgesetz darf in einem staatlich anerkannten Ausbildungsberuf nur auf der Grundlage der „Ausbildungsordnung" ausgebildet werden. Was ist in einer Ausbildungsordnung *nicht* festgelegt?

1. Die Bezeichnung des Ausbildungsberufs
2. Die Dauer der Ausbildung
3. Die Kenntnisse, die in der Berufsschule vermittelt werden müssen
4. Die Fertigkeiten und Kenntnisse, die im Ausbildungsbetrieb vermittelt werden müssen
5. Die Anforderungen für die Zwischen- und Abschlußprüfung

057

Ein Auszubildender ist der Ansicht, daß der Ausbildungsbetrieb ihm weniger, als für seine spätere Berufstätigkeit erforderlich, vermittelt. Wo kann der Auszubildende nachlesen, was der Ausbildungsbetrieb mindestens vermitteln muß?

1. Im Berufsbildungsgesetz
2. Im Tarifvertrag
3. Im Rahmenlehrplan des Kultusministerkonferenz
4. In der Prüfungsordnung der Industrie- und Handelskammer
5. In der Ausbildungsordnung

058

Was enthält ein Ausbildungsberufsbild?

1. Bestimmungen über die Qualifikationen, die während der Berufsausbildung zu vermitteln sind
2. Bestimmungen über die Urlaubsdauer
3. Versetzungspläne in die einzelnen Betriebsabteilungen
4. Richtlinien für den Berufsschulunterricht
5. Bestimmungen über die Höhe der Ausbildungsvergütung

Aufgabenbank   **Berufsbildung**

059

Welcher Institution ist nach dem Berufsbildungsgesetz die Überwachung der Berufsausbildung übertragen worden?

1. Kultusministerium
2. Arbeitsamt
3. Industrie- und Handelskammer
4. Gewerbeaufsichtsamt
5. Berufsgenossenschaft

060

Was gehört unter anderem zu den Aufgaben eines Ausbildungsberaters einer Industrie- und Handelskammer?

1. Ausarbeiten der Aufgaben für die Abschlußprüfung
2. Kontrollieren des Berufsschulunterrichts
3. Festlegen des Ergebnisses der Abschlußprüfung
4. Prüfen von Betrieben auf Eignung als Ausbildungsstätte
5. Vermitteln von Arbeitsplätzen

061

Was gehört *nicht* zum Gegenstand der nach dem Berufsbildungsgesetz durchzuführenden Abschlußprüfung?

1. Berufsbezogene Fertigkeiten
2. Fachpraktische Kenntnisse
3. Fachtheoretische Kenntnisse
4. Der im Berufsschulunterricht vermittelte Lehrstoff, soweit er für die Berufsausbildung wesentlich ist
5. Allgemeinbildende Kenntnisse aus den Gebieten Deutsch, Religion

062

Für die Durchführung der Abschlußprüfung müssen Prüfungsaufgaben ausgearbeitet werden. Wo ist im einzelnen festgelegt, welche Qualifikationen geprüft werden können?

1. Ausbildungsordnung
2. Prüfungsordnung der Berufsschule
3. Berufsbildungsgesetz
4. Rahmenstoffplan der Berufsschule
5. Prüfungsordnung der Industrie- und Handelskammer und Rahmenstoffplan der Berufsschule

063

Nach dem Jugendarbeitsschutzgesetz hat der Arbeitgeber den Jugendlichen an dem Arbeitstag, der der schriftlichen Prüfung unmittelbar vorangeht, freizustellen. Welche Aussage ist richtig?

1. Die Freistellungspflicht gilt auch für Auszubildende über 18 Jahre.
2. Findet der schriftliche Teil der Abschlußprüfung am Dienstag und am Donnerstag statt, dann ist der Prüfling am Montag und am Mittwoch freizustellen.
3. Beginnt der schriftliche Teil der Abschlußprüfung an einem Dienstag und ist der Montag Arbeitstag, dann muß der Prüfling am Montag freigestellt werden.
4. Beginnt der schriftliche Teil der Abschlußprüfung an einem Montag, dann ist der Prüfling am Freitag freizustellen.
5. Die Freistellungspflicht gilt auch für den schriftlichen Teil der Zwischenprüfung.

064

Nach dem Jugendarbeitsschutzgesetz hat der Arbeitgeber den Jugendlichen an dem Arbeitstag, der der schriftlichen Prüfung unmittelbar vorangeht, freizustellen. In welchem Fall muß der Arbeitgeber für diesen zusätzlichen Arbeitstag freistellen?

Der schriftliche Teil der

1. Zwischenprüfung findet an einem Montag statt.
2. Zwischenprüfung findet an einem Dienstag statt.
3. Abschlußprüfung beginnt an einem Dienstag.
4. Abschlußprüfung beginnt an einem Montag.
5. Abschlußprüfung beginnt an einem Mittwoch, wobei der Dienstag ein gesetzlicher Feiertag ist.

Berufsbildung — **Aufgabenbank**

065

Ein Auszubildender beantragt, vorzeitig zur Abschlußprüfung zugelassen zu werden. Die Industrie- und Handelskammer hält die Zulassungsvoraussetzungen für *nicht* gegeben. Wer entscheidet dann über den Antrag?

(1) Der Prüfungsausschuß

(2) Der Präsident der Industrie- und Handelskammer

(3) Das Wirtschaftsministerium

(4) Das Arbeitsgericht

(5) Der Berufsbildungsausschuß der Industrie- und Handelskammer

066

Wie muß ein Prüfungsausschuß für die Abnahme der Abschlußprüfung mindestens zusammengesetzt sein?

(1) Aus einem Ausbilder und einem Berufsschullehrer

(2) Aus einem Unternehmer und einem Mitglied der zuständigen Gewerkschaft

(3) Aus je einem Beauftragten der Arbeitgeber, Arbeitnehmer und der berufsbildenden Schule

(4) Aus 5 Mitgliedern: 2 Unternehmer, 2 Berufsschullehrer, 1 Beauftragter der Gewerkschaft

(5) Aus einem Ausbildungsberater, einem Ausbilder und einem Berufsschullehrer

067

Welche Aussage über die Abschlußprüfung entspricht dem Berufsbildungsgesetz?

(1) Für die Abnahme der Abschlußprüfung errichtet die Berufsschule Prüfungsausschüsse.

(2) Zur Abschlußprüfung werden nur die Auszubildenden zugelassen, die die Zwischenprüfung bestanden haben.

(3) Über die Zulassung zur Abschlußprüfung entscheidet der Berufsbildungsausschuß der Industrie- und Handelskammer.

(4) Besteht der Auszubildende die Abschlußprüfung nicht, so muß er die Prüfungsgebühr selbst bezahlen.

(5) Das für die praktische Prüfung erforderliche Material muß der Ausbildende dem Auszubildenden kostenlos zur Verfügung stellen.

068

Wer stellt das Ergebnis der Abschlußprüfung fest?

(1) Der Ausbildungsberater der Industrie- und Handelskammer

(2) Der Prüfungsausschuß im Einvernehmen mit dem Ausbildungsbetrieb

(3) Der Vorsitzende des Prüfungsausschusses

(4) Der Vorsitzende des Prüfungsausschusses, in Absprache mit dem Klassenlehrer der Berufsschule

(5) Der Prüfungsausschuß

069

Was darf die Industrie- und Handelskammer im Rahmen der Vorbereitung und Abwicklung der Abschlußprüfung *nicht* tun?

(1) Über einen Widerspruch entscheiden

(2) Die Prüfungstermine festlegen

(3) Das Prüfungszeugnis ausstellen

(4) Das vom Prüfungsausschuß beschlossene Ergebnis der Abschlußprüfung ändern

(5) Die Prüfer zur Durchführung der einzelnen Prüfungsteile einladen

070

Wo könnte ein Prüfungsteilnehmer nachlesen, ob bei seiner Abschlußprüfung alle Formalien eingehalten wurden?

(1) Im Berufsbildungsgesetz

(2) In der Ausbildungsordnung

(3) Im Rahmenlehrplan der Berufsschule

(4) In der Prüfungsordnung der Industrie- und Handelskammer

(5) In der Prüfungsordnung der Berufsschule

Aufgabenbank Berufsbildung

071

Was ist in der Prüfungsordnung für die Abschlußprüfung der Industrie- und Handelskammer *nicht* geregelt?

(1) Die Gliederung der Abschlußprüfung

(2) Die Voraussetzungen für die Zulassung zur Abschlußprüfung

(3) Die Prüfungszeiten für die Fertigkeitsprüfung sowie für die schriftliche und die mündliche Prüfung

(4) Die Bewertungsmaßstäbe für die Prüfungsleistungen

(5) Die Zusammensetzung des Prüfungsausschusses

072

In welchem der genannten Fällen wird gegen die Prüfungsordnung für Abschlußprufungen verstoßen?

(1) Der Prüfungsausschuß schließt einen Prüfungsteilnehmer von der Prüfung aus, weil er sich weigert, beim Scharfschleifen eines Spiralbohrers eine Schutzbrille zu tragen.

(2) Die mündliche Prüfung wird von zwei Mitgliedern des Prüfungsausschusses durchgeführt.

(3) Der Prüfungsausschuß weist einen Reporter zurück, der bei der schriftlichen Prüfung fotographieren möchte.

(4) Bei der schriftlichen Prüfung führt nur ein Mitglied des Prüfungsausschusses die Aufsicht.

(5) Der Prüfungsausschuß verwendet Prüfungsaufgaben, die er nicht selbst erarbeitet hat.

073

Welcher der fünf Prüfungsteilnehmer hat die Abschlußprüfung bestanden?

Prüfungs-teilnehmer	Erreichte Punkte in der	
	Praktischen Prüfung	Schriftlichen Prüfung
(1) Maier	50	50
(2) Fischer	46	62
(3) Hermann	51	49
(4) Gärtner	50	47
(5) Müller	49	51

074

Welcher der fünf Prüfungsteilnehmer hat die Abschlußprüfung *nicht* bestanden?

Prüfungs-teilnehmer	Erreichte Punkte in der	
	Praktischen Prüfung	Schriftlichen Prüfung
(1) Becker	50	62
(2) Friedrich	50	50
(3) Heinrich	51	53
(4) Schulze	65	50
(5) Reinhard	50	47

075

Bei der Abschlußprüfung in den Metallberufen erreichen fünf Prüflinge die in der Tabelle aufgeführten Ergebnisse. Welcher Prüfling hat die Abschlußprüfung *nicht* bestanden?

Prüfungs-teilnehmer	Erreichte Punkte in der				
	Praktischen Prüfung	Technologie	Technische Mathematik	Arbeitsplanung	Wirtschafts- und Sozialkunde
(1) Müller	75	55	49	50	70
(2) Schulze	52	56	51	42	46
(3) Schmied	65	48	53	55	68
(4) Becker	51	50	46	57	67
(5) Maier	50	54	48	55	45

Berufsbildung — Aufgabenbank

076

Bei der Abschlußprüfung in den Elektroberufen erreichen fünf Prüflinge die in der Tabelle aufgeführten Ergebnisse. Welcher Prüfling hat die Abschlußprüfung *nicht* bestanden?

Prüfungs-teilnehmer	Erreichte Punkte in der				
	Praktischen Prüfung	Technologie	Technische Mathematik	Schaltungs- und Funktionsanalyse	Wirtschafts- und Sozialkunde
(1) Lutz	50	51	48	47	60
(2) Bachl	53	50	45	56	62
(3) Heinrich	55	52	60	45	48
(4) Adam	71	47	53	58	65
(5) Kasto	65	55	53	55	42

077

In der Abschlußprüfung in den Elektroberufen muß der Prüfungsteilnehmer ein Prüfungsstück anfertigen, mehrere Arbeitsproben ausführen und in vier Prüfungsfächern Kenntnisse nachweisen. In welchem Element der Abschlußprüfung muß der Prüfungsteilnehmer mindestens 50 Punkte erreichen, um die Abschlußprüfung zu bestehen?

(1) Prüfungsstück
(2) Arbeitsproben
(3) Technologie
(4) Technische Mathematik
(5) Wirtschafts- und Sozialkunde

078

Ein Auszubildender erhält den Bescheid, daß er die Abschlußprüfung *nicht* bestanden hat. Er ist der Ansicht, daß bei der Abnahme der Prüfung Verfahrensfehler begangen wurden und erhebt Widerspruch. Dieser wird abgelehnt. Gegen welche Institution kann er nun seine Anfechtungsklage erheben?

(1) Gegen die für die Berufsausbildung oberste Landesbehörde
(2) Gegen den Vorsitzenden des Prüfungsausschusses
(3) Gegen die Mitglieder des Prüfungsausschusses, die die Verfahrensfehler begangen haben
(4) Gegen die Industrie- und Handelskammer
(5) Gegen den gesamten Prüfungsausschuß

079

Ein Auszubildender besteht die Abschlußprüfung *nicht*. Wie oft darf er sie wiederholen?

(1) Einmal
(2) Zweimal
(3) Dreimal
(4) So oft er will. Er muß nur jedesmal einen Antrag stellen.
(5) Überhaupt nicht mehr

080

Was versteht man unter beruflicher Flexibilität?

(1) Die Eigenschaft, durch kollegiales Verhalten zur Verbesserung des Betriebsklimas beitragen zu können
(2) Die Fähigkeit, sich beruflich den wandelnden Anforderungen des Arbeitslebens anpassen zu können
(3) Die Möglichkeit, zum Arbeitsplatz mit dem eigenen Kraftfahrzeug fahren zu können
(4) Die Möglichkeit, jederzeit Überstunden leisten zu können
(5) Die Fähigkeit, im Berufsleben sowohl die Interessen der Arbeitgeber wie auch die der Arbeitnehmer vertreten zu können

Aufgabenbank **Berufsbildung**

081

Warum wird die berufliche Flexibilität für alle Arbeitnehmer immer wichtiger?

(1) Weil die Unternehmungen immer häufiger und immer schneller den Standort ihrer Betriebe verlegen

(2) Weil durch Einsparungen der Bundesbahn und der Gemeinden die Arbeitsplätze immer schlechter mit öffentlichen Verkehrsmitteln erreichbar sind

(3) Weil sich die Lebensarbeitszeit dadurch erheblich verkürzen läßt

(4) Weil sich die technischen und wirtschaftlichen Verhältnisse in der Arbeitswelt immer schneller ändern

(5) Weil die Arbeitszeit immer kürzer und die Möglichkeiten gut bezahlter Freizeitarbeit immer besser werden

082

Wie kann ein Arbeitnehmer seine berufliche Flexibilität am besten sichern und verbessern?

(1) Durch Anschaffung eines Kraftfahrzeugs

(2) Durch Bildung von Geldvermögen

(3) Durch Eintritt in eine politische Partei

(4) Durch Beitritt zu einer Gewerkschaft

(5) Durch ständige Weiterbildung

083

Herr Müller stellt fest, daß in seinem vor 10 Jahren erlernten Beruf immer weniger Facharbeiter benötigt werden und daß immer häufiger Berufskollegen arbeitslos werden. Was sollte er tun?

(1) Nicht die Nerven verlieren und abwarten, weil solche Erscheinungen auch schon in anderen Berufen aufgetreten sind.

(2) Sich umfassend über die Möglichkeiten der beruflichen Fortbildung und der Umschulung informieren.

(3) Sich so schnell wie möglich in seinem erlernten Beruf selbständig machen.

(4) Sich rechtzeitig um eine Tätigkeit als ungelernter Arbeiter bemühen und seinen Beruf aufgeben.

(5) Sich mehrmals im Jahr krankschreiben lassen und nach zwei Jahren Rente wegen Berufsunfähigkeit beantragen.

084

Wo kann man sich am besten über seine Berufschancen, die Möglichkeiten einer beruflichen Fortbildung oder einer Umschulung beraten lassen?

(1) Beim Arbeitgeberverband

(2) Beim Deutschen Gewerkschaftsbund

(3) Bei der Industrie- und Handelskammer

(4) Bei der Berufsgenossenschaft

(5) Beim Arbeitsamt

085

Welche Aussage zur beruflichen Fortbildung ist *falsch* ?

(1) Sie hat zum Ziel, die bereits erworbenen beruflichen Kenntnisse und Fertigkeiten zu erhalten, zu verbessern und zu erweitern.

(2) Sie kann die wirtschaftliche Lage der Arbeitnehmer verbessern.

(3) Sie baut auf einer abgeschlossenen Berufsausbildung oder einer ausreichenden Berufspraxis auf.

(4) Sie schützt den Arbeitnehmer vor dem Verlust seines Arbeitsplatzes.

(5) Sie kann die berufliche Flexibilität der Arbeitnehmer erhöhen.

086

Welche Aussage zur beruflichen Fortbildung ist richtig?

(1) Sie ist nur ab dem 25. Lebensjahr möglich und bis zum 45. Lebensjahr sinnvoll.

(2) Sie wird vor allem in den Berufsschulen durchgeführt.

(3) Sie hat zum Ziel, die beruflichen Kenntnisse und Fertigkeiten zu erhalten, zu verbessern und zu erweitern.

(4) Sie erfordert mindestens den Hauptschulabschluß.

(5) Sie endet stets mit einer Prüfung bei der Industrie- und Handelskammer.

Berufsbildung

087

Welcher Fall gehört in den Bereich der beruflichen Fortbildung?

(1) Frau Werner besucht nach dem Realschulabschluß die Berufsfachschule für elektrotechnische Assistentinnen.

(2) Frau Wagner besucht bei der Volkshochschule einen Nähkurs.

(3) Frau Schulz nimmt nach der Ausbildung als Kommunikationselektronikerin an einem Fernlehrgang über technisches Englisch teil.

(4) Herr Müller studiert nach dem Abitur an der Fachhochschule Maschinenbau.

(5) Herr Franz nimmt als Auszubildender in einer überbetrieblichen Ausbildungsstätte an einem Lehrgang in der Kunststoffbearbeitung teil.

088

In welchem Fall handelt es sich *nicht* um eine Maßnahme der beruflichen Fortbildung?

(1) Eine IHK führt in ihrer überbetrieblichen Ausbildungsstätte für Auszubildende einen zweiwöchigen Lehrgang im Schweißen durch.

(2) Der DGB führt für Facharbeiter einen einjährigen Lehrgang in der Elektronik durch.

(3) Eine Berufsschule führt für Metallarbeiter ohne Berufsabschluß einen Kursus zur Vorbereitung auf die Facharbeiterprüfung als Maschinenschlosser durch.

(4) Eine IHK führt für Industriemeister einen Lehrgang im Programmieren von Werkzeugmaschinen durch.

(5) Eine Berufsschule führt einen Lehrgang zur Vorbereitung auf die Industriemeister-Prüfung durch.

089

Was versteht man unter beruflicher Umschulung?

(1) Eine Maßnahme des Arbeitsamts, in der Gastarbeiter auf die Tätigkeit in der Industrie vorbereitet werden

(2) Eine Maßnahme der Berufsschule, in der Facharbeiter auf die Industriemeister-Prüfung vorbereitet werden

(3) Eine Maßnahme der Industrie- und Handelskammer, in der Facharbeiter mit neuen Technologien vertraut gemacht werden

(4) Eine Ausbildungsmaßnahme für behinderte Jugendliche, die die Ausbildungsfähigkeit verbessern soll

(5) Eine Ausbildungsmaßnahme für Erwachsene, die den Übergang in eine andere zukunftsorientierte Tätigkeit ermöglichen soll

090

Welche Aussage über die berufliche Umschulung ist richtig?

(1) Die Umschulung erfolgt normalerweise in staatlich anerkannten Ausbildungsberufen.

(2) Die Umschulung garantiert in jedem Fall einen Arbeitsplatz.

(3) Die Umschulung erfolgt in Abendkursen.

(4) Die Umschulung dauert wenigstens drei Jahre.

(5) Die Umschulung endet mit einer vom Arbeitsamt durchgeführten Prüfung.

091

Welche Aussage über die Abschlußprüfung am Ende einer Umschulung zum Industriemechaniker ist richtig?

(1) Die Abschlußprüfung wird vom Arbeitsamt durchgeführt.

(2) Die Abschlußprüfung besteht nur aus einer Fertigkeitsprüfung.

(3) Die Abschlußprüfung besteht nur aus einer schriftlichen Prüfung.

(4) Die Abschlußprüfung kann bei guten Leistungen während der Umschulung erlassen werden.

(5) Die Abschlußprüfung stimmt völlig überein mit der normalen Abschlußprüfung im Ausbildungsberuf Industriemechaniker.

092

Welche Institution ist gesetzlich beauftragt, die Durchführung von Umschulungsmaßnahmen zu überwachen?

(1) Bundesanstalt für Arbeit

(2) Industrie- und Handelskammer

(3) Kultusministerium

(4) Arbeitsamt

(5) Bundesinstitut für Berufsbildung

Aufgabenbank   **Berufsbildung**

093

Wozu soll das Arbeitsförderungsgesetz unter anderem beitragen?

(1) Daß die Vermittlung von Ausbildungs- und Arbeitsplätzen uneingeschränkt von jedermann betrieben wird

(2) Daß weder Arbeitslosigkeit noch unterwertige Beschäftigung eintreten oder fortdauern

(3) Daß die wöchentliche Arbeitszeit und die Lebensarbeitszeit den Möglichkeiten des Arbeitsmarkts angepaßt wird

(4) Daß die Anzahl der Doppelverdiener verringert wird

(5) Daß die Anzahl der Studenten an Fachhochschulen und Hochschulen sich erhöht

094

Welche Institution ist gesetzlich verpflichtet, Personen zu beraten, die sich in einen anderen Beruf umschulen lassen wollen?

(1) Industrie- und Handelskammer

(2) Berufsschule

(3) Bundesversicherungsanstalt

(4) Arbeitgeberverband

(5) Arbeitsamt

095

Welche der genannten Institutionen hat den gesetzlichen Auftrag, eine berufliche Fortbildung oder Umschulung finanziell zu fördern?

(1) Arbeitgeberverband

(2) Arbeitsamt

(3) Industrie- und Handelskammer

(4) Bundesversicherungsanstalt für Angestellte

(5) Gewerkschaft

096

In welchem Fall wird das Arbeitsamt einen Antrag auf finanzielle Förderung ablehnen?

(1) Herr Alt hat Koch gelernt und möchte nach sechs Jahren Berufstätigkeit einen Küchenmeister-Lehrgang besuchen.

(2) Frau Jung möchte nach 15 Jahren Tätigkeit als Hausfrau und Mutter wieder in ihrem Beruf als Sekretärin arbeiten und sich darauf in einem Lehrgang über moderne Bürotechnik vorbereiten.

(3) Herr Bayer ist seit sechs Jahren als angelernter Werkzeugmechaniker tätig und möchte sich nun in einem Lehrgang auf die Abschlußprüfung vorbereiten.

(4) Herr Wagner hat Kommunikationselektroniker gelernt und möchte sich nach drei Jahren Berufstätigkeit zum Kraftfahrzeugmechaniker umschulen lassen.

(5) Herr Neu hat Energieelektroniker gelernt und möchte in einem Fernlehrgang Grundkenntnisse der Informatik erwerben.

097

Welchen Zweck verfolgt man mit der Förderung von Umschulungsmaßnahmen in der Hauptsache?

(1) Verhinderung von Arbeitslosigkeit

(2) Erhöhung der Einkommen

(3) Verbesserung der Arbeitsbedingungen

(4) Verhinderung von Jugendarbeitslosigkeit

(5) Erweiterung der beruflichen Kenntnisse und Fertigkeiten

098

Welche Behauptung über die finanzielle Förderung der beruflichen Fortbildung durch das Arbeitsamt ist richtig?

(1) Gefördert werden nur Arbeitnehmer mit einer abgeschlossenen Berufsausbildung.

(2) Gefördert werden nur Arbeitnehmer deutscher Staatsangehörigkeit.

(3) Gefördert wird innerhalb von acht Jahren nur eine Maßnahme der beruflichen Fortbildung.

(4) Gefördert werden nur Lehrgänge, die im Vollzeitunterricht durchgeführt werden.

(5) Gefördert werden auch Arbeitnehmer ohne abgeschlossene Berufsausbildung, wenn sie vor der ersten Förderung mindestens sechs Jahre beruflich tätig waren.

Betriebswirtschaft — Aufgabenbank

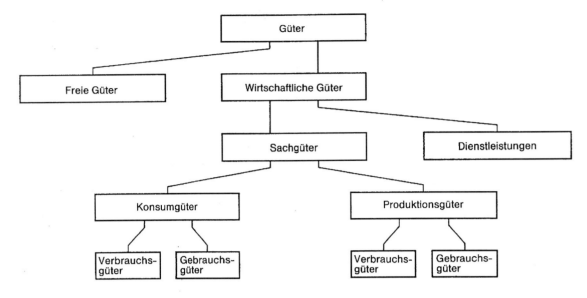

Die Übersicht zeigt die Einteilung der Güter.

099

Die zur Befriedigung der Bedürfnisse notwendigen Güter werden in zwei Hauptgruppen unterteilt. Welcher Begriff ist in das mit 1 gekennzeichnete Feld einzutragen?

(1) Sachgüter
(2) Verbrauchsgüter
(3) Produktionsgüter
(4) Konsumgüter
(5) Wirtschaftliche Güter

100

Welche Aussage über die wirtschaftlichen Güter ist *falsch*?

(1) Zu den wirtschaftlichen Gütern gehört auch Grund und Boden.
(2) Die wirtschaftlichen Güter stehen unbegrenzt zur Verfügung.
(3) Die Produktion der wirtschaftlichen Güter erfolgt in den Betrieben.
(4) Zu den wirtschaftlichen Gütern gehören auch die Dienstleistungen.
(5) Die Knappheit der wirtschaftlichen Güter zwingt zum wirtschaftlichen Handeln.

101

Welches der genannten Güter ist ein freies Gut?

(1) Braunkohle
(2) Tageslicht
(3) Elektrische Energie
(4) Erdgas
(5) Trinkwasser

102

Zu welcher Gruppe der Güter gehören die Grundnahrungsmittel?

(1) Kapitalgüter
(2) Produktionsgüter
(3) Gebrauchsgüter
(4) Konsumgüter
(5) Freie Güter

Aufgabenbank **Betriebswirtschaft**

103

Welches der genannten Güter gehört *nicht* zu den Produktionsgütern eines Industriebetriebs?

① Werkstattgebäude
② Bürogebäude
③ Privates Kraftfahrzeug des Unternehmers
④ Werkzeugmaschinen der Werkstatt
⑤ Heizungsanlage der Werkstatt

104

Zu welcher Gruppe der Güter gehört die Personenbeförderung durch die Deutsche Bahn AG?

① Gebrauchsgüter
② Konsumgüter
③ Dienstleistungen
④ Verbrauchsgüter
⑤ Sachgüter

105

Bei den Konsumgütern unterscheidet man zwischen Verbrauchsgütern und Gebrauchsgütern. Welche der folgenden Zuordnungen ist richtig?

① Kaffeemaschine → Verbrauchsgut
② Elektrische Energie → Gebrauchsgut
③ Nahrungsmittel → Gebrauchsgut
④ Papiertaschentücher → Verbrauchsgut
⑤ Schreibmaschine → Verbrauchsgut

106

In welcher Auswahlantwort ist das Gut der Güterart richtig zugeordnet?

① Leitungswasser → Freies Gut
② Lieferwagen → Verbrauchsgut
③ Werkstoffe, Halbzeuge → Verbrauchsgut
④ Tageslicht → Produktionsgut
⑤ Drehmaschine → Konsumgut

107

In welcher Auswahlantwort ist das Gut der Güterart richtig zugeordnet?

① Werkzeugmaschine → Verbrauchsgut
② Werkstattgebäude → Produktionsgut
③ Lieferwagen → Konsumgut
④ Kühlschmiermittel → Gebrauchsgut
⑤ Halbzeuge → Gebrauchsgut

108

Welcher der genannten Wirtschaftszweige befaßt sich mit der sogenannten „Urproduktion"?

① Textilindustrie
② Maschinenbau
③ Nahrungsmittelindustrie
④ Brauereiwirtschaft
⑤ Bergbau

Betriebswirtschaft **Aufgabenbank**

109

Welcher Betrieb gehört *nicht* zu den Betrieben der Urproduktion?

(1) Steinbruch
(2) Steinkohlenbergwerk
(3) Landwirtschaftlicher Betrieb
(4) Stahlwerk
(5) Hochseefischerei

110

Welcher Betrieb gehört zu den Betrieben der Grundstoffindustrie?

(1) Zementwerk
(2) Kabelfabrik
(3) Automobilwerk
(4) Brotfabrik
(5) Bekleidungsfabrik

111

Welcher Wirtschaftszweig befaßt sich *nicht* mit der sogenannten „Urproduktion", sondern bearbeitet und verarbeitet Rohstoffe?

(1) Landwirtschaft
(2) Bergbau
(3) Forstwirtschaft
(4) Maschinenbau
(5) Fischerei

112

Was stellen die Betriebe der Investitionsgüterindustrie *nicht* her?

(1) Güter, die zur Erzeugung neuer Güter erforderlich sind.
(2) Güter, die zum Gebrauch und für den Verbrauch in Haushalten dienen.
(3) Güter, die zur Erzeugung von Grundstoffen dienen.
(4) Güter, die für die Förderung und den Abbau von Rohstoffen erforderlich sind.
(5) Güter, die zur Steigerung der Produktivität im Handwerk dienen.

113

In der Industrie werden Urprodukte, Zwischenprodukte und Endprodukte gewonnen und hergestellt. Welcher Betrieb stellt vor allem Endprodukte her?

(1) Kohlenzeche
(2) Walzwerk
(3) Spinnerei
(4) Schuhfabrik
(5) Stahlwerk

114

Welcher Betrieb gehört zur Konsumgüterindustrie?

(1) Holzsägewerk
(2) Schuhfabrik
(3) Leitungs- und Kabelwerk
(4) Werkzeugmaschinenfabrik
(5) Stahlwerk

Aufgabenbank **Betriebswirtschaft**

115

In welcher Auswahlantwort ist der Betrieb dem Wirtschaftsbereich richtig zugeordnet?

1. Brotfabrik → Grundstoffindustrie
2. Steinkohlenbergwerk → Urproduktion
3. Konservenfabrik → Investitionsgüterindustrie
4. Maschinenfabrik → Konsumgüterindustrie
5. Kabelfabrik → Konsumgüterindustrie

116

Welche Aussage über die Dienstleistungsunternehmungen ist richtig?

1. Sie haben in den vergangenen Jahren an Bedeutung verloren.
2. Sie kommen nur als Kleinbetriebe vor.
3. Sie gehören stets zu den gemeinwirtschaftlichen Unternehmungen.
4. Sie entlasten die Produktionsbetriebe von Nebenarbeiten.
5. Sie treten vor allem im Bereich des Handwerks auf.

117

Welche Unternehmung gehört zu den Dienstleistungsunternehmungen?

1. Werkzeugmaschinenfabrik
2. Steinkohlenbergwerk
3. Landwirtschaftliche Unternehmung
4. Deutsche Bahn AG
5. Automobilfabrik

118

Welche Unternehmung gehört *nicht* zu den Dienstleistungsunternehmungen?

1. Versicherungsgesellschaft
2. Rundfunk- und Fernsehgesellschaft
3. Speditionsunternehmung
4. Möbelfabrik
5. Kreditinstitut

119

In welchem Handwerksbetrieb werden vor allem Dienstleistungen erbracht?

1. Schneiderei
2. Friseur
3. Tischlerei
4. Bäckerei
5. Bauunternehmung

120

Welche Hauptaufgabe erfüllen die Betriebe?

1. Sachgüter produzieren und Dienstleistungen bereitstellen
2. Möglichkeiten zur gewinnbringenden Kapitalanlage schaffen
3. Arbeits- und Ausbildungsplätze bereitstellen
4. Bedürfnisse nach Sachgütern und Dienstleistungen wecken
5. Den freien Wettbewerb bei der Deckung des Bedarfs an Gütern gewährleisten

Betriebswirtschaft — Aufgabenbank

121

In der Wirtschaftslehre unterscheidet man zwischen Unternehmung und Betrieb. Welche Aussage über die Unternehmung bzw. den Betrieb ist richtig?

1. Ein Betrieb kann mehrere Unternehmungen umfassen.
2. Die Unternehmungsleitung ist der Betriebsleitung unterstellt.
3. Eine Unternehmung kann mehrere Betriebe besitzen.
4. Der Betrieb besitzt eine eigene Rechtspersönlichkeit, d.h. er kann klagen. Die Unternehmung ist rechtlich unselbständig.
5. Der Betrieb plant in eigener Verantwortung. Die Unternehmung ist planerisch unselbständig.

122

In der Wirtschaftslehre unterscheidet man zwischen Unternehmung und Betrieb. Welche Behauptung über die Unternehmungen ist *falsch*?

1. Unternehmungen können klagen und verklagt werden.
2. Unternehmungen sind rechtlich selbständig, sie können z.B. Verträge schließen.
3. Unternehmungen gibt es in allen Wirtschaftssystemen.
4. Jede Unternehmung ist mit dem Wagnis des Kapitaleinsatzes verbunden.
5. In Unternehmungen werden Güter erzeugt oder verteilt.

123

In der Wirtschaftslehre unterscheidet man zwischen Unternehmung und Betrieb. Welche Behauptung über den Betrieb ist *falsch*?

1. Jeder Betrieb ist Teil einer Unternehmung.
2. Der Betrieb gehört zum technischen Bereich der Unternehmung.
3. Betriebe gibt es nur in marktwirtschaftlichen Wirtschaftssystemen.
4. Der Betrieb ist die Stätte der Produktion oder der Güterverteilung.
5. Die Betriebsleitung ist der Unternehmungsleitung unterstellt.

124

Was ist das oberste Ziel einer erwerbswirtschaftlich betriebenen Unternehmung?

1. Sicherung der Arbeitsplätze
2. Produktion von Gütern oder Dienstleistungen
3. Steigerung des Umsatzes
4. Erwirtschaften von Gewinn
5. Marktgerechte Versorgung der Verbraucher

125

Was gehört *nicht* zu den Zielen einer erwerbswirtschaftlich betriebenen Unternehmung?

1. Erhalt von Marktanteilen
2. Erzielen eines Gewinns
3. Schaffung von Arbeitsplätzen
4. Sicherung der Betriebssubstanz
5. Ausnutzung der Betriebskapazität

126

Welche Aussage über den Gewinn einer erwerbswirtschaftlich betriebenen Unternehmung ist richtig?

1. Der Gewinn ist der Zins für das eingesetzte Eigenkapital und die Prämie für das Kapitalrisiko.
2. Der Gewinn ist notwendig, damit die Löhne und Gehälter gezahlt werden können.
3. Der Gewinn ist die wichtigste Voraussetzung dafür, daß die Unternehmung von den Banken Kredite erhält.
4. Der Gewinn ist die einzige Sicherheit dafür, daß die Unternehmung nicht verkauft wird.
5. Der Gewinn ist der den Arbeitnehmern vorenthaltene Lohn.

Aufgabenbank **Betriebswirtschaft**

127

Welche Aussage über die von der öffentlichen Hand betriebenen Theater und Schwimmbäder ist richtig?

(1) Diese Betriebe werden nach dem erwerbswirtschaftlichen Prinzip betrieben und müssen Gewinne erzielen.

(2) Die Gewinne dieser Betriebe fließen in die Bundeskasse.

(3) Diese Betriebe machen weder Gewinne noch Verluste. Sie arbeiten kostendeckend.

(4) Diese Betriebe machen Verluste, die aus dem Haushalt der Städte und Gemeinden gedeckt werden.

(5) Diese Betriebe können in geringem Umfang Verluste machen, die jedoch durch Erhöhung der Eintrittspreise auszugleichen sind.

128

Welche der genannten öffentlichen Unternehmungen arbeiten nach dem Kostendeckungsprinzip?

(1) Krankenhaus
(2) Wasserwerk
(3) Theater
(4) Schwimmbad
(5) Verkehrsbetrieb

129

Welche Abteilung gehört zum technischen Bereich eines Großbetriebs?

(1) Personalwesen
(2) Einkauf
(3) Betriebsabrechnung
(4) Versandabteilung
(5) Arbeitsvorbereitung

130

Welche Abteilung gehört zum kaufmännschen Bereich eines Großbetriebs?

(1) Forschung und Entwicklung
(2) Materialeinkauf
(3) Konstruktion
(4) Arbeitsvorbereitung
(5) Rechtsabteilung

131

Welche Zuordnung der Abteilung zu dem Bereich eines Industriebetriebs ist richtig?

(1) Arbeitsvorbereitung → kaufmännischer Bereich
(2) Materialeinkauf → technischer Bereich
(3) Versand → technischer Bereich
(4) Konstruktion → technischer Bereich
(5) Fertigung → kaufmännischer Bereich

132

In welcher Auswahlantwort sind die drei wichtigsten Aufgaben eines Betriebs genannt?

(1) Beschaffung, Produktion, Absatz
(2) Kalkulation, Produktion, Lagerung
(3) Leitung, Beschaffung, Kalkulation
(4) Finanzierung, Forschung, Produktion
(5) Buchführung, Produktion, Verwaltung

Betriebswirtschaft

133

Welche Interessen verfolgt der Beschaffungsbereich eines Industriebetriebs normalerweise *nicht*?

(1) Schneller Zugriff zu Rohstoffen und Halbzeugen

(2) Vereinbarung vorteilhafter Zahlungsziele

(3) Einkauf qualitativ guter Produktionsmaterialien

(4) Einkauf preiswerter Produktionsmaterialien

(5) Gewinnung von Rohstoffen und Herstellung von Halbzeugen in eigener Regie

134

Welche Aufgabe gehört zum Beschaffungsbereich eines Betriebs?

(1) Werbung

(2) Vertrieb

(3) Wareneingangskontrolle

(4) Fertigungskontrolle

(5) Fertigungsplanung

135

Was gehört *nicht* zum Beschaffungsbereich eines Betriebs?

(1) Werbung

(2) Bedarfsplanung

(3) Materialeinkauf

(4) Wareneingangskontrolle

(5) Angebotsvergleich

136

Welche Interessen verfolgt der Produktionsbereich eines Industriebetriebs?

(1) Häufiger Wechsel der herzustellenden Produkte

(2) Schneller Absatz der Produkte

(3) Einsatz möglichst vieler Facharbeiter

(4) Vielseitige Berücksichtigung von speziellen Kundenwünschen

(5) Rationelle Fertigung der Produkte

137

Welche Aufgabe gehört zum Produktionsbereich eines Betriebs?

(1) Materialeinkauf

(2) Fertigungskontrolle

(3) Werbung

(4) Personalplanung

(5) Absatz der Produkte

138

Welche Abteilung eines Industriebetriebs gehört zum Produktionsbereich?

(1) Materialeinkauf

(2) Buchhaltung

(3) Arbeitsvorbereitung

(4) Vertriebsabteilung

(5) Personalabteilung

Aufgabenbank   **Betriebswirtschaft**

139

Welche Abteilung eines Industriebetriebs gehört zum Produktionsbereich?

(1) Materialeinkauf

(2) Wareneingangskontrolle

(3) Vertriebsabteilung

(4) Qualitätskontrolle

(5) Personalabteilung

140

Was ist für den Absatzbereich eines Industriebetriebs von untergeordneter Bedeutung?

(1) Ständige Weiterentwicklung der Produkte

(2) Wünsche der Kunden

(3) Hoher Bestand des Verkaufslagers

(4) Art der Fertigung der Produkte

(5) Marktgerechter Preis der Produkte

141

In welcher Auswahlantwort sind alle drei Abteilungen den Betriebsbereichen richtig zugeordnet?

	Beschaffungsbereich	Produktionsbereich	Absatzbereich
1	Wareneingangskontrolle	Arbeitsvorbereitung	Materialeinkauf
2	Arbeitsvorbereitung	Materialeinkauf	Buchhaltung
3	Vertrieb	Wareneingangskontrolle	Qualitätskontrolle
4	Materialeinkauf	Konstruktion	Werbung
5	Personalplanung	Fertigungsplanung	Fertigungskontrolle

142

Was gehört *nicht* zum Absatzbereich eines Betriebs?

(1) Materialeinkauf

(2) Marktforschung

(3) Werbung

(4) Versand

(5) Verkaufsförderung

143

Bei welchem Beispiel kann man *nicht* von Produktion sprechen?

(1) Herstellen von Fruchtsäften

(2) Herstellen von Bekleidungsstücken

(3) Versand von Werkzeugmaschinen

(4) Gewinnung von elektrischer Energie

(5) Fördern von Braunkohle im Tagebau

Betriebswirtschaft   **Aufgabenbank**

144

Wie heißen die drei wesentlichen Produktionsfaktoren?

(1) Arbeit, Organisation, Kapital

(2) Rohstoffe, Arbeit, Energie

(3) Natur, Arbeit, Kapital

(4) Natur, Arbeit, Organisation

(5) Rohstoffe, Energie, Kapital

145

In welchem Fall ist das größte Kapital erforderlich?

(1) Produktion von Getreide

(2) Produktion von Fernsehgeräten

(3) Produktion von Pelzmänteln

(4) Produktion von Polstermöbeln

(5) Produktion von Fertighäusern

146

In welchem Fall ist das geringste Kapital erforderlich?

(1) Förderung von Steinkohle

(2) Produktion von Polstermöbeln

(3) Erzeugung von Aluminium

(4) Produktion von Kühlschränken

(5) Produktion von Kunststoffen

147

Bei welcher Produktion spielt der Produktionsfaktor Kapital die wichtigste Rolle?

(1) Einzelfertigung von Bekleidungsstücken

(2) Anfertigung eines Gemäldes

(3) Industrielle Herstellung von Werkzeugmaschinen

(4) Weinanbau

(5) Kunsthandwerkliche Herstellung von Gebrauchsgegenständen

148

In welchem Fall wird der Produktionsfaktor Arbeit teilweise durch den Faktor Kapital ersetzt?

(1) Das Betriebskapital wird zur Schaffung neuer Arbeitsplätze erhöht.

(2) Die Bandgeschwindigkeit wird erhöht.

(3) Die Produktion am Fließband wird automatisiert.

(4) Schichtarbeit wird eingeführt.

(5) Die Löhne und Gehälter werden erhöht.

149

Welche Aussage über die Einzelfertigung ist richtig?

(1) Die Arbeitsteilung ist stark ausgeprägt.

(2) Die Produktivität ist groß.

(3) Der Anteil der ungelernten Arbeiter ist groß.

(4) Die Arbeit ist stark mechanisiert.

(5) Der Anteil der Lohnkosten an den Herstellungskosten ist groß.

Aufgabenbank Betriebswirtschaft

150

Welche Aussage über die Einzelfertigung ist *falsch*?

(1) Der Einzelfertigung liegt in der Regel eine Kundenbestellung zugrunde.

(2) Die Einzelfertigung ist lohnintensiv.

(3) Für Erzeugnisse der Einzelfertigung wird kaum im Fernsehen oder in Zeitschriften geworben.

(4) In der Einzelfertigung sind vor allem ungelernte Arbeiter tätig.

(5) Bei Erzeugnissen der Einzelfertigung können Kundenwünsche weitgehend berücksichtigt werden.

151

In welchem der genannten Betriebe herrscht die Einzelfertigung vor?

(1) Automobilfabrik

(2) Bauunternehmung

(3) Möbelfabrik

(4) Elektromotorenfabrik

(5) Druckerei

152

Welches Gut wird normalerweise in Einzelfertigung hergestellt?

(1) Dachflächenfenster

(2) Fertighaus

(3) Baukran

(4) Autobahnbrücke

(5) Wohncontainer

153

Welches Gut ist ein Produkt der Massenfertigung?

(1) Modellkleid

(2) Konfektionsanzug

(3) Strumpfhose

(4) Damenhut

(5) Badeanzug

154

Welchen Vorteil hat die Werkstattfertigung gegenüber der Fließfertigung?

(1) Der Überblick über den Fertigungsablauf ist größer.

(2) Die Anpassungsfähigkeit an Marktveränderungen und Kundenwünsche ist größer.

(3) Die Ausschußquote ist geringer.

(4) Die Überwachung des Materialverbrauchs ist besser.

(5) Der Anteil der Lohnkosten an den Fertigungskosten ist niedriger.

155

Welchen Nachteil hat unter anderem die Werkstattfertigung gegenüber der Fließfertigung?

(1) Kundenwünsche können nicht berücksichtigt werden.

(2) Die Anpassung an Veränderungen des Marktes ist nur mit großem Kapitalaufwand möglich.

(3) Störungen an einer Maschine beeinflussen die gesamte Produktion des Betriebs.

(4) Die Arbeit ist für die Arbeitnehmer sehr einseitig (monoton) und führt zur schnellen Ermüdung.

(5) Lange Transportwege und Zwischenlager erhöhen die Produktionskosten.

Betriebswirtschaft

156

Welche Aussage über die Fließbandfertigung ist richtig?

(1) Die Produktivität ist groß.

(2) Die Qualität der Erzeugnisse ist sehr unterschiedlich.

(3) Die Tätigkeit am Fließband verlangt eine lange Ausbildung.

(4) Die Arbeitskräfte verrichten eine vielseitige und interessante Tätigkeit.

(5) Die Lohnkosten sind im Vergleich zu den Kapitalkosten groß.

157

In einer modernen Volkswirtschaft stellt niemand mehr alle Güter, die er benötigt, selbst her. Wie wird dies bezeichnet?

(1) Organisation

(2) Rationalisierung

(3) Arbeitsteilung

(4) Technisierung

(5) Automatisierung

158

Was wird durch Rationalisierung der Fertigung meist erreicht?

(1) Verringerung der Produktivität

(2) Verringerung des Kapitaleinsatzes

(3) Verringerung des Anteils der Lohnkosten an den Produktionskosten

(4) Verringerung der Schichtarbeit

(5) Verringerung der nervlichen Beanspruchung der Arbeitnehmer

159

Was wird durch Rationalisierung der Fertigung meist *nicht* erreicht?

(1) Steigerung der Produktivität

(2) Verkürzung der Produktionszeit

(3) Verringerung schwerer körperlicher Arbeit

(4) Verringerung der nervlichen Beanspruchung der Arbeitnehmer

(5) Verringerung des Anteils der Lohnkosten an den Produktionskosten

160

Kann jede Arbeit rationalisiert werden?

(1) Ja, jede Arbeit kann rationalisiert werden.

(2) Nein, geistige Tätigkeit, z.B. die Konstruktion von Maschinen, läßt sich nicht rationalisieren.

(3) Nein, alles was irgendwie mit Geld zusammenhängt, z.B. Vergabe von Krediten und Führung von Bankkonten, darf nicht rationalisiert werden.

(4) Nein, rationalisiert werden können nur einfache Arbeiten, die körperliche Kraft erfordern.

(5) Nein, Büroarbeiten lassen sich z.B. nicht rationalisieren.

161

Welches Ziel kann durch eine Automatisierung der Fertigung *nicht* erreicht werden?

(1) Einsparung von Arbeitskräften

(2) Verringerung der körperlichen Belastung der in der Fertigung tätigen Arbeitnehmer

(3) Vermeidung von Ausschuß durch menschliche Fehler

(4) Erhöhung der Produktivität

(5) Verringerung der Abhängigkeit der Fertigung von den Marktverhältnissen

Aufgabenbank   Betriebswirtschaft

162

Was soll durch betriebliche Maßnahmen zur Humanisierung der Arbeit unter anderem erreicht werden?

① Abbau von Arbeitsplätzen
② Erhöhung des Gewinns des Unternehmers
③ Senkung der Produktionskosten
④ Verringerung der Wochenarbeitszeit
⑤ Verringerung der körperlichen und seelischen Belastungen

163

Was wird durch betriebliche Maßnahmen zur Humanisierung der Arbeit *nicht* angestrebt?

① Verbesserung der Aufstiegsmöglichkeiten für Arbeitnehmer im Betrieb
② Verringerung der seelischen Belastungen
③ Verringerung der körperlichen Belastungen
④ Verbesserung des Betriebsklimas
⑤ Steigerung der Freude an der Arbeit

164

Worin unterscheiden sich die Unternehmungen der öffentlichen Hand von privaten Unternehmungen?

Die Unternehmungen der öffentlichen Hand

① sind am Markt beweglicher als private Unternehmungen.
② arbeiten meist rationeller als private Unternehmungen.
③ erwirtschaften in der Regel größere Gewinne als private Unternehmungen.
④ müssen bei der Preisgestaltung oft auch soziale Gesichtspunkte berücksichtigen.
⑤ betreiben im Gegensatz zu privaten Unternehmungen keine Werbung.

165

Welche Aussage über die erwerbswirtschaftlich betriebenen Unternehmungen ist richtig?

① Die meisten dieser Betriebe sind Zuschußbetriebe.
② In der überwiegenden Anzahl sind diese Betriebe im Besitz von Großaktionären
③ Hauptaufgabe der meisten dieser Betriebe ist die Deckung des Gemeinbedarfs an lebensnotwendigen Gütern.
④ In vielen Fällen müssen diese Betriebe bei der Festsetzung der Preise soziale Gesichtspunkte berücksichtigen.
⑤ Hauptziel dieser Betriebe ist das Erwirtschaften eines Gewinns.

166

Welche Aussage über die gemeinwirtschaftlichen Betriebe ist richtig?

① Die meisten dieser Betriebe erzielen Gewinne.
② In vielen Fällen müssen diese Betriebe bei der Festsetzung der Preise soziale und politische Gesichtspunkte berücksichtigen.
③ Die meisten dieser Betriebe sind im Kulturbereich tätig.
④ Hauptaufgabe dieser Betriebe ist die Bereitstellung von Arbeitsplätzen.
⑤ In der überwiegenden Anzahl handelt es sich bei diesen Betrieben um Kleinbetriebe.

167

Welche der genannten gemeinwirtschaftlichen Betriebe arbeiten kostendeckend oder sogar mit geringem Gewinn (Kostendeckungsbetriebe)?

① Museen
② Theater
③ Wasserwerke
④ Büchereien
⑤ Schwimmbäder

Betriebswirtschaft

168

Welche Unternehmung ist *keine* Unternehmung der öffentlichen Hand?

(1) Deutsche Lufthansa AG
(2) Deutsche Bank AG
(3) Deutsche Telekom
(4) Deutsche Bahn AG
(5) Kreissparkasse

169

Welches Kreditinstitut gehört zu den privaten Kreditinstituten?

(1) Stadtsparkasse
(2) Deutsche Bundesbank
(3) Kreissparkasse
(4) Landeszentralbank
(5) Dresdner Bank AG

170

Welchen Vorteil hat normalerweise ein Kleinbetrieb gegenüber einem Großbetrieb?

Der Kleinbetrieb

(1) kann das Material für die Fertigung billiger einkaufen.
(2) kann auf Kundenwünsche schneller eingehen.
(3) kann seine Fertigung stärker automatisieren.
(4) wird durch den krankheitsbedingten Ausfall von Arbeitnehmern nicht so stark belastet.
(5) wird in wirtschaftlichen Krisenzeiten vom Staat stärker unterstützt.

171

Welche Behauptung über den Großbetrieb ist richtig?

In einem Großbetrieb

(1) gibt es kaum persönliche Beziehungen zwischen der Geschäftsleitung und dem einzelnen Arbeitnehmer.
(2) werden heute ausschließlich automatische Fertigungsstraßen eingesetzt.
(3) herrscht die Handarbeit vor.
(4) ist die Arbeitsteilung im allgemeinen noch nicht so weit fortgeschritten wie in Klein- und Mittelbetrieben.
(5) wirkt der einzelne Arbeitnehmer stärker an den Entscheidungen der Geschäftsleitung mit als im Kleinbetrieb.

172

Welchen Vorteil für den Arbeitnehmer hat normalerweise die Tätigkeit in einem Kleinbetrieb verglichen mit der in einem Großbetrieb?

(1) Der Arbeitsplatz ist sicherer.
(2) Die Sozialleistungen sind besser.
(3) Der Kontakt zum Unternehmer ist eher möglich.
(4) Die Arbeitszeit ist kürzer.
(5) Der Einfluß der Arbeitnehmerorganisationen ist größer.

173

Welchen Vorteil hat normalerweise ein Großbetrieb verglichen mit einem Kleinbetrieb für den Arbeitnehmer?

(1) Besserer Kündigungsschutz
(2) Sicherer Arbeitsplatz
(3) Bessere persönliche Beziehungen zur Geschäftsleitung
(4) Geringere Sozialabgaben
(5) Bessere Möglichkeit der beruflichen Fortbildung

Aufgabenbank — Betriebswirtschaft

174

Bei welchem der genannten Betriebe wird der Standort in erster Linie durch die Fundstätte der erforderlichen Rohstoffe bestimmt?

1. Erdölraffinerie
2. Flugzeugfabrik
3. Kunstfaserfabrik
4. Elektromotorenfabrik
5. Steinkohlenbergwerk

175

Bei welcher der genannten Unternehmungen richtet sich die Wahl des Betriebsstandorts vor allem nach dem Preis für die Elektroenergie?

1. Zementfabrik
2. Aluminiumhütte
3. Elektromotorenfabrik
4. Stahlwerk
5. Kraftwerk

176

Bei welcher der genannten Unternehmungen richtet sich der Betriebsstandort in erster Linie nach dem Absatzgebiet?

1. Brotfabrik
2. Haushaltsgerätefabrik
3. Aluminiumhütte
4. Schuhfabrik
5. Möbelfabrik

177

Bei welchem der genannten Betriebe sind bei der Wahl des Betriebsstandorts die Lohnkosten von großer Bedeutung?

1. Stahlwerk
2. Elektrizitätswerk
3. Erdölraffinerie
4. Zementfabrik
5. Schuhfabrik

178

Bei der Wahl des Standorts für einen industriellen Großbetrieb können sich die Unternehmer für Deutschland oder das Ausland entscheiden. Welcher Entscheidungsfaktor verliert dabei immer mehr an Bedeutung?

1. Die Höhe der Lohnkosten am Standort
2. Die Höhe der Steuern
3. Die Verfügbarkeit von ausgebildeten Arbeitskräften
4. Die Dauer von Genehmigungsverfahren bei Neu- oder Umbauten
5. Die Kosten für die Erfüllung von Umweltschutzbestimmungen

179

Welchen Nachteil hat ein anlagenintensiver Betrieb mit automatisierter Massenfertigung?

1. Die Lohnkosten sind hoch.
2. Die kurzfristige Umstellung auf andere Erzeugnisse ist nicht möglich.
3. Der Betrieb muß in der Nähe der Fundstätten der Rohstoffe errichtet werden.
4. Der Betrieb muß sich in der Nähe der Verbraucher befinden.
5. Es werden viele Arbeitskräfte benötigt.

Betriebswirtschaft **Aufgabenbank**

180

Welche Behauptung über den Handwerksbetrieb ist richtig?

(1) Der Markt des Handwerksbetriebs reicht meist über die Landesgrenze hinaus.

(2) Handwerksbetriebe beschäftigen überwiegend ungelernte und angelernte Arbeitskräfte.

(3) In Handwerksbetrieben überwiegt die Serien- und Großserienfertigung.

(4) Die Kunden des Handwerksbetriebs befinden sich meist in der Nähe des Betriebsstandorts.

(5) Die Fertigung des Handwerks erschwert das Eingehen auf Kundenwünsche.

181

Welche Behauptung über den Handwerksbetrieb ist richtig?

(1) Zwischen dem Handwerksbetrieb und dem Endverbraucher ist immer der Handel eingeschaltet.

(2) Im Handwerksbetrieb ist der Unternehmer nur noch leitend und nicht mehr praktisch mitarbeitend tätig.

(3) Die Fertigung im Handwerksbetrieb ist meist lohnintensiv.

(4) Der Handwerksbetrieb muß erhebliche Aufwendungen für die Werbung treiben.

(5) Der Kapitalbedarf eines Handwerksbetriebs ist stets größer als der eines Industriebetriebs.

182

Welche der genannten Unternehmungen ist eine Handwerksunternehmung?

(1) Großverbrauchermarkt

(2) Elektro-Installationsgeschäft

(3) Apotheke

(4) Lebensmittel-Einzelhandelsgeschäft

(5) Buchhandlung

183

Welches Handwerk arbeitet heute besonders eng mit der Industrie zusammen?

(1) Kraftfahrzeughandwerk

(2) Schlosserhandwerk

(3) Maurerhandwerk

(4) Tischlerhandwerk

(5) Schuhmacherhandwerk

184

Welche Behauptung über den Industriebetrieb ist richtig?

(1) Der Absatzmarkt des Industriebetriebs liegt stets in der Nähe des Betriebsstandorts.

(2) In Industriebetrieben ist der Unternehmer meist noch praktisch tätig.

(3) Industriebetriebe verkaufen unter Ausschaltung des Handels stets unmittelbar an ihre Kunden.

(4) In Industriebetrieben überwiegt die Einzelfertigung.

(5) In Industriebetrieben überwiegt die arbeitsteilige Fertigung.

185

Welche Behauptung über Industriebetriebe ist richtig?

(1) Industriebetriebe brauchen in der Regel keine Werbung zu betreiben.

(2) Der Kapitalbedarf von Industriebetrieben ist groß.

(3) In den meisten Industriebetrieben ist der Einfluß der Gewerkschaft gering.

(4) Industriebetriebe fertigen meist in Einzelfertigung.

(5) In Industriebetrieben spielen stets die Lohnkosten die entscheidende Rolle.

Aufgabenbank | **Betriebswirtschaft**

186

Welche der genannten Unternehmungen ist eine Industrieunternehmung?

1. Großbank
2. Versicherungsgesellschaft
3. Speditionsbetrieb
4. Großhandelsbetrieb
5. Fleisch- und Wurstwarenfabrik

187

Wozu dienen die betrieblichen Kenngrößen Wirtschaftlichkeit, Rentabilität und Produktivität *nicht*?

1. Als Grundlage für unternehmerische Planungen und Entscheidungen
2. Zum Vergleich der Leistung der Unternehmung mit den Leistungen anderer Unternehmungen
3. Zur Berechnung der von der Unternehmung zu zahlenden Steuern
4. Zur Überwachung der Leistungen der einzelnen Betriebe einer Unternehmung
5. Zur Beobachtung der Entwicklung der Unternehmung

188

In einer Betriebsversammlung berichtet der Geschäftsführer einer Unternehmung: „... seit drei Monaten schreiben wir Rote Zahlen". Was meint er damit?

1. Die Unternehmung ist kapazitätsmäßig voll ausgelastet.
2. Die Unternehmung stellt Arbeitskräfte ein.
3. Die Unternehmung hat den Umsatz gesteigert.
4. Die Unternehmung macht Verluste.
5. Die Unternehmung erzielt Gewinne.

189

In einer Betriebsversammlung berichtet der Geschäftsführer einer Unternehmung: „... seit drei Monaten schreiben wir Schwarze Zahlen". Was meint er damit?

1. Die Unternehmung ist kapazitätsmäßig voll ausgelastet.
2. Die Unternehmung stellt wieder Arbeitskräfte ein.
3. Die Unternehmung hat den Umsatz gesteigert.
4. Die Unternehmung macht Verluste.
5. Die Unternehmung erzielt Gewinne.

190

In der Zeitung lesen Sie:

„Deutsche Wirtschaftsforschungsinstitute rechnen für die 90er Jahre mit einer jährlichen Steigerung der Arbeitsproduktivität von 2,5 %".

Was versteht man unter „Arbeitsproduktivität"?

1. Die in der Volkswirtschaft produzierte Menge an Gütern und Leistungen
2. Das Verhältnis von Umsatz und Gewinn eines Betriebes
3. Den Anteil der Überstunden an der Gesamtarbeitszeit
4. Die Produktionsleistung je Arbeitsstunde
5. Den von den Betrieben erwirtschafteten Gewinn

191

In einer Zeitung lesen Sie: „In den 90er Jahren wird die Arbeitsproduktivität durchschnittlich um 2,5 % zunehmen". Was bedeutet das?

1. Der Anteil der Überstunden an der Gesamtarbeitszeit wird um 2,5 % abnehmen.
2. Die Löhne und Gehälter werden im Jahresdurchschnitt um 2,5 % steigen.
3. Die Arbeitsleistung pro Stunde wird sich durchschnittlich um 2,5 % erhöhen.
4. Die Gewinne der Unternehmungen werden um 2,5 % sinken.
5. Die Arbeitslosigkeit wird jährlich um 2,5 % abnehmen.

Betriebswirtschaft

192

Wodurch kann die Arbeitsproduktivität eines Betriebs erhöht werden?

(1) Durch Erhöhung der Anzahl der Überstunden

(2) Durch Herabsetzen der wöchentlichen Arbeitszeit

(3) Durch Erhöhung der Produktionsmenge je geleisteter Arbeitsstunde

(4) Durch Vergrößerung der Anzahl der Belegschaftsmitglieder

(5) Durch Einführung von Schichtarbeit

193

Durch welche Maßnahme kann die Arbeitsproduktivität eines Betriebs erhöht werden?

(1) Durch Rationalisierung der Fertigung

(2) Durch Erhöhung der Anzahl der Überstunden

(3) Durch Vergrößerung der Anzahl der Belegschaftsmitglieder

(4) Durch Abschaffung von Schichtarbeit

(5) Durch Senkung der Materialkosten

194

In einem Betrieb werden stündlich 400 Maschinenteile hergestellt. Durch Rationalisierung der Fertigung wird die Stückzahl auf 500 je Stunde erhöht. Um wieviel Prozent wurde die Arbeitsproduktivität gesteigert?

(1) 0,25 %

(2) 10 %

(3) 25 %

(4) 100 %

(5) 125 %

195

Wie könnte unter anderem die Arbeitsproduktivität eines Betriebs mit Fließbandfertigung gesteigert werden?

(1) Durch Verbesserung der Arbeitsbedingungen, wie Beleuchtung, Belüftung, Geräuschdämpfung

(2) Durch Verringerung der Bandgeschwindigkeit

(3) Durch Einführung von Schichtarbeit

(4) Durch Einrichtung eines parallel arbeitenden zweiten Fließbands

(5) Durch Vergrößerung der Anzahl der Belegschaftsmitglieder

196

Durch Rationalisierungsmaßnahmen kann in einem Betrieb eine Arbeitskraft in einer Arbeitsstunde mehr als vorher produzieren. Welche Aussage ist richtig?

(1) Die Kapitalkosten sinken.

(2) Der Personalbedarf wird größer.

(3) Die Arbeitsproduktivität steigt.

(4) Die Qualität der hergestellten Güter nimmt ab.

(5) Die körperliche Arbeitsbelastung nimmt zu.

197

In der Industrie werden immer häufiger Industrieroboter (Handhabungsgeräte) eingesetzt. Was wird dadurch erreicht?

(1) Die Qualität der Erzeugnisse wird schlechter.

(2) Die Lohnkosten des Betriebs werden höher.

(3) Die körperliche Belastung der Arbeitskräfte wird größer.

(4) Die Arbeitsproduktivität wird größer.

(5) Der Bedarf an ungelernten Arbeitskräften wird größer.

Aufgabenbank Betriebswirtschaft

198

Die Arbeitsproduktivität in der Bauindustrie wurde in den vergangenen 20 Jahren erheblich gesteigert. Wodurch wurde diese Produktivitätssteigerung in erster Linie erreicht?

1. Durch den Einsatz von Gastarbeitern
2. Durch die starke Erhöhung der Löhne und Gehälter
3. Durch die Verbesserung der Arbeitsbedingungen
4. Durch den Einsatz von Baumaschinen
5. Durch die bessere Ausbildung der Facharbeiter

199

In einem Betrieb werden die Erzeugnisse überwiegend in Einzelfertigung hergestellt. In welchem Fall könnte die Arbeitsproduktivität sinken?

1. Die Vorgesetzten wechseln häufig, wodurch sich das Arbeitsklima verschlechtert.
2. Die Anzahl der Facharbeiter wird erhöht und die Anzahl der ungelernten Arbeiter verringert.
3. Die Anzahl der Maschinen wird vergrößert.
4. Die Arbeitsteilung der Fertigung wird erweitert.
5. Das Zeitlohnsystem wird durch ein Prämiensystem ergänzt.

200

In einem Betrieb werden Arbeitsplätze durch Fertigungsautomaten ersetzt. Dadurch können in derselben Arbeitszeit doppelt so viele Maschinenteile wie vorher hergestellt werden. Welche Aussage ist richtig?

1. Der Anteil der Lohnkosten an den Herstellungskosten für ein Maschinenteil wird größer.
2. Die Arbeitsproduktivität des Betriebs wird größer.
3. Die Umstellung der Fertigung ist nur möglich, wenn der Betriebsrat dieser Rationalisierungsmaßnahme zustimmt.
4. Für die Bedienung der Fertigungsautomaten muß ein Ingenieur eingestellt werden.
5. Die Herstellungskosten für ein Maschinenteil erhöhen sich um 100 %.

201

Welche Auswirkung hätte unter anderem eine steigende Arbeitsproduktivität bei gleichbleibendem wirtschaftlichen Wachstum und gleichbleibender Arbeitszeit?

1. Sinkende Gewinne der Unternehmungen
2. Schaffung zusätzlicher Arbeitsplätze
3. Höhere Staatseinnahmen durch Lohn- und Einkommensteuer
4. Steigende Kapazitätsauslastung der Unternehmungen
5. Steigende Arbeitslosigkeit

202

Mit welcher Gleichung kann die Wirtschaftlichkeit eines Betriebs berechnet werden?

1. $W = \dfrac{\text{Produktionsmenge}}{\text{Materialeinsatz}}$
2. $W = \dfrac{\text{Gewinn}}{\text{Verkaufserlöse}}$
3. $W = \dfrac{\text{Gewinn}}{\text{Kapitaleinsatz}}$
4. $W = \dfrac{\text{Verkaufserlöse}}{\text{Gesamtaufwand}}$
5. $W = \dfrac{\text{Gesamtaufwand}}{\text{Verkaufserlöse}}$

203

Es soll die Wirtschaftlichkeit einer Unternehmung beurteilt werden. Was muß dazu bekannt sein?

1. Der Umsatz und der Gewinn
2. Der Umsatz und die Anzahl der Beschäftigten
3. Die Verkaufserlöse und die Gesamtaufwendungen
4. Der Gewinn und die Menge der hergestellten Produkte
5. Der Gewinn und die Lohn- und Gehaltssumme

Betriebswirtschaft — **Aufgabenbank**

204

Eine Unternehmung stellt Werkzeugmaschinen her. Aufgrund der starken Konkurrenz auf dem Weltmarkt müssen die Preise gesenkt werden, wodurch die Verkaufserlöse sinken. Welche Aussage ist richtig?

(1) Der Gewinn wird größer.
(2) Die Produktivität steigt.
(3) Die Wirtschaftlichkeit der Unternehmung wird kleiner.
(4) Die Rentabilität wird größer.
(5) Die Wirtschaftlichkeit wird größer.

205

Eine Unternehmung kann aufgrund der Marktsituation die Preise der Erzeugnisse *nicht* erhöhen. Welche Aussage über den Zusammenhang zwischen der Wirtschaftlichkeit und den Verhältnissen auf dem Beschaffungs- und Arbeitsmarkt ist für diese Unternehmung richtig?

Die Wirtschaftlichkeit der Unternehmung

(1) steigt, wenn die Lohn- und Gehaltstarife erhöht werden.
(2) steigt, wenn die Dauer des Urlaubs erhöht wird.
(3) sinkt, wenn die Preise für Rohstoffe und Energie fallen.
(4) sinkt, wenn die Lebensarbeitszeit herabgesetzt wird.
(5) sinkt, wenn die wöchentliche Arbeitszeit bei vollem Lohnausgleich gesenkt wird.

206

Mit welcher Gleichung kann die Rentabilität eines Betriebs berechnet werden?

(1) $R = \dfrac{\text{Kapitaleinsatz} \cdot 100\,\%}{\text{Gewinn}}$

(2) $R = \dfrac{\text{Verkaufserlöse} \cdot 100\,\%}{\text{Gesamtaufwand}}$

(3) $R = \dfrac{\text{Gewinn} \cdot 100\,\%}{\text{Verkaufserlöse}}$

(4) $R = \dfrac{\text{Gewinn} \cdot 100\,\%}{\text{Kapitaleinsatz}}$

(5) $R = \dfrac{\text{Produktionsmenge} \cdot 100\,\%}{\text{Materialeinsatz}}$

207

Mit welchen der genannten Größen kann die Rentabilität einer Unternehmung bestimmt werden?

(1) Gewinn und eingesetztes Kapital
(2) Umsatz und Lohnkosten
(3) Umsatz und Anzahl der Belegschaftsmitglieder
(4) Eingesetztes Kapital und Menge der erzeugten Produkte
(5) Herstellungskosten der Erzeugnisse und für die Fertigung erforderliche Arbeitszeit

208

Was ist die wesentlichste Voraussetzung für die Rentabilität einer Unternehmung?

(1) Steigerung des Umsatzes
(2) Erwirtschaften eines Gewinns
(3) Steigerung der Produktivität
(4) Vergrößerung der Belegschaft
(5) Ständige Rationalisierung der Fertigung und der Verwaltung

209

In welchem Fall wäre die betriebliche Kenngröße „Rentabilität" negativ?

(1) Wenn der Betrieb Arbeitskräfte entläßt
(2) Wenn der Betrieb einen sehr großen Gewinn erzielt
(3) Wenn der Betrieb Fremdkapital aufnimmt
(4) Wenn der Betrieb den Umsatz steigert
(5) Wenn der Betrieb Verlust macht

Aufgabenbank Betriebswirtschaft

210

Welche der genannten Unternehmungen arbeitet seit vielen Jahren mit einer negativen Rentabilität, d.h. unrentabel?

(1) Deutsche Bahn AG
(2) Deutsche Bundesbank
(3) Deutsche Telekom
(4) Deutsche Lufthansa AG
(5) Deutsche Bank AG

211

Wovon hängt die Rentabilität einer Unternehmung *nicht* ab?

(1) Von den Kosten für Maschinen und sonstige Fertigungseinrichtungen
(2) Von der Größe der Unternehmung
(3) Von der Höhe der Löhne und Gehälter
(4) Von den auf dem Absatzmarkt durchsetzbaren Verkaufspreisen
(5) Von den Kosten für Material und Energie

212

In einem weitgehend automatisierten Betrieb wird in zwei Schichten gearbeitet. Wie könnte die Rentabilität des Betriebs, der einen hohen Auftragsbestand hat, erhöht werden?

(1) Durch Verringern der Menge der produzierten Güter
(2) Durch Herabsetzen der Verkaufspreise für die produzierten Güter
(3) Durch Absetzen der zweiten Schicht
(4) Durch Einführung einer dritten Schicht
(5) Durch Einführung eines 13. Monatslohns bzw. -gehalts

213

Ein Betrieb mußte wegen mangelnder Rentabilität geschlossen werden. Welche Aussage ist richtig?

(1) Die Arbeitsproduktivität war zu groß.
(2) Die Mittel für die Betriebsrenten waren erschöpft.
(3) Die Kapazität des Betriebs reichte nicht mehr aus, um die Nachfrage zu befriedigen.
(4) Die Löhne und Gehälter konnten nicht mehr bezahlt werden.
(5) Eine Verzinsung des Kapitals war nicht mehr gegeben.

214

Welche Aussage über den Zusammenhang von Produktivität, Wirtschaftlichkeit und Rentabilität ist richtig?

(1) In einem Betrieb mit hoher Produktivität ist immer auch die Wirtschaftlichkeit groß.
(2) Ein Betrieb mit hoher Produktivität arbeitet stets auch rentabel.
(3) Ein Betrieb mit geringer Produktivität kann trotzdem eine hohe Rentabilität aufweisen.
(4) In einem wirtschaftlich gut arbeitenden Betrieb ist die Rentabilität meist gering.
(5) Die Ursache für einen unwirtschaftlich arbeitenden Betrieb ist immer eine geringe Produktivität.

215

In welcher Zeile der Tabelle sind beide Gleichungen für die Berechnung der Wirtschaftlichkeit bzw. der Rentabilität richtig?

	Wirtschaftlichkeit	Rentabilität
(1)	$\dfrac{\text{Produktionsmenge}}{\text{Materialeinsatz}}$	$\dfrac{\text{Gewinn}}{\text{Verkaufserlöse}}$
(2)	$\dfrac{\text{Verkaufserlöse}}{\text{Gesamtaufwand}}$	$\dfrac{\text{Gewinn} \cdot 100\,\%}{\text{Kapitaleinsatz}}$
(3)	$\dfrac{\text{Gesamtaufwand}}{\text{Verkaufserlöse}}$	$\dfrac{\text{Gewinn} \cdot 100\,\%}{\text{Verkaufserlöse}}$
(4)	$\dfrac{\text{Gewinn} \cdot 100\,\%}{\text{Verkaufserlöse}}$	$\dfrac{\text{Verkaufserlöse}}{\text{Gesamtaufwand}}$
(5)	$\dfrac{\text{Kapitaleinsatz} \cdot 100\,\%}{\text{Gewinn}}$	$\dfrac{\text{Produktionsmenge} \cdot 100\,\%}{\text{Materialeinsatz}}$

Betriebswirtschaft

216

Bild a. Welcher der genannten Begriffe muß in der Übersicht der Unternehmungsformen in das mit 1 gekennzeichnete Rechteck eingetragen werden?

(1) Handelsgesellschaften
(2) Kleinunternehmung
(3) Genossenschaften
(4) Personengesellschaften
(5) Kapitalgesellschaften

Bild a

217

Bild a. Welcher der genannten Begriffe muß in der Übersicht der Unternehmungsformen in das mit 3 gekennzeichnete Rechteck eingetragen werden?

(1) Genossenschaften
(2) Aktiengesellschaften
(3) Kapitalgesellschaften
(4) Kommanditgesellschaften
(5) Gesellschaften des bürgerlichen Rechts

218

Bild a. Welcher der genannten Begriffe muß in der Übersicht der Unternehmungsformen in das mit 4 gekennzeichnete Rechteck eingetragen werden?

(1) Personengesellschaften
(2) Aktiengesellschaften
(3) Kommanditgesellschaften
(4) Kapitalgesellschaften
(5) Genossenschaften

219

In welcher Auswahlantwort ist die Unternehmungsform der Unternehmungsgruppe richtig zugeordnet?

	Unternehmungsform	Unternehmungsgruppe
(1)	Aktiengesellschaft	Personengesellschaft
(2)	Einzelunternehmung	Kapitalgesellschaft
(3)	Kommanditgesellschaft	Personengesellschaft
(4)	Genossenschaft	Personengesellschaft
(5)	Offene Handelsgesellschaft	Kapitalgesellschaft

220

In welcher Auswahlantwort ist die Unternehmungsform der Unternehmungsgruppe richtig zugeordnet?

	Unternehmungsform	Unternehmungsgruppe
(1)	Kommanditgesellschaft	Kapitalgesellschaft
(2)	Einzelunternehmung	Kapitalgesellschaft
(3)	Offene Handelsgesellschaft	Personengesellschaft
(4)	Genossenschaft	Personengesellschaft
(5)	Gesellschaft mit beschränkter Haftung	Personengesellschaft

Aufgabenbank   **Betriebswirtschaft**

221

Welche Unternehmungsform liegt den meisten Unternehmungen (ca. 90 %) zugrunde?

① Einzelunternehmung
② Offene Handelsgesellschaft
③ Aktiengesellschaft
④ Gesellschaft mit beschränkter Haftung
⑤ Kommanditgesellschaft

222

Welche Aussage über die Einzelunternehmung ist richtig?

① Bei Einzelunternehmungen wird das Risiko immer von mehreren Kapitalgebern getragen.
② Einzelunternehmungen sind stets besonders kapitalstark.
③ Einzelunternehmungen hängen sehr stark von den Fähigkeiten des Unternehmers ab.
④ Einzelunternehmungen können sich veränderten Marktsituationen nicht anpassen.
⑤ Einzelunternehmungen sind besonders kreditwürdig.

223

Welche Aussage über die Einzelunternehmung ist *falsch*?

① Der Inhaber trägt das alleinige finanzielle Risiko.
② Der Inhaber kann über den Gewinn allein verfügen.
③ Der Inhaber besitzt alle Rechte an der Unternehmung.
④ Der Inhaber kann allein und schnell entscheiden.
⑤ Der Inhaber muß die Geschäfte allein führen.

224

Welchen Vorteil hat die Rechtsform der Einzelunternehmung für den Inhaber eines kleinen Industriebetriebs?

① Er bekommt in wirtschaftlich schlechten Zeiten schneller staatliche Unterstützung als eine Kapitalgesellschaft.
② Er haftet für Verbindlichkeiten nur mit dem Geschäftsvermögen.
③ Er braucht keine Beiträge an die Industrie- und Handelskammer zu entrichten.
④ Er kann schnell entscheiden, ohne sich mit anderen Kapitalgebern abstimmen zu müssen.
⑤ Er trägt ein geringeres Risiko als bei einer Kapitalgesellschaft.

225

Für welche Unternehmungen ist die Rechtsform der Einzelunternehmung geeignet?

① Unternehmungen mit großem Kapitalaufwand
② Unternehmungen der öffentlichen Hand
③ Unternehmungen mit Betrieben in vielen Ländern der Erde
④ Unternehmungen im Bank- und Versicherungsbereich
⑤ Kleinunternehmungen

226

Welche Unternehmungen werden in der Regel als Einzelunternehmungen geführt?

① Handwerksunternehmungen
② Unternehmungen der öffentlichen Hand
③ Unternehmungen des Maschinen- und des Fahrzeugbaus
④ Unternehmungen der Nahrungsmittelindustrie
⑤ Kaufhäuser und Supermärkte

Betriebswirtschaft   **Aufgabenbank**

227

Bei welcher der genannten Firmen handelt es sich um eine Einzelunternehmung?

1. W. Schulz, GmbH
2. Molkerei West eG
3. Hans Müller, Werkzeugbau
4. Walter, Niemüller und Fink
5. Maschinenwerke AG

228

Das nebenstehende Bild zeigt die Bezeichnung einer Unternehmung. Welche Rechtsform hat diese Unternehmung?

> Karl Müller
> Fabrik für Damenbekleidung

1. Offene Handelsgesellschaft
2. Aktiengesellschaft
3. Kommanditgesellschaft
4. Gesellschaft mit beschränkter Haftung
5. Einzelunternehmung

229

Ein guter Bekannter von Ihnen ist Eigentümer einer Einzelunternehmung. Sie wollen ihm mit DM 30.000 bei der Verwirklichung geschäftlicher Absichten behilflich sein und geben ihm einen Kredit in dieser Höhe. Welchen Vorteil hat ein solcher Kredit verglichen mit einer Beteiligung als „Stiller Gesellschafter" an der Unternehmung?

1. Sie erhalten den vereinbarten Zins unabhängig vom Gewinn oder Verlust.
2. Sie können an der Geschäftsführung mitwirken.
3. Sie erhalten eine Gewinnbeteiligung.
4. Sie brauchen für die Zinserträge keine Steuern zu zahlen.
5. Sie erhalten bei einem Konkurs Ihr Geld vor allen anderen Gläubigern (z.B. Finanzamt) zurück.

230

In welchen Fällen würde man eine Einzelunternehmung in eine Personengesellschaft umwandeln?

1. Wenn die Entscheidungsbefugnis auf eine Person konzentriert werden soll.
2. Wenn der Gewinn nur einer Person zukommen soll.
3. Wenn das betriebswirtschaftliche Risiko auf mehrere Personen verteilt werden soll.
4. Wenn die Unternehmung aufgelöst werden soll.
5. Wenn alle Rechte an der Unternehmung auf eine Person übertragen werden sollen.

231

In welchem Fall würde man eine Einzelunternehmung *nicht* in eine Personengesellschaft umwandeln?

1. Die Entscheidungsbefugnis des Gründers der Unternehmung soll gestärkt werden.
2. Probleme beim Tod des Unternehmers sollen verringert werden.
3. Die Kapitalbeschaffung soll erleichtert werden.
4. Familienmitglieder oder Leitende Angestellte sollen an der Unternehmung beteiligt werden.
5. Das Risiko soll auf mehrere Personen verteilt werden.

232

Welchen Vorteil hat eine Personengesellschaft verglichen mit einer Einzelunternehmung *nicht*?

1. Die Kapitalbeschaffung ist oft einfacher.
2. Das Risiko ist auf zwei oder mehrere Personen verteilt.
3. Die Probleme beim Tod eines Inhabers sind für die Unternehmung geringer.
4. Die Verantwortung wird von mehreren Personen getragen.
5. Die Inhaber haften nur mit dem Geschäftsvermögen.

Aufgabenbank | **Betriebswirtschaft**

233

Welche der genannten Unternehmungen wird *nicht* als Personengesellschaft geführt?

1. Fischer KG, Kieswerke
2. Müller und Schulz, Holzhandlung
3. Hubert und Co., Werkzeugbau
4. Lehmann, Schmied und Stoll
5. Franz Alt, Bauingenieurbüro

234

Welche Unternehmungsform gehört zu den Personengesellschaften?

1. Gesellschaft mit beschränkter Haftung
2. Kommanditgesellschaft
3. Aktiengesellschaft
4. Kommanditgesellschaft auf Aktien
5. Genossenschaft

235

Bei welcher Unternehmungsform haftet jeder Gesellschafter sowohl mit seinem Gesellschaftsanteil als auch mit seinem Privatvermögen?

1. Aktiengesellschaft
2. Gesellschaft mit beschränkter Haftung
3. Genossenschaft
4. Kommanditgesellschaft
5. Offene Handelsgesellschaft

236

Welche Bedeutung haben die drei Buchstaben OHG in dem Firmenschild?

> Karl Tüchtig OHG
> Herstellung von Baumaschinen

1. Offene Handelsgesellschaft
2. Ohne Haftung der Gesellschafter
3. Ordentlicher Handels- und Gewerbebetrieb
4. Organisation für Handel und Gewerbe
5. Ohne Gesellschafter

237

Welche Aussage über die Offene Handelsgesellschaft (OHG) ist *falsch*?

1. Die OHG muß mindestens zwei Gesellschafter haben.
2. Alle Gesellschafter haften sowohl mit ihrem Gesellschaftsanteil als auch mit ihrem Privatvermögen.
3. Scheidet ein Gesellschafter aus der OHG aus, so haftet er noch fünf Jahre für alle vor seinem Ausscheiden entstandenen Verbindlichkeiten.
4. Jeder Gesellschafter haftet nur für die von ihm selbst bewirkten Verbindlichkeiten der OHG.
5. Die OHG verlangt großes gegenseitiges Vertrauen und sinnvolle Zusammenarbeit der Gesellschafter.

238

Für welche Unternehmungsform gilt für die Gesellschafter der Grundsatz „Gleiche Rechte, gleiche Pflichten?"

1. Aktiengesellschaft
2. Gesellschaft mit beschränkter Haftung
3. Kommanditgesellschaft
4. Offene Handelsgesellschaft
5. Genossenschaft

Betriebswirtschaft

239

Die OHG, deren Firmenschild nebenstehend dargestellt ist, wird von den Gesellschaftern Müller und Schulze gebildet. Die schlecht geführte Unternehmung gerät in Konkurs. Wie ist die Haftung geregelt?

> Hans Müller OHG
> Elektrogroßhandel

(1) Müller haftet nur mit dem Gesellschaftsvermögen, Schulze überhaupt nicht.

(2) Müller und Schulze haften mit dem Gesellschaftsvermögen und ihrem Privatvermögen.

(3) Müller und Schulze haften lediglich mit ihrem Gesellschaftsanteil.

(4) Müller haftet mit seinem Gesellschaftsanteil und seinem Privatvermögen, Schulze nur mit seinem Gesellschaftsanteil.

(5) Müller haftet mit seinem Gesellschaftsanteil und seinem Privatvermögen. Schulze überhaupt nicht.

240

Was bedeutet die Abkürzung KG in dem Firmenschild?

> Walter KG
> Bekleidungswerk

(1) Kommanditgesellschaft

(2) Kreisgenossenschaft

(3) Komplementärgesellschaft

(4) Kleingesellschaft

(5) Kleingewerbebetrieb

241

Um welche Unternehmungsform handelt es sich, wenn das Geschäftskapital von Vollhaftern und Teilhaftern aufgebracht wird?

(1) Offene Handelsgesellschaft

(2) Aktiengesellschaft

(3) Genossenschaft

(4) Gesellschaft mit beschränkter Haftung

(5) Kommanditgesellschaft

242

In welcher Unternehmungsform gibt es einen Komplementär?

(1) Einzelunternehmung

(2) Kommanditgesellschaft

(3) Offene Handelsgesellschaft

(4) Stille Gesellschaft

(5) Gesellschaft mit beschränkter Haftung

243

Wie wird bei einer Kommanditgesellschaft die Person bezeichnet, die sowohl mit ihrem Gesellschaftsanteil als auch mit dem Privatvermögen haftet?

(1) Kommanditgesellschafter

(2) Aktionär

(3) Einzelunternehmer

(4) Komplementär

(5) Kommanditist

244

Welche Aussage über die Rechte und Pflichten des Komplementärs einer Kommanditgesellschaft ist *falsch*?

(1) Er haftet mit seinem Gesellschaftsanteil und seinem Privatvermögen.

(2) Er vertritt die Gesellschaft nach außen.

(3) Er führt die Geschäfte der Gesellschaft.

(4) Er erhält den gesamten Gewinn der Gesellschaft.

(5) Sein Familienname muß in der Bezeichnung der Unternehmung enthalten sein, z. B. Schulz KG.

245

Welchen der genannten Vorteile hat die Kommanditgesellschaft verglichen mit der Offenen Handelsgesellschaft?

① In der KG sind alle Geldgeber zur Geschäftsführung und Geschäftsvertretung berechtigt.

② Die KG ist für die Geschäftspartner sicherer als die OHG.

③ Die KG steht Geldgebern offen, die keine tätige Mitwirkung wünschen.

④ Die KG braucht nicht in das Handelsregister eingetragen zu werden.

⑤ Bei der KG braucht keiner der Gesellschafter mit seinem Privatvermögen zu haften.

246

Wie ist die Haftung bei der Kommanditgesellschaft geregelt?

① Der Kommanditist ist Vollhafter, der Komplementär Teilhafter.

② Der Komplementär ist Vollhafter, der Kommanditist Teilhafter.

③ Der Komplementär ist Vollhafter, der Kommanditist haftet nicht.

④ Der Komplementär und der Kommanditist sind Teilhafter.

⑤ Der Kommanditist und der Komplementär sind Vollhafter.

247

Welches Recht steht dem Kommanditist einer Kommanditgesellschaft *nicht* zu?

① Recht auf Information über die Geschäftslage der Gesellschaft

② Recht auf Gewinnbeteiligung

③ Recht auf Austritt aus der Gesellschaft

④ Recht auf Widerspruch bei außergewöhnlichen Rechtsgeschäften, z.B. Auflösung der Unternehmung

⑤ Recht auf Teilnahme an der Geschäftsführung

248

Welche Aussage über die Kommanditgesellschaft ist richtig?

① Die Komplementäre sind nur Teilhafter, d.h. sie haften nur mit ihrem Geschäftsanteil.

② Die Geschäftsführung liegt bei den Kommanditisten.

③ Zur Gründung einer Kommanditgesellschaft sind mindestens zwei Gesellschafter erforderlich.

④ Der Kommanditist ist Vollhafter, d.h. er haftet auch mit seinem Privatvermögen.

⑤ Der Kommanditist vertritt die Gesellschaft vor Gericht.

249

Welche Aussage über Kapitalgesellschaften ist *falsch*?

① Rechtsgeschäfte werden mit der Gesellschaft und nicht mit den Gesellschaftern geschlossen.

② Alle Mitglieder der Organe haften für die Verbindlichkeiten der Gesellschaft.

③ Bei Kapitalgesellschaften gibt es nur Teilhafter und keine Vollhafter.

④ Die Kapitalgesellschaften werden durch Organe und nicht durch Personen vertreten.

⑤ Die Haftung ist allein auf das Eigenkapital der Gesellschaft beschränkt.

250

Welche Unternehmungsform ist am besten für Unternehmungen mit sehr großem Kapitalbedarf geeignet?

① Genossenschaft

② Kommanditgesellschaft

③ Gesellschaft mit beschränkter Haftung

④ Offene Handelsgesellschaft

⑤ Aktiengesellschaft

Betriebswirtschaft   **Aufgabenbank**

251

Welche Aussage über die Aktiengesellschaft ist richtig?

① Die Rechtsform der AG ist nur für große Industrieunternehmungen geeignet.

② Der Mindestnennbetrag des Grundkapitals beträgt 100.000,- DM.

③ Zur Gründung einer AG sind mindestens fünf Personen erforderlich.

④ Der Mindestnennbetrag einer Aktie ist 50,- DM.

⑤ Eigentümer der AG sind die Mitglieder des Aufsichtsrats.

252

Welche Aussage über die Aktiengesellschaft ist richtig?

① Die Aktiengesellschaft ist eine Personengesellschaft.

② Die Rechtsform der Aktiengesellschaft ist nur für große Industrieunternehmen geeignet.

③ Die Eigentümer der Aktiengesellschaft haften mit ihren Gesellschaftsanteilen und ihrem Privatvermögen.

④ Das Kapital der Aktiengesellschaft wird von den Aktionären aufgebracht.

⑤ Die Geschäftsführer der Aktiengesellschaft werden Aktionäre genannt.

253

Wieviel Personen sind zur Gründung einer Aktiengesellschaft erforderlich?

① Eine Person
② Drei Personen
③ Fünf Personen
④ Sieben Personen
⑤ Zehn Personen

254

Welches Grundkapital muß bei der Gründung einer Aktiengesellschaft mindestens aufgebracht werden?

① 50.000,- DM
② 100.000,- DM
③ 500.000,- DM
④ 1.000.000,- DM
⑤ 3.000.000,- DM

255

Wie hoch ist nach dem Aktiengesetz der Mindestnennwert einer deutschen Aktie?

① 5,- DM
② 10,- DM
③ 50,- DM
④ 100,- DM
⑤ 500,- DM

256

Welchen Nennwert haben die meisten deutschen Aktien?

① 5,- DM
② 10,- DM
③ 50,- DM
④ 75,- DM
⑤ 100,- DM

Aufgabenbank — Betriebswirtschaft

257

Wie bildet sich an der Börse der Kurswert einer Aktie, also der Preis für eine Aktie?

1. Durch Festsetzung durch den Aktienverkäufer
2. Durch Festsetzung durch den Aktienkäufer
3. Durch Festsetzung durch die staatliche Aufsichtsbehörde
4. Durch Berechnung aus der Gewinnerwartung der Unternehmung
5. Durch Angebot und Nachfrage

258

Wie wird man Aktionär?

1. Durch Mitarbeit in einer Aktiengesellschaft
2. Durch Kauf von mindestens einer Aktie
3. Durch Wahl in den Aufsichtsrat einer Aktiengesellschaft
4. Durch Besuch der Hauptversammlung einer Aktiengesellschaft
5. Durch regelmäßiges Studium der Aktienkurse

259

Welche Aussage über die Aktionäre einer Aktiengesellschaft ist richtig?

1. Die Aktionäre sind verpflichtet, die Hauptversammlung der AG zu besuchen.
2. Die Aktionäre sind die Eigentümer der AG.
3. Die Aktionäre erhalten jedes Jahr eine Dividende, unabhängig davon, ob die AG Gewinn oder Verlust macht.
4. Die Aktionäre arbeiten in der Regel in der AG persönlich mit.
5. Die Aktionäre haften für die Verbindlichkeiten der AG auch mit ihrem Privatvermögen.

260

Welche Aussage über die Aktionäre einer Aktiengesellschaft ist *falsch*?

1. Die Aktionäre bringen das Kapital der AG auf.
2. Die Aktionäre können an der Hauptversammlung der AG teilnehmen.
3. Die Aktionäre sind von der Geschäftsleitung der AG ausgeschlossen.
4. Die Aktionäre nehmen nur am Gewinn, nicht aber am Verlust der AG teil.
5. Die Aktionäre haften nur mit ihrem Aktienanteil.

261

In welcher Auswahlantwort sind alle Organe der Aktiengesellschaft richtig benannt?

1. Aktionärsversammlung, Geschäftsführer und Betriebsrat
2. Gesellschafterversammlung und Aufsichtsrat
3. Hauptversammlung, Aufsichtsrat und Vorstand
4. Gesellschafterversammlung, Aufsichtsrat und Geschäftsführer
5. Vorstand und Betriebsrat

262

Wer darf an der Hauptversammlung einer Aktiengesellschaft als stimmberechtigtes Mitglied teilnehmen?

1. Jedes Mitglied des Aufsichtsrats der AG
2. Jedes Mitglied des Vorstands der AG
3. Jeder Aktionär der AG
4. Jeder leitende Angestellte der AG
5. Jedes Mitglied des Betriebsrats der AG

Betriebswirtschaft

263

Was gehört *nicht* zu den Aufgaben der Hauptversammlung einer Aktiengesellschaft?

① Wahl der Vertreter der Aktionäre in den Aufsichtsrat

② Beschluß über Satzungsänderungen

③ Beschluß über die Verwendung des Bilanzgewinns

④ Bestellung der Mitglieder des Vorstands

⑤ Beschluß über Maßnahmen zur Kapitalbeschaffung

264

Welche Aussage über die Hauptversammlung einer Aktiengesellschaft ist *falsch*?

① Die Hauptversammlung besteht aus den Aktionären.

② Die Hauptversammlung führt die Geschäfte der AG.

③ Die Hauptversammlung wählt die Vertreter der Aktionäre in den Aufsichtsrat.

④ Die Hauptversammlung beschließt Satzungsänderungen.

⑤ Die Hauptversammlung beschließt über die Verteilung des Bilanzgewinns.

265

Wie ist das Stimmrecht in der Hauptversammlung einer Aktiengesellschaft geregelt?

① Jeder Anwesende hat eine Stimme.

② Ein Stimmrecht hat nur derjenige, der mindestens 5 % der Aktien besitzt.

③ Das Stimmrecht der Vertreter der Arbeitnehmer richtet sich nach der Zahl der Arbeitnehmer, die Aktien der AG besitzen.

④ Das Stimmrecht richtet sich nach dem Nennwert der Aktien, die der Aktionär besitzt.

⑤ Bei Stimmengleichheit entscheidet die Stimme des Vorstands.

266

Wer führt die Geschäfte einer Aktiengesellschaft?

① Die Hauptversammlung

② Die Aktionäre

③ Der Aufsichtsrat in seiner Gesamtheit

④ Der Vorsitzende des Aufsichtsrats

⑤ Der Vorstand

267

Welche Aussage über den Vorstand einer Aktiengesellschaft ist richtig?

① Der Vorstand leitet die Aktiengesellschaft.

② Dem Vorstand müssen zwei Arbeitgeber- und zwei Arbeitnehmer-Vertreter angehören.

③ Der Vorstand hat in der Hauptversammlung Stimmrecht.

④ Dem Vorstand muß ein Aktionär, der mindestens 3 % der Aktien besitzt, angehören.

⑤ Der Vorstand wird von der Hauptversammlung gewählt.

268

Welche Aufgabe hat unter anderem der Aufsichtsrat einer Aktiengesellschaft?

① Er beruft die Hauptversammlung der Aktionäre ein.

② Er führt die Geschäfte der Aktiengesellschaft.

③ Er ernennt den Vorstand und kontrolliert ihn.

④ Er verhandelt mit dem Betriebsrat über soziale Maßnahmen in der Unternehmung.

⑤ Er schließt mit dem Betriebsrat Betriebsvereinbarungen ab.

Aufgabenbank — **Betriebswirtschaft**

269

Wer darf nach dem Aktiengesetz *nicht* Mitglied des Aufsichtsrats einer Aktiengesellschaft sein?

1. Ein Aktionär der AG
2. Ein in der AG tätiger Arbeitnehmer
3. Ein Mitglied des Vorstands der AG
4. Ein Gewerkschaftsfunktionär
5. Ein in der AG tätiges Betriebsratsmitglied

270

Welche Aussage über den Aufsichtsrat einer Aktiengesellschaft mit mehr als 500 Beschäftigten ist *falsch*?

1. Der Aufsichtsrat kann den Vorstand abberufen.
2. Dem Aufsichtsrat gehören Arbeitgeber und Arbeitnehmer an.
3. Die Aufsichtsratsmitglieder sind zur unentgeltlichen Tätigkeit verpflichtet.
4. Der Aufsichtsrat überwacht die Geschäftsführung des Vorstands.
5. Der Aufsichtsrat bestellt den Vorstand.

271

Gibt es für die Besetzung der Aufsichtsräte eine für alle Aktiengesellschaften einheitliche gesetzliche Regelung?

1. Nein, die Zusammensetzung ist davon abhängig, ob die AG mehr als 500 oder mehr als 2000 Beschäftigte hat, bzw. ob sie zum Montanbereich gehört.
2. Ja, zwei Drittel der Mitglieder müssen stets Vertreter der Aktionäre sein.
3. Ja, 50 % der Mitglieder müssen Aktionäre, 25 % Arbeitnehmer der AG und 25 % Gewerkschaftsvertreter sein.
4. Ja, der Aufsichtsrat darf nur mit Aktionären besetzt werden.
5. Ja, 50 % der Mitglieder müssen stets Vertreter der Arbeitnehmer sein.

272

Welche Unternehmungen gehören zur Montanindustrie?

1. Unternehmungen der chemischen Industrie
2. Unternehmungen der Nahrungsmittelindustrie
3. Unternehmungen des Bergbaus und der Eisen und Stahl erzeugenden Industrie
4. Unternehmungen der Automobilindustrie
5. Unternehmungen der Textil- und der Bekleidungsindustrie

273

In welchen Organen einer Aktiengesellschaft, die zum Montanbereich gehört, wirken Vertreter der Arbeitnehmer mit?

1. Nur im Aufsichtsrat
2. Nur im Vorstand
3. Im Aufsichtsrat und im Vorstand
4. In der Hauptversammlung und im Aufsichtsrat
5. In der Hauptversammlung, im Aufsichtsrat und im Vorstand.

274

Bei welchen Aktiengesellschaften sind im Aufsichtsrat *keine* Arbeitnehmer vertreten?

Bei Aktiengesellschaften,

1. die dem Bund, den Ländern oder den Gemeinden angehören.
2. die weniger als 2000 Beschäftigte haben.
3. die sich im Besitz von Ausländern befinden.
4. der Montanindustrie
5. die sich im Besitz einer Familie befinden und weniger als 500 Beschäftigte haben.

Betriebswirtschaft — **Aufgabenbank**

275

Welche Aussage über den Aufsichtsrat einer Aktiengesellschaft mit mehr als 500 Beschäftigten ist richtig?

(1) Die Aufsichtsratsmitglieder haften den Aktionären mit ihrem Privatvermögen.

(2) Der Aufsichtsrat besteht aus Vertretern der Aktionäre und der Arbeitnehmer.

(3) Der Aufsichtsrat hat in der Hauptversammlung Stimmrecht.

(4) In den Aufsichtsrat können nur Aktionäre gewählt werden.

(5) Der Aufsichtsrat führt die Geschäfte der AG.

276

In einer Aktiengesellschaft der Elektroindustrie sind 1 500 Arbeitnehmer beschäftigt. In welchen Organen der AG wirken Vertreter der Arbeitnehmer mit?

(1) Nur im Aufsichtsrat

(2) Nur im Vorstand

(3) Im Aufsichtsrat und im Vorstand

(4) In der Hauptversammlung und im Aufsichtsrat

(5) In der Hauptversammlung, im Aufsichtsrat und im Vorstand

277

Wie ist die Mitwirkung der Arbeitnehmer in einer Aktiengesellschaft, die 1 800 Beschäftigte hat und *nicht* zum Montanbereich gehört, geregelt?

(1) Sowohl im Aufsichtsrat als auch im Vorstand müssen in der AG beschäftigte Arbeitnehmer vertreten sein.

(2) Ein Drittel der Aufsichtsratssitze muß mit Vertretern der Arbeitnehmer besetzt werden.

(3) Die Hälfte der Aufsichtsratssitze muß mit Vertretern der Arbeitnehmer besetzt werden.

(4) Im Aufsichtsrat muß mindestens ein in der AG beschäftigter Arbeitnehmer und ein Gewerkschaftsvertreter mitwirken.

(5) Wirken in Organen der AG Arbeitnehmer mit, dann muß mindestens ein Sitz mit einem Gewerkschaftsvertreter besetzt sein.

278

Eine Aktiengesellschaft, die *nicht* zum Montanbereich gehört, hat 19 000 Beschäftigte. Welche Aussage über die Arbeitnehmervertreter im Aufsichtsrat ist richtig?

(1) Kein Arbeitnehmervertreter erhält für die Tätigkeit im Aufsichtsrat eine finanzielle Entschädigung.

(2) Mindestens ein Arbeitnehmervertreter muß zur Gruppe der Leitenden Angestellten gehören.

(3) Alle Arbeitnehmervertreter müssen in der AG beschäftigt sein.

(4) Alle Arbeitnehmervertreter müssen Mitglied einer DGB-Mitgliedsgewerkschaft sein.

(5) Alle Arbeitnehmervertreter müssen die deutsche Staatsbürgerschaft besitzen.

279

Wie ist das Stimmrecht im Aufsichtsrat einer Aktiengesellschaft, die *nicht* zum Montanbereich gehört und in der mehr als 2 000 Arbeitnehmer beschäftigt sind, geregelt?

(1) Alle AR-Mitglieder haben in jedem Abstimmungsfall nur eine Stimme.

(2) Die Gewerkschaftsvertreter sind nicht stimmberechtigt.

(3) Der Vertreter der Leitenden Angestellten ist nur bei Stimmengleichheit stimmberechtigt.

(4) Der AR-Vorsitzende hat für den Fall der Stimmengleichheit eine Zweitstimme.

(5) Die Vertreter der Aktionäre haben gegenüber den Vertretern der Arbeitnehmer die doppelte Anzahl von Stimmen.

280

Eine Aktiengesellschaft hat mehr als 2 000 Beschäftigte und gehört *nicht* dem Montanbereich an. Was geschieht, wenn sich bei einer Abstimmung im Aufsichtsrat Stimmengleichheit ergibt?

(1) Es wird solange abgestimmt, bis sich eine Mehrheit ergibt.

(2) Die Entscheidung wird vom Arbeitsgericht getroffen.

(3) Es wird nochmals abgestimmt, wobei sich der Vertreter der Leitenden Angestellten der Stimme enthalten muß.

(4) Die Entscheidung wird durch Los getroffen.

(5) Der Vorsitzende des Aufsichtsrats entscheidet mit seiner Zweitstimme.

Aufgabenbank   Betriebswirtschaft

281

Zu welcher Gruppe der Unternehmungen gehört die Gesellschaft mit beschränkter Haftung (GmbH)?

1. Stille Gesellschaften
2. Einzelunternehmungen
3. Kapitalgesellschaften
4. Genossenschaften
5. Personengesellschaften

282

Welche Aussage über die GmbH ist richtig?

1. Zur Errichtung einer GmbH sind mindestens zwei Personen notwendig.
2. Als Stammkapital müssen mindestens 20.000,– DM aufgebracht werden.
3. Das Stammkapital ist auf gleich große Aktien verteilt.
4. Bei mehr als 500 Beschäftigten in der GmbH muß ein Aufsichtsrat eingerichtet werden.
5. Zu Geschäftsführern dürfen nur Gesellschafter bestellt werden.

283

Welche Aussage über die GmbH ist *falsch*?

1. Die GmbH ist eine Kapitalgesellschaft.
2. Die GmbH kann von einer Person allein geführt werden.
3. Das Stammkapital muß mindestens 50000,– DM betragen.
4. Die Gesellschafter der GmbH haften auch mit ihrem Privatvermögen.
5. Die GmbH kann durch mehrere Geschäftsführer vertreten werden.

284

Welchen Vorteil haben die Gesellschafter einer GmbH verglichen mit den Gesellschaftern einer OHG?

1. Sie können jederzeit Teile ihrer Stammeinlage an der Wertpapierbörse verkaufen.
2. Sie haften nicht mit ihrem Privatvermögen.
3. Sie können sich jederzeit an der Geschäftsführung beteiligen.
4. Sie können jederzeit aus der Gesellschaftskasse Geld für private Zwecke entnehmen.
5. Sie erhalten einen vom Gewinn oder vom Verlust unabhängigen Zins für ihr eingesetztes Kapital.

285

Welche Organe muß eine GmbH in jedem Falle besitzen?

1. Einen Aufsichtsrat
2. Einen Vorstand
3. Einen Aufsichtsrat und eine Geschäftsführung
4. Eine Gesellschafterversammlung und eine Geschäftsführung
5. Einen Aufsichtsrat und einen Vorstand

286

In welchem der genannten Fälle ist für die GmbH ein Aufsichtsrat zwingend vorgeschrieben?

1. Wenn die Gesellschaft mehr als 500 Arbeitnehmer beschäftigt.
2. Wenn die Gesellschaft mehr als 5 Gesellschafter hat.
3. Wenn die Gesellschaft auch mit Fremdkapital arbeitet.
4. Wenn die Gesellschaft jährlich mehr als 1 Mio. DM umsetzt.
5. Wenn die Gesellschaft der öffentlichen Hand gehört.

Betriebswirtschaft

287

Eine Unternehmung, die Zubehör für die Automobilindustrie herstellt, hat mehr als 2000 Beschäftigte. In welchen Organen der GmbH wirken Vertreter der Arbeitnehmer mit?

1. Nur in der Geschäftsführung
2. Nur im Aufsichtsrat
3. Nur in der Gesellschafterversammlung
4. Im Aufsichtsrat und in der Geschäftsführung
5. In der Gesellschafterversammlung und in der Geschäftsführung

288

Wie weit geht die Haftung einer GmbH?

1. Die GmbH haftet mit ihrem gesamten Gesellschaftsvermögen.
2. Die GmbH haftet nur bis zur Höhe ihres Barvermögens.
3. Die GmbH haftet bis zum 1,5fachen des Stammkapitals.
4. Die GmbH haftet mit ihrem gesamten Vermögen, die Gesellschafter außerdem mit ihrem Privatvermögen.
5. Die GmbH haftet mit ihrem gesamten Vermögen, die Geschäftsführer außerdem mit dem Privatvermögen.

289

Unternehmungszusammenschlüsse können die unterschiedlichsten Beweggründe haben. Was ist jedoch *kein* Beweggrund für einen Zusammenschluß?

1. Sicherung der Rohstoffbasis
2. Steigerung des Gewinns durch Verbesserung der Wirtschaftlichkeit der Unternehmungen
3. Erhöhung der Wirtschaftlichkeit durch gemeinsame Rationalisierung der Fertigung
4. Schaffung neuer Arbeitsplätze in den Unternehmungen
5. Erhöhung der Wirtschaftlichkeit durch Aufteilung von Produktionsprogrammen

290

Eine Großunternehmung ist mit einer ganzen Reihe anderer Unternehmungen so verbunden, daß man von der Muttergesellschaft und den Tochtergesellschaften spricht. Wie wird ein solcher Unternehmenszusammenschluß bezeichnet?

1. Kartell
2. Konzern
3. Trust
4. Syndikat
5. Aktiengesellschaft

291

Mehrere Unternehmungen vereinbaren, ihre gleichartigen Erzeugnisse nicht unter einem bestimmten Preis abzugeben. Welche Aussage ist richtig?

1. Derartige Absprachen sind zulässig, wenn dadurch Arbeitsplätze erhalten werden können.
2. Derartige Absprachen führen insgesamt gesehen zur Verbilligung der Güter.
3. Derartige Absprachen fördern die Idee der freien Marktwirtschaft.
4. Ohne derartige Absprachen kann eine Marktwirtschaft nicht funktionieren.
5. Derartige Absprachen sind nach dem Kartellgesetz verboten.

292

Mehrere Unternehmungen vereinbaren, durch Drosselung der Produktion eine Verknappung der von ihnen hergestellten Güter zu erreichen. Wie wird dieser Zusammenschluß bezeichnet?

1. Konzern
2. Produktionskartell
3. Syndikat
4. Absatzgenossenschaft
5. Preiskartell

Aufgabenbank — Betriebswirtschaft

293

Was verbietet das Kartellgesetz unter anderem?

1. Zusammenarbeit zwischen verschiedenen Unternehmungen bei der Erzeugnisentwicklung
2. Vereinbarungen zwischen Unternehmungen zur Beschränkung des Wettbewerbs
3. Export von Erzeugnissen, die im Inland knapp sind
4. Werbung mit unzutreffenden Behauptungen
5. Zahlung übertariflicher Löhne

294

Welche Aufgabe hat das Bundeskartellamt?

1. Auf die Einhaltung der von den Produzenten empfohlenen Preise zu achten.
2. Für Markenartikel Preisempfehlungen auszusprechen.
3. Die Wirtschaft vor staatlichen Eingriffen zu schützen.
4. Die Erhöhung der Verbraucherpreise zu unterbinden.
5. Auf die Einhaltung des marktwirtschaftlichen Wettbewerbs zu achten.

295

Welcher Vertrag zwischen Unternehmungen ist nach dem Kartellgesetz *nicht* verboten, sondern lediglich anmeldepflichtig?

1. Vertrag über Liefersperren an bestimmte Händler
2. Vertrag über die Verringerung der Produktionsmenge zur Beschränkung des Angebots
3. Vertrag über die Aufteilung der Absatzgebiete zur Vermeidung des gegenseitigen Wettbewerbs
4. Vertrag über die gemeinsame Anpassung der Fertigungskapazität an den verringerten Bedarf
5. Vertrag über einheitliche Preise für dieselben Produkte

296

Welche Aussage über die Interessenverbände der Arbeitgeber und der Arbeitnehmer ist richtig?

1. Sie unterstehen der Aufsicht des Bundeswirtschaftsministeriums.
2. Sie können bei der Vorbereitung von Gesetzen durch Stellungnahmen und Vorschläge mitwirken.
3. Sie müssen über ihre finanziellen Mittel öffentlich Rechenschaft ablegen.
4. Sie werden weitgehend durch Mittel aus dem Bundeshaushalt finanziert.
5. Sie sind in ihren Aussagen und in ihrem Handeln dem ganzen Volk gegenüber verantwortlich.

297

Bei welchem Interessenverband ist die Mitgliedschaft gesetzlich zwingend vorgeschrieben?

1. Deutscher Gewerkschaftsbund
2. Bundesverband der Deutschen Industrie
3. Deutsche Angestelltengewerkschaft
4. Bundesverband der Deutschen Arbeitgeberverbände
5. Industrie- und Handelskammer

298

Welche Aussage über die Arbeitgeberverbände ist richtig?

1. Die Arbeitgeberverbände sind gesetzlich verpflichtet, jeden Arbeitgeber als Mitglied aufzunehmen.
2. Die Arbeitgeberverbände werden von allen Arbeitgebern finanziert.
3. Die Arbeitgeberverbände wirken bei der Vorbereitung von Gesetzen durch Stellungnahmen und Vorschläge mit.
4. Die Arbeitgeberverbände müssen sich politisch neutral verhalten.
5. Die Arbeitgeberverbände erhalten finanzielle Zuschüsse vom Bundeswirtschaftsministerium.

Betriebswirtschaft

299

Welche Aussage über die Mitgliedschaft in einem Arbeitgeberverband ist richtig?

(1) Die Mitgliedschaft in einem Arbeitgeberverband beruht auf freiwilliger Basis.

(2) Jede Unternehmung ist gesetzlich verpflichtet, einem Arbeitgeberverband beizutreten.

(3) Mitglied in einem Arbeitgeberverband können nur die Inhaber von Einzelunternehmungen werden.

(4) Mitglied in einem Arbeitgeberverband kann eine Unternehmung nur werden, wenn sie mehr als 20 Arbeitnehmer beschäftigt.

(5) Die Mitgliedschaft endet mit dem Tod des Eigentümers der Unternehmung.

300

Welches Ziel verfolgen unter anderem die Arbeitgeberverbände?

(1) Verkürzung der Arbeitszeit bei vollem Lohnausgleich

(2) Ausweitung der betrieblichen Mitbestimmung der Arbeitnehmer

(3) Abwehr gewerkschaftlicher Forderungen

(4) Abbau sämtlicher Subventionen

(5) Offenlegung der Mittel aller Interessenverbände und der politischen Parteien

301

Welche Forderung wird von Arbeitgeberverbänden *nicht* gestellt?

(1) Flexibilisierung der Arbeitszeiten

(2) Verringerung der Lohnnebenkosten

(3) Verringerung der Unternehmenssteuern

(4) Einführung einer Berufsausbildungsabgabe

(5) Reduzierung der Fortzahlung des Arbeitsentgelts im Krankheitsfall

302

Welche Interessenverbände gehören dem Bundesverband der Deutschen Industrie (BDI) an?

(1) Bundesfachverbände der Arbeitgeber

(2) Industrie- und Handelskammern

(3) Bundesfachverbände der Industrie

(4) Landesinnungsverbände

(5) Handwerkskammern

303

Welche Aufgabe hat unter anderem der Bundesverband der Deutschen Industrie (BDI)?

(1) Erarbeitung von tarifpolitischen Leitlinien der Mitglieder

(2) Vertretung der wirtschaftspolitischen Interessen der Mitglieder

(3) Beratung der Mitglieder in arbeitsrechtlichen Fragen

(4) Koordinierung der Tarifverhandlungen auf Bundesebene

(5) Finanzielle Unterstützung von bestreikten Unternehmungen

304

Welches der genannten Gebiete gehört zum Aufgabenbereich des Bundesverbandes der Deutschen Industrie (BDI)?

(1) Arbeitsmarktpolitik

(2) Lohn- und Tarifpolitik

(3) Arbeitsrecht

(4) Verkehrspolitik

(5) Sozialpolitik

Aufgabenbank **Betriebswirtschaft**

305

Welches Gebiet gehört *nicht* zum Aufgabenbereich des Bundesverbandes der Deutschen Industrie (BDI)?

1. Außenhandel
2. Umweltschutz
3. Lohn- und Tarifpolitik
4. Steuer- und Finanzpolitik
5. Bildungspolitik

306

Welche Hauptaufgabe hat die Bundesvereinigung der Deutschen Arbeitgeberverbände (BDA)?

1. Vertretung der Arbeitgeber in internationalen Wirtschaftsorganisationen
2. Vertretung der wirtschaftspolitischen Interessen der Arbeitgeber gegenüber Regierung und Parlamenten
3. Führung von Tarifverhandlungen und Abschluß von Tarifverträgen
4. Beratung der Arbeitgeber in wirtschafts- und steuerpolitischen Fragen
5. Vertretung der sozialpolitischen Belange der Arbeitgeber

307

Welches der genannten Gebiete gehört sowohl zum Aufgabenbereich des Bundesverbandes der Deutschen Industrie (BDI) als auch zu dem der Bundesvereinigung der Deutschen Arbeitgeberverbände (BDA)?

1. Mitbestimmung
2. Berufsbildung
3. Humanisierung der Arbeitswelt
4. Arbeitszeitverkürzung
5. Vermögensbildung der Arbeitnehmer

308

Welches Gebiet gehört *nicht* in den Aufgabenbereich der Bundesvereinigung der Deutschen Arbeitgeberverbände (BDA)?

1. Arbeitsrecht
2. Währungspolitik
3. Lohn- und Tarifpolitik
4. Arbeitsmarktpolitik
5. Sozialpolitik

309

In Zeiten von Tarifverhandlungen im Metallbereich wird in Rundfunk und Fernsehen oft von „Gesamtmetall" gesprochen. Zu welchem Interessenverband gehört „Gesamtmetall"?

1. Deutscher Gewerkschaftsbund (DGB)
2. Bundesverband der deutschen Industrie (BDI)
3. Deutscher Handwerkskammertag (DHT)
4. Deutscher Industrie- und Handelstag (DIHT)
5. Bundesvereinigung der deutschen Arbeitgeberverbände (BDA)

310

Welche Aussage über die Industrie- und Handelskammer (IHK) ist richtig?

1. Die IHK ist eine Körperschaft des öffentlichen Rechts.
2. Die IHK ist eine privatrechtlich organisierte Arbeitgebervereinigung.
3. In der Vollversammlung der IHK wirken alle Unternehmer des Bezirks der IHK mit.
4. Die Finanzierung der IHK erfolgt aus Mitteln des Bundeslands.
5. Die Aufsicht über die IHK führt die Gemeinde, in der die IHK ihren Sitz hat.

Betriebswirtschaft

311

Wer führt die Aufsicht darüber, daß sich die Industrie- und Handelskammer im Rahmen ihrer Tätigkeit an die geltenden Rechtsvorschriften hält?

1. Das Bundeswirtschaftsministerium
2. Das Bundesarbeitsministerium
3. Die Bundesanstalt für Arbeit
4. Das dafür zuständige Landesministerium
5. Der Deutsche Industrie- und Handelstag

312

In welchem Organ bzw. Ausschuß der Industrie- und Handelskammer wirken Vertreter der Arbeitnehmer mit?

1. Geschäftsführung
2. Präsidium
3. Vollversammlung
4. Haushaltsausschuß
5. Berufsbildungsausschuß

313

Wer finanziert die Industrie- und Handelskammern?

1. Das Bundeswirtschaftsministerium
2. Die zur Kammer gehörenden Unternehmer
3. Die Städte und Gemeinden
4. Die Wirtschaftsministerien der Bundesländer
5. Die Arbeitgeberverbände

314

Welche Aufgabe hat unter anderem die Industrie- und Handelskammer?

1. Wahrnehmung sozialpolitischer Belange
2. Abschluß von Tarifverträgen
3. Interessenvertretung der Handwerksbetriebe
4. Interessenvertretung aller Wirtschaftszweige im Bereich von Industrie, Handel und Verkehr
5. Entscheidung von arbeitsrechtlichen Streitigkeiten in Industrie und Handel

315

Auf welchem Gebiet sind die Industrie- und Handelskammern *nicht* tätig?

1. Verkehrspolitik
2. Wirtschaftsrecht
3. Steuerrecht
4. Berufsbildung
5. Lohn- und Gehaltspolitik

316

Welche der genannten Aufgaben nimmt die Industrie- und Handelskammer wahr?

1. Vermittlung von Ausbildungsplätzen
2. Erhebung der Gewerbesteuer
3. Erlaß von Unfallverhütungsvorschriften
4. Zuständige Stelle für die Berufsausbildung im Rahmen des Berufsbildungsgesetzes
5. Erlaß von Ausbildungsordnungen

Aufgabenbank   **Betriebswirtschaft**

317

Welche Aufgabe gehört in den Zuständigkeitsbereich einer Industrie- und Handelskammer?

(1) Beratung der Unternehmungen in arbeitsrechtlichen Fragen

(2) Durchführung von Industriemeister-Prüfungen

(3) Vermittlung von Ausbildungsstellen

(4) Entscheidung von Streitigkeiten, die sich aus Arbeitsverträgen ergeben

(5) Erarbeitung von Unfallverhütungsvorschriften

318

Welche Aufgabe hat unter anderem die Industrie- und Handelskammer im Rahmen ihrer Zuständigkeit für die Berufsausbildung?

(1) Festlegen der Höhe der Ausbildungsvergütung

(2) Kostenlose Bereitstellung des Prüfungsmaterials für die Zwischen- und Abschlußprüfungen

(3) Ausarbeitung der sachlichen und zeitlichen Gliederung der Berufsausbildung

(4) Feststellen der Eignung von Ausbildungsstätten

(5) Überwachung des Berufsschulunterrichts

319

Was gehört *nicht* zu den Aufgaben einer Industrie- und Handelskammer, die sie im Rahmen ihrer Zuständigkeit für die Berufsausbildung zu erfüllen hat?

(1) Festlegen der Dauer des Urlaubs für Auszubildende und Umschüler

(2) Abnahme von Zwischen- und Abschlußprüfungen

(3) Überwachung der betrieblichen Berufsausbildung

(4) Führung des Verzeichnisses der Berufsausbildungsverhältnisse

(5) Abnahme der Ausbilder-Eignungsprüfung

320

Welcher Fall gehört in den Zuständigkeitsbereich der Industrie- und Handelskammer?

(1) Frau Maier möchte einen Arbeitsplatz als Bauzeichnerin vermittelt bekommen.

(2) Herr Schmied möchte einen Zuschuß für die Teilnahme an einem Fernlehrgang beantragen.

(3) Die Hauseigentümerin Huber möchte sich über den Mietspiegel informieren.

(4) Der Unternehmer Krause möchte in arbeitsrechtlichen Fragen beraten werden.

(5) Herr Müller möchte sich zur Industriemeisterprüfung anmelden.

321

Welche Aufgabe hat unter anderem der Berufsbildungsausschuß der Industrie- und Handelskammer?

(1) Er entscheidet über die Verwendung der finanziellen Mittel der Berufsbildungsabteilung.

(2) Er entscheidet über die Zulassung von Unternehmungen als Ausbildungsbetriebe.

(3) Er beschließt die aufgrund des Berufsbildungsgesetzes von der IHK zu erlassenen Rechtsvorschriften, wie Prüfungsordnung.

(4) Er entscheidet über Anträge auf Verkürzung bzw. Verlängerung der Ausbildungszeit.

(5) Er legt die Termine für die Zwischen- und Abschlußprüfungen fest.

322

Welche Stelle koordiniert die Arbeit der Industrie- und Handelskammern auf Bundesebene?

(1) Der Deutsche Industrie- und Handelstag

(2) Die Bundesvereinigung der deutschen Arbeitgeberverbände

(3) Die Arbeitsgemeinschaft der Industrie- und Handelskammern

(4) Der Bundesverband der deutschen Industrie

(5) Der Gemeinschaftsausschuß der deutschen Wirtschaft

Betriebswirtschaft　　　　　　　　　　　　　　　　　　　　　　　　　**Aufgabenbank**

323

Welche Aussage über die Handwerkskammer ist richtig?

1. Die Handwerkskammer ist eine Körperschaft des öffentlichen Rechts, die Handwerksbetriebe sind Pflichtmitglieder.
2. Die Handwerkskammer führt alle Gesellenprüfungen durch.
3. Die Mitgliedschaft in einer Handwerkskammer ist für Handwerksbetriebe freiwillig.
4. Die Handwerkskammern schließen Tarifverträge mit den Gewerkschaften ab.
5. Die Handwerkskammer übernimmt Vertrieb und Werbung für die angeschlossenen Handwerksbetriebe.

324

Welche der genannten Aufgaben obliegt den Handwerkskammern *nicht*?

1. Führung der Handwerksrolle und der Lehrlingsrolle
2. Beratung ihrer Mitglieder in wirtschaftlichen und rechtlichen Fragen
3. Überwachung der Berufsausbildung in den Handwerksbetrieben
4. Abschluß von Tarifverträgen mit den Gewerkschaften
5. Unterstützung der Behörden durch Anregungen, Gutachten und Berichte

325

In welcher Zeile der Tabelle sind die Interessen des Arbeitgebers und des Arbeitnehmers beide richtig angegeben?

	Interesse des	
	Arbeitgebers	Arbeitnehmers
1	Arbeitsplätze schaffen	Arbeitsplatz erhalten
2	Mitbestimmung stärken	Arbeitsteilung ausweiten
3	Arbeitszeit kürzen	Schichtarbeit ausdehnen
4	Personalkosten senken	Lebensstandard erhöhen
5	Arbeitsplätze abbauen	Wochenarbeitszeit verlängern

326

Welche Berufsgruppe hat sich im vergangenen Jahrhundert zuerst gewerkschaftlich organisiert?

1. Buchdrucker
2. Metallarbeiter
3. Leinenweber
4. Beamte
5. Landarbeiter

327

Welche Behauptung über die Geschichte der Gewerkschaften ist *falsch*?

1. Die ersten deutschen Gewerkschaften entstanden in der zweiten Hälfte des vergangenen Jahrhunderts.
2. 1949 wurde der Deutsche Gewerkschaftsbund gegründet.
3. Im Dritten Reich waren die Gewerkschaften verboten.
4. Nach dem 2. Weltkrieg entstand in der DDR der Freie Deutsche Gewerkschaftsbund.
5. Nach dem 2. Weltkrieg konnten die Deutschen Gewerkschaften erstmals die Interessen der Arbeitnehmer unbehindert vertreten.

328

Welche Behauptung über die Geschichte der Gewerkschaften ist richtig?

1. In Deutschland bildeten sich aufgrund des Sozialistengesetzes Anfang des vergangenen Jahrhunderts die ersten Gewerkschaften.
2. Im Dritten Reich durften nur die Arbeitnehmer in der Gewerkschaft organisiert sein, die Mitglied der NSDAP waren.
3. Die ersten Gewerkschaften entstanden im 18. Jahrhundert in den USA
4. Die Weimarer Verfassung brachte die Koalitionsfreiheit und die staatliche Anerkennung der Gewerkschaften.
5. Nach dem 1. Weltkrieg wurde in Deutschland das Prinzip der Einheitsgewerkschaft verwirklicht.

Aufgabenbank **Betriebswirtschaft**

329

In welchem Zeitabschnitt waren die Arbeitnehmer Zwangsmitglieder in der „Deutschen Arbeitsfront"?

1. Während der Geltungsdauer des „Sozialistengesetzes" (1878 – 1890)
2. Während des 1. Weltkriegs
3. In der Zeit des „Dritten Reiches"
4. In der Weimarer Republik
5. In den ersten zwei Nachkriegsjahren

330

Hans fragt Erwin: „Bist Du organisiert"? Was will Hans wissen?

Er will wissen, ob Erwin

1. einer politischen Partei angehört.
2. aktiv an einem Streik teilnehmen wird.
3. einer Gewerkschaft angehört.
4. Mitglied des Betriebsrats ist.
5. sich an den Wahlen zum Betriebsrat beteiligt.

331

Wie wird man Mitglied einer Gewerkschaft?

1. Durch Gesetz und Verordnung
2. Durch Beitritt zur Berufsgenossenschaft
3. Durch Anordnung des Arbeitgebers
4. Durch eine freiwillige Willenserklärung
5. Durch Abschluß des Arbeitsvertrags

332

Welche Aussage zur Mitgliedschaft in einer Gewerkschaft ist richtig?

1. In einigen Bereichen der Wirtschaft ist die Mitgliedschaft der Arbeitnehmer gesetzlich vorgeschrieben.
2. Die Mitgliedschaft ruht bei Arbeitslosigkeit.
3. Die Mitgliedschaft kann sowohl durch den Arbeitnehmer als auch durch die Gewerkschaft beendet werden.
4. Die Mitgliedschaft endet bei Wechsel des Wohnorts.
5. Die Mitgliedschaft endet mit dem altersbedingten Ausscheiden aus dem Berufsleben.

333

Wieviel Prozent der beschäftigten Arbeitnehmer der Bundesrepublik Deutschland sind Mitglied einer Gewerkschaft?

1. Etwa 15 %
2. Etwa 25 %
3. Etwa 35 %
4. Etwa 45 %
5. Etwa 60 %

334

Was ist die Haupteinnahmequelle der Gewerkschaften?

1. Einkünfte aus gewerkschaftseigenen Unternehmungen
2. Einkünfte aus Kapitalvermögen
3. Einkünfte aus Bank- und Versicherungsgeschäften
4. Zuschüsse aus dem Bundeshaushalt
5. Beiträge der Mitglieder

Betriebswirtschaft

335

Welche Aussage über die Gewerkschaften ist richtig?

(1) Gewerkschaften dürfen an erwerbswirtschaftlich betriebenen Unternehmungen *nicht* beteiligt sein.

(2) Gewerkschaften schließen mit den Unternehmensleitungen Betriebsvereinbarungen ab.

(3) Gewerkschaften sind Zusammenschlüsse aller Beschäftigten eines Wirtschaftszweiges.

(4) Gewerkschaften vertreten die Forderungen der organisierten Arbeitnehmer gegenüber den Arbeitgebern.

(5) Gewerkschaften sind in der Vollversammlung der Industrie- und Handelskammer vertreten.

336

Welche Aussage über die Gewerkschaften ist *falsch*?

Die Gewerkschaften

(1) wirken in den Selbstverwaltungsorganen der Sozialversicherung mit.

(2) bemühen sich um eine Verstaatlichung der Industrie und der Banken.

(3) vertreten die Interessen ihrer Mitglieder gegenüber Regierung und Parlamenten.

(4) bemühen sich um eine Verbesserung der Arbeits- und Lohnbedingungen.

(5) beraten ihre Mitglieder in arbeitsrechtlichen Fragen.

337

Welche Aussage über Gewerkschaften ist *falsch*?

(1) Sämtliche Gewerkschaften sind im Deutschen Gewerkschaftsbund (DGB) zusammengeschlossen.

(2) Die größte Mitgliedsgewerkschaft in der Bundesrepublik ist die IG-Metall.

(3) Weniger als 40 % aller abhängig Beschäftigten gehören einer Gewerkschaft an.

(4) Gewerkschaften können Tarifverträge mit Arbeitgeberverbänden oder mit einzelnen Arbeitgebern abschließen.

(5) Die Mitgliedschaft in einer Gewerkschaft ist freiwillig.

338

Wie können die Gewerkschaften die wirtschaftlichen Interessen ihrer Mitglieder am wirkungsvollsten durchsetzen?

(1) Durch Einflußnahme auf die politischen Parteien

(2) Durch Durchführen von öffentlichen Kundgebungen und Straßendemonstrationen

(3) Durch gezielte Werbeaktionen in der Presse und im Fernsehen

(4) Durch Aushandeln und Abschluß von Tarifverträgen

(5) Durch Erhöhung der Anzahl der Mitglieder

339

Wofür setzen die Gewerkschaften die Beiträge der Mitglieder *nicht* ein?

(1) Für die Finanzierung der Arbeit der Betriebsräte

(2) Für Arbeitskampfmaßnahmen

(3) Für die Schulung der Mitglieder

(4) Für die Altersversorgung der bei den Gewerkschaften beschäftigten Arbeitnehmer

(5) Für Personalkosten der Verwaltungsstellen

340

Welche Leistungen gewähren die Gewerkschaften ihren Mitgliedern *nicht*?

(1) Unterstützungsleistungen bei Streiks

(2) Rechtsschutz bei Streitigkeiten aus dem Arbeitsverhältnis

(3) Vertretung vor dem Arbeitsgericht

(4) Bildungsmaßnahmen für Jugendliche

(5) Unterstützungsleistungen bei Arbeitslosigkeit

Aufgabenbank **Betriebswirtschaft**

341

Welcher Vorteil ergibt sich aus der Zugehörigkeit zu einer Gewerkschaft für den Arbeitnehmer?

1. Höherer Urlaubsanspruch
2. Erhöhter Kündigungsschutz
3. Höheres Arbeitslosengeld
4. Wählbarkeit in den Betriebsrat
5. Anspruch auf Teilnahme an gewerkschaftlichen Bildungsmaßnahmen

342

Welcher Vorteil ergibt sich aus der Zugehörigkeit zu einer Gewerkschaft für den Arbeitnehmer?

1. Geringerer Beitrag zur Arbeitslosenversicherung
2. Rechtsvertretung bei Streitigkeiten vor dem Arbeitsgericht
3. Höheres Krankengeld
4. Anspruch auf zwei Wochen Bildungsurlaub pro Jahr
5. Höherer Tariflohn

343

Welcher Vorteil ergibt sich aus der Zugehörigkeit zu einer Gewerkschaft für den Arbeitnehmer *nicht*?

1. Schutz vor Aussperrung
2. Einbeziehung in Bildungsmaßnahmen der Gewerkschaft
3. Unterstützungszahlungen während des Arbeitskampfes
4. Rechtsvertretung bei Streitigkeiten vor dem Arbeitsgericht
5. Beratung bei Streitigkeiten mit dem Arbeitgeber

344

Was versteht man unter anderem unter dem Prinzip der Einheitsgewerkschaft?

1. Jeder Arbeitnehmer muß Mitglied einer Gewerkschaft sein.
2. Jede Gewerkschaft ist für Arbeiter und Angestellte offen.
3. Es gibt für alle Arbeitnehmer nur eine Gewerkschaft.
4. In einem Betrieb darf nur eine Gewerkschaft des DGB tätig sein.
5. Die Gewerkschaft nimmt nur Mitglieder einer arbeitnehmerfreundlichen Partei auf.

345

Wann wurden in Deutschland erstmals Einheitsgewerkschaften gegründet?

1. Mitte des 19. Jahrhunderts
2. Kurz nach dem zweiten Weltkrieg
3. In der Weimarer Republik
4. Im „Dritten Reich"
5. Kurz vor Beginn des ersten Weltkriegs

346

Welches Hauptziel sollte mit der Gründung von Einheitsgewerkschaften erreicht werden?

1. Die parteipolitische Bindung der Gewerkschaften an die SPD.
2. Die Verhinderung einer weltanschaulichen Zersplitterung der Gewerkschaftsbewegung.
3. Die Schaffung einer einheitlichen Gewerkschaft für alle Bereiche der Wirtschaft und des öffentlichen Dienstes.
4. Die Konzentration des Vermögens der Gewerkschaften auf eine Gewerkschaft.
5. Die Beitrittsmöglichkeit für arbeitnehmerfreundliche Arbeitgeber.

Betriebswirtschaft

347

Was widerspricht dem Prinzip der Einheitsgewerkschaft?

1. Angestellte, Arbeiter und Beamte in der Organisation vereinigen
2. Arbeitnehmer unterschiedlicher Weltanschauungen aufnehmen
3. Ein dauerhaftes, festes Bündnis mit einer politischen Partei eingehen
4. Mitglieder ohne Rücksicht auf ihre Parteizugehörigkeit aufnehmen
5. Arbeitnehmer unterschiedlicher Religionszugehörigkeit aufnehmen

348

In welchem Fall verstößt eine Gewerkschaft gegen das Prinzip der Einheitsgewerkschaft?

Die Gewerkschaft

1. nimmt deutsche und ausländische Arbeitnehmer als Mitglieder auf.
2. lehnt den Aufnahmeantrag eines Arbeitgebers ab.
3. vertritt die Interessen von Arbeitern und Angestellten.
4. schließt Mitglieder einer Partei, die zur Bundestagswahl zugelassen ist, aus.
5. nimmt Arbeitnehmer unabhängig von deren Religionszugehörigkeit auf.

349

Wieviel Mitgliedsgewerkschaften des Deutschen Gewerkschaftsbundes DGB sind für die Arbeitnehmer eines Betriebs zuständig?

1. Grundsätzlich nur eine Mitgliedsgewerkschaft
2. Grundsätzlich alle im DGB zusammengeschlossenen Mitgliedsgewerkschaften
3. Soviel Mitgliedsgewerkschaften wie Fertigungszweige im Betrieb vorhanden sind
4. Grundsätzlich zwei, damit die Arbeitnehmer eines Betriebs zwischen zwei Mitgliedsgewerkschaften wählen können
5. Mindestens zwei, eine für die Angestellten und eine für die Arbeiter

350

Wonach richtet es sich, welcher Mitgliedsgewerkschaft des DGB ein Arbeitnehmer angehören kann?

1. Nach seiner Stellung im Betrieb
2. Nach seiner Ausbildung
3. Nach dem Beschäftigungsverhältnis (Arbeiter oder Angestellter)
4. Nach der Zugehörigkeit seines Betriebes zu einem bestimmten Wirtschaftszweig
5. Nach der freien Wahl des Arbeitnehmers

351

Herr Müller arbeitet in einem Betrieb der chemischen Industrie als Technischer Zeichner. Welchem Interessenverband kann er *nicht* beitreten?

1. Industriegewerkschaft Chemie, Papier, Keramik
2. Industriegewerkschaft Metall
3. Christlicher Gewerkschaftsbund Deutschland
4. Deutsche Angestelltengewerkschaft
5. Bund der Steuerzahler Deutschland

352

Frau Schön wird in einem Betrieb der Stahlindustrie zur Chemielaborantin ausgebildet. Welchem der genannten Interessenverbänden könnte sie beitreten?

1. Bundesverband der Deutschen Industrie
2. Industriegewerkschaft Chemie, Papier, Keramik
3. Gewerkschaft Erziehung und Wissenschaft
4. Wirtschaftsverband Eisen- und Stahlindustrie
5. Industriegewerkschaft Metall

Aufgabenbank **Betriebswirtschaft**

353

Welche Aussage über den Deutschen Gewerkschaftbund (DGB) ist richtig?

① Der DGB ist eine Dachorganisation von Mitgliedsgewerkschaften.

② Der DGB darf sich nicht an Unternehmungen beteiligen.

③ Der DGB erhält die zu seiner Arbeit notwendigen finanziellen Mittel von allen Arbeitnehmern.

④ Der DGB ist den Mitgliedsgewerkschaften gegenüber weisungsberechtigt.

⑤ Der DGB ist von Weisungen der Regierung abhängig.

354

Welche Aussage über den Deutschen Gewerkschaftsbund (DGB) ist richtig?

Der Deutsche Gewerkschaftsbund

① ist nicht berechtigt, sich zu Problemen des Schulwesens zu äußern.

② schließt Tarifverträge ab.

③ vertritt die gemeinsamen Interessen der im DGB zusammengeschlossenen Mitgliedsgewerkschaften.

④ ist für die Angestellten nicht zuständig.

⑤ enthält sich grundsätzlich aller Stellungnahmen zu gesellschaftspolitischen Fragen.

355

Was gehört *nicht* zu den Aufgaben des Deutschen Gewerkschaftsbunds (DGB)?

① Beobachtung und Erforschung des wirtschaftlichen und sozialen Geschehens

② Vertretung der gemeinsamen Interessen der Mitgliedsgewerkschaften

③ Einwirkung auf den Gesetzgeber in allen Fragen, die die Arbeitnehmer betreffen

④ Abschluß von Tarifverträgen

⑤ Vertretung der Arbeitnehmerinteressen gegenüber den Bundes- und den Landesregierungen

356

Wofür tritt der Deutsche Gewerkschaftsbund (DGB) unter anderem ein?

① Verbot der gleichzeitigen Betätigung als Bundestagsabgeordneter und als Gewerkschaftsfunktionär

② Bindung der Gewerkschaftsmitglieder an eine bestimmte Partei

③ Unbegrenzter Zuzug von ausländischen Arbeitnehmern

④ Ausweitung der Samstags- und Sonntagsarbeit

⑤ Besserstellung der Gewerkschaftsmitglieder gegenüber Nichtorganisierten in Tarifverträgen

357

Wofür tritt der Deutsche Gewerkschaftsbund (DGB) unter anderem ein?

① Auflösung der Arbeitgeberverbände

② Einführung einer Berufsausbildungsabgabe für alle nicht ausbildenden Unternehmungen.

③ Abschaffung der Überstundenzuschläge

④ Einführung von Karrenztagen im Krankheitsfall

⑤ Ausweitung der Sonn- und Feiertagsarbeit

358

Frau Müller tritt in die Deutsche Angestelltengewerkschaft ein. Welcher Vorteil ergibt sich dadurch für sie?

① Sie erhält ein höheres Gehalt als ihre nicht organisierten Kolleginnen.

② Sie hat Anspruch auf fünf Tage Bildungsurlaub.

③ Sie darf bei einer Tarifauseinandersetzung nicht ausgesperrt werden.

④ Sie hat Anspruch auf gewerkschaftlichen Rechtsschutz bei einem Arbeitsgerichtsverfahren.

⑤ Sie darf an den Bildungsmaßnahmen sämtlicher Gewerkschaften teilnehmen.

Arbeits- und Tarifrecht — Aufgabenbank

359

Bild a. Das Bild zeigt die Gliederung des Arbeitsrechts. Welches Recht gehört zu der mit 1 gekennzeichneten Gruppe?

1. Tarifvertragsrecht
2. Betriebsverfassungsrecht
3. Berufsbildungsrecht
4. Arbeitszeitrecht
5. Arbeitsvertragsrecht

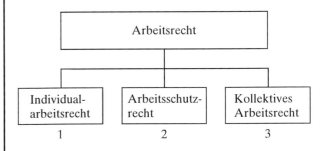

Bild a

360

Bild a. Das Bild zeigt die Gliederung des Arbeitsrechts. Welches Recht gehört zu der mit 3 gekennzeichneten Gruppe?

1. Berufsbildungsrecht
2. Arbeitsvertragsrecht
3. Tarifvertragsrecht
4. Jugendarbeitsschutzrecht
5. Schwerbehindertenrecht

361

Welche Aussage über das Arbeitsrecht ist *falsch*?

1. Das Arbeitsrecht dient in erster Linie dem Schutz des Arbeitnehmers.
2. Das Arbeitsrecht ist in einer großen Zahl von Sonderregelungen zersplittert.
3. Für die meisten Bereiche des Arbeitsrechts gelten in den neuen Bundesländern noch die gesetzlichen Regelungen der ehemaligen DDR.
4. Die Gesetzgebung für das Arbeitsrecht steht zuerst dem Bund zu.
5. Die meisten arbeitsrechtlichen Regelungen stammen aus dem 20. Jahrhundert.

362

Wovon hängt die Wirksamkeit des Arbeitsrechts vor allem ab?

1. Davon, ob genügend Arbeitsrichter zur Verfügung stehen.
2. Davon, ob die Arbeitnehmer ihre Rechte in Anspruch nehmen.
3. Davon, ob sich die Arbeitnehmer die hohen Kosten für ein Arbeitsgerichtsverfahren leisten können.
4. Davon, ob sich genügend Personen als ehrenamtliche Richter zur Verfügung stellen.
5. Davon, ob für weitgehend alle im Arbeitsleben auftretende Rechtsfälle eindeutige Gesetze beschlossen wurden.

363

Welche Aufgabe hat das Arbeitsrecht *nicht* zu erfüllen?

Schutz des Arbeitnehmers im Betrieb vor

1. Beeinträchtigungen seiner Persönlichkeit.
2. wirtschaftlichen Nachteilen.
3. gesundheitlichen Schäden.
4. Streik und Aussperrung.
5. ungerechtfertigter Kündigung.

Aufgabenbank — Arbeits- und Tarifrecht

364

Welche Institution bzw. welche Gruppe ist an der Gestaltung des Arbeitsrechts *nicht* beteiligt?

(1) Bundestag
(2) Arbeitsgerichte
(3) Industrie- und Handelskammer
(4) Arbeitgeber und Betriebsräte
(5) Tarifvertragsparteien

365

In welcher Auswahlantwort ist das wesentliche Merkmal für die Einstufung eines Berufstätigen als Arbeitnehmer genannt?

(1) Die Arbeit wird fremdbestimmt in einem Abhängigkeitsverhältnis zu einem anderen geleistet.
(2) Die Arbeit wird ortsgebunden in einem Betrieb einer erwerbswirtschaftlich tätigen Unternehmung geleistet.
(3) Die Arbeit wird in einer Unternehmung mit mehr als fünf Beschäftigten geleistet.
(4) Das Entgelt für die Arbeitsleistung liegt unter der Beitragsbemessungsgrenze der Rentenversicherung.
(5) Der Berufstätige ist nur für eine Unternehmung tätig; Nebentätigkeiten sind vertraglich ausgeschlossen.

366

Welche der genannten Personen ist Arbeitnehmer im Sinne des Arbeitsrechts?

(1) Freipraktizierender Arzt
(2) Beamter
(3) Handwerksmeister
(4) Industriemeister
(5) Bundeswehrsoldat

367

Welche der genannten Personen ist *kein* Arbeitnehmer im Sinne des Arbeitsrechts?

(1) Sekretärin, die bei der IG-Metall tätig ist
(2) Ausländischer Arbeiter
(3) Teilzeitbeschäftigte Technische Zeichnerin
(4) Arbeiter, der häufig auf Montage tätig ist
(5) Geschäftsführer einer GmbH

368

Welche Aussage über die Arbeitsvermittlung durch die Arbeitsämter ist richtig?

(1) Die Arbeitsvermittlung darf nur von den Arbeitsämtern vorgenommen werden.
(2) Der Arbeitgeber muß für die Vermittlung eines Arbeitnehmers einen Wochenlohn als Gebühr zahlen.
(3) Das Arbeitsamt muß organisierte Arbeitnehmer bevorzugt vermitteln.
(4) Die Arbeitsvermittlung ist für den Arbeitnehmer gebührenfrei.
(5) Die Arbeitsvermittlung erfolgt nur für deutsche Arbeitnehmer.

369

Welche Aussage über die Arbeitsvermittlung durch private Arbeitsvermittler ist richtig?

(1) Die private Arbeitsvermittlung ist gesetzlich verboten.
(2) Die private Arbeitsvermittlung kann von jedermann ausgeübt werden.
(3) Die private Arbeitsvermittlung ist nur für Angestelltenberufe zulässig.
(4) Der private Arbeitsvermittler darf ihm bekannte nicht besetzte Arbeitsplätze nur über Zeitungsanzeigen anbieten.
(5) Der private Arbeitsvermittler darf vom Arbeitnehmer keine Gebühr verlangen.

Arbeits- und Tarifrecht — Aufgabenbank

370

Durch die Aufnahme von Vertragsverhandlungen zwischen dem Arbeitgeber und dem Bewerber um einen freien Arbeitsplatz entstehen für beide Teile Rechte und Pflichten. Welche Pflicht obliegt dem Arbeitgeber *nicht*?

1. Unterrichtung des Bewerbers über besondere, gesundheitliche Belastungen des Arbeitsplatzes.
2. Unterrichtung des Bewerbers über bevorstehende organisatorische Maßnahmen, die den Arbeitsplatz verändern werden.
3. Pflicht zur Rückgabe der eingereichten Bewerbungsunterlagen, sofern es nicht zum Abschluß eines Arbeitsvertrags kommt.
4. Pflicht zur Verschwiegenheit über bekanntgewordene personenbezogene Geheimnisse des Bewerbers.
5. Unterrichtung des Bewerbers über die wirtschaftliche Situation des Unternehmens.

371

Ein Arbeitnehmer bewirbt sich auf eine Stellenanzeige. Der Arbeitgeber lädt ihn zur persönlichen Vorstellung ein. Es kommt jedoch nicht zum Abschluß eines Arbeitsvertrags. Worauf kann der Bewerber bestehen?

1. Erstattung der Reisekosten
2. Durchführung eines zweiten Vorstellungsgesprächs, zu dem der Betriebsratsvorsitzende hinzugezogen wird
3. Nennung des Namens des Bewerbers, der eingestellt wurde
4. Nennung der Gründe für die Nichteinstellung
5. Klage vor dem Arbeitsgericht wegen der Nichteinstellung

372

Welche der genannten Fragen darf ein Arbeitgeber bei einem Einstellungsgespräch stellen?

1. Beabsichtigen Sie in nächster Zeit eine Ehe zu schließen?
2. Welche Krankheiten haben Sie bisher gehabt?
3. Welche beruflichen Prüfungen haben Sie abgelegt und welche Noten haben Sie dabei erreicht?
4. Gehören Sie einer politischen Partei an?
5. Welches Vermögen besitzen Sie bzw. Ihre Eltern?

373

Welche der genannten Fragen muß ein 20jähriger Arbeitnehmer bei einem Einstellungsgespräch wahrheitsgemäß beantworten?

1. Liegt derzeit eine Lohn- oder Gehaltspfändung vor?
2. Haben Sie in der Vergangenheit eine Kur durchgeführt?
3. Welche ansteckenden Krankheiten traten in Ihrer Familie auf?
4. Gehören Sie einer Gewerkschaft an?
5. Wie hoch war Ihr Verdienst bei Ihrem letzten Arbeitgeber?

374

Welche der genannten Fragen muß eine junge Arbeitnehmerin bei einem Einstellungsgespräch wahrheitsgemäß beantworten?

1. Nehmen Sie empfängnisverhütende Mittel ein?
2. Sind Sie schwanger?
3. Welcher Religionsgemeinschaft gehören Sie an?
4. Ist zum Zeitpunkt des Arbeitsantritts mit Arbeitsunfähigkeit durch eine geplante Operation oder Kur zu rechnen?
5. Wie hoch ist Ihr Verdienst bei Ihrem derzeitigen Arbeitgeber?

375

Auf welche der genannten Fragen braucht ein Bewerber um eine Arbeitsstelle als Berufskraftfahrer *nicht* wahrheitsgemäß zu antworten?

1. Sind Sie schwerbehindert?
2. Liegen Vorstrafen vor, die im Bundeszentralregister eingetragen sind?
3. Sind Sie bereit, Auslandsfahrten zu übernehmen?
4. Auf welchen Fahrzeugtypen haben Sie den Beruf des Berufskraftfahrers bisher ausgeübt?
5. Lagen in früheren Jahren Lohn- oder Gehaltspfändungen vor?

376

Welche Aussage über das Arbeitsverhältnis ist *falsch*?

① Ein Arbeitsverhältnis kommt nur durch Abschluß eines Arbeitsvertrags zustande.

② Jedes Arbeitsverhältnis kann vom Arbeitnehmer jederzeit beendet werden.

③ Im Rahmen des Arbeitsverhältnisses hat der Arbeitgeber eine Fürsorgepflicht.

④ Im Rahmen des Arbeitsverhältnisses hat der Arbeitgeber hinsichtlich der zu leistenden Arbeit ein Weisungsrecht.

⑤ Im Rahmen des Arbeitsverhältnisses hat der Arbeitnehmer eine Treuepflicht.

377

Welche Aussage über den Arbeitsvertrag ist *falsch*?

① Jeder Arbeitsvertrag muß schriftlich abgeschlossen werden.

② Ein Arbeitsvertrag kann auch mündlich abgeschlossen werden.

③ Für die meisten Arbeitnehmer sind viele Arbeitsbedingungen in Tarifverträgen geregelt.

④ Eine einseitige Änderung der Bedingungen des Arbeitsvertrags durch den Arbeitnehmer ist nicht möglich.

⑤ Änderungen wesentlicher Bedingungen des Arbeitsvertrags kann der Arbeitgeber nur durch eine Änderungskündigung erreichen.

378

Ein Facharbeiter erhält nach dem Einstellungsgespräch vom Arbeitgeber den Entwurf eines Arbeitsvertrags. Welche der aufgeführten Vereinbarungen verstößt gegen geltendes Recht?

① Der Arbeitgeber ist berechtigt, dem Arbeitnehmer innerhalb des Betriebs eine andere seinen Fähigkeiten entsprechende gleichwertige und gleichbezahlte Tätigkeit zuzuweisen.

② Die ersten vier Monate des Arbeitsverhältnisses werden als Probezeit vereinbart.

③ Vom Arbeitgeber angeordnete Überstunden werden als Freizeit abgegolten.

④ Die wöchentliche Arbeitszeit beträgt 40 Stunden.

⑤ Innerhalb der Probezeit haben beide Seiten das Recht zur Kündigung mit einer Frist von einer Woche.

379

Ein Facharbeiter erhält nach dem Einstellungsgespräch vom Arbeitgeber den Entwurf eines Arbeitsvertrags. Welche der aufgeführten Vereinbarungen verstößt gegen geltendes Recht?

① Bei krankheitsbedingter Arbeitsunfähigkeit ist dem Arbeitgeber spätestens nach drei Tagen die Arbeitsunfähigkeit und deren voraussichtliche Dauer durch Vorlage einer Bescheinigung des behandelnden Arztes nachzuweisen.

② Die Lage des Urlaubs richtet sich nach den betrieblichen Erfordernissen. Dabei sind die Urlaubswünsche des Arbeitnehmers angemessen zu berücksichtigen.

③ Im Kalenderjahr nicht genommener Urlaub ist bis zum 31. März des Folgemonats zu nehmen. Danach verfällt der nicht genommene Urlaub.

④ Der kalenderjährlich zu gewährende Urlaub beträgt nach einer Wartezeit von neun Monaten 24 Werktage.

⑤ Im Falle unverschuldeter Arbeitsunfähigkeit wird der Lohn für die Dauer von sechs Wochen weitergezahlt.

380

Ein Facharbeiter erhält nach dem Einstellungsgespräch vom Arbeitgeber den Entwurf eines Arbeitsvertrags. Welche der aufgeführten Vereinbarungen verstößt gegen geltendes Recht?

① Jede Arbeitsverhinderung ist dem Arbeitgeber unverzüglich, möglichst am ersten Tag der Verhinderung, anzuzeigen.

② Dieser Vertrag wird auf unbestimmte Dauer geschlossen.

③ Dem Arbeitnehmer ist jegliche bezahlte Nebentätigkeit untersagt; es sei denn, sie wurde vorher vom Arbeitgeber genehmigt.

④ Das Vertragsverhältnis kann von jedem der Vertragsschließenden mit einer Frist von vier Wochen zum Fünfzehnten oder auf das Ende des Kalendermonats gekündigt werden.

⑤ Der Arbeitnehmer verpflichtet sich zur Zahlung einer Vertragsstrafe in Höhe von zwei Wochenlöhnen an den Arbeitgeber für den Fall, daß er schuldhaft die Arbeit nicht zu dem vertraglich vereinbarten Zeitpunkt aufnimmt.

381

Welche Hauptpflicht ergibt sich für den Arbeitnehmer nach Abschluß eines Arbeitsvertrags?

① Pflicht, die Arbeit bei Betriebsveräußerung auch für den neuen Eigentümer zu leisten

② Pflicht, Überstunden zu machen

③ Pflicht, das Arbeitsentgelt anzunehmen

④ Pflicht, die vereinbarte Arbeit unter allen Bedingungen zu leisten

⑤ Pflicht, die vereinbarte Arbeit persönlich zu leisten

Arbeits- und Tarifrecht — **Aufgabenbank**

382

Welche Pflicht hat der Arbeitnehmer innerhalb des Arbeitsverhältnisses *nicht*?

1. Zum Erfolg der vom Arbeitgeber angestrebten betrieblichen Ziele beizutragen
2. Auf Wunsch des Arbeitgebers unbezahlten Urlaub zu nehmen
3. Drohende Schäden an Betriebseinrichtungen unverzüglich zu melden
4. Dem Arbeitsvertrag entsprechende Arbeiten gewissenhaft auszuführen
5. Seine Urlaubspläne mit den betrieblichen Belangen abzustimmen

383

Welche Pflicht hat der Arbeitnehmer innerhalb des Arbeitsverhältnisses *nicht*?

1. Die übertragenen Arbeiten weisungsgerecht auszuführen
2. Die Unfallverhütungsvorschriften zu beachten
3. Die Arbeitszeit einzuhalten
4. Regelmäßig Überstunden abzuleisten
5. Die Arbeits- und Betriebsmittel pfleglich zu behandeln.

384

Welche Aussage über die Pflichten des Arbeitnehmers, die sich aus dem Arbeitsvertrag ergeben, ist richtig?

1. Der Arbeitnehmer darf keinerlei bezahlte Nebentätigkeit ausüben.
2. Der Arbeitnehmer ist auch ohne besondere Vereinbarung verpflichtet, Schichtarbeit zu leisten.
3. Der Arbeitnehmer darf bei einer Nebenbeschäftigung seinem Arbeitgeber keine Konkurrenz machen.
4. Der Arbeitnehmer muß auf Wunsch des Arbeitgebers einer Gewerkschaft beitreten.
5. Der Arbeitnehmer hat sich außerdienstlich politischer Meinungsäußerungen zu enthalten, wenn es der Arbeitgeber verlangt.

385

Herr Schulz arbeitet als Werkzeugmechaniker. In welchem Fall verstößt er gegen den Arbeitsvertrag?

1. Herr Schulz läßt sich zum Ortsvorsitzenden einer politischen Partei wählen.
2. Herr Schulz arbeitet in seinem Urlaub regelmäßig in seinem Garten.
3. Herr Schulz ist jeden Sonntag als Fußballschiedsrichter tätig.
4. Herr Schulz weigert sich, regelmäßig Sonntagsarbeit zu leisten.
5. Herr Schulz schließt mit einem zweiten Arbeitgeber einen Arbeitsvertrag ab und arbeitet dadurch regelmäßig täglich insgesamt 10 Stunden.

386

Welche Hauptpflicht übernimmt der Arbeitgeber mit Abschluß eines Arbeitsvertrags?

1. Pflicht, den Arbeitnehmer am Gewinn zu beteiligen
2. Pflicht, den Arbeitnehmer weiterzubilden
3. Pflicht, den vereinbarten Lohn zu zahlen
4. Pflicht, den Lohn stets im voraus zu zahlen
5. Pflicht, sich den tarifvertraglichen Vereinbarungen zu unterwerfen

387

Was gehört *nicht* zur Fürsorgepflicht des Arbeitgebers gegenüber dem Arbeitnehmer?

1. Für die Sicherheit der Sachen zu sorgen, die der Arbeitnehmer berechtigterweise in den Betrieb mitbringt
2. Gesundheit, Sitte und Anstand zu schützen
3. Für eine ausreichende Verpflegung zu sorgen.
4. Den Arbeitsablauf gefahrlos zu gestalten
5. Die Sozialversicherungsbeiträge abzuführen

Aufgabenbank — **Arbeits- und Tarifrecht**

388

Welche gesetzliche Pflicht hat im Rahmen des Arbeitsverhältnisses der Arbeitgeber gegenüber den Arbeitnehmern?

1. Allen Arbeitnehmern die gleiche Vergütung zu zahlen
2. Allen Arbeitnehmern Fahrgeldzuschüsse zu zahlen
3. Allen Arbeitnehmern an den Arbeitstagen eine warme Mahlzeit zu bieten
4. Allen Arbeitnehmern die Möglichkeit zur Leistung von Überstunden zu bieten
5. Alle Arbeitnehmer bei Freistellung gleich zu behandeln

389

Welche Pflicht hat der Arbeitgeber im Rahmen des Arbeitsverhältnisses *nicht*?

1. Sanitäre Einrichtungen einzurichten und zu unterhalten
2. Auf Wunsch des Arbeitnehmers unbezahlte Freizeit zu gewähren
3. Die Vergütung pünktlich zu zahlen
4. Die Unfallverhütungsvorschriften zu beachten
5. Bei Beendigung des Arbeitsverhältnisses ein Zeugnis auszustellen

390

In welchem der genannten Fälle verstößt der Arbeitgeber gegen den arbeitsrechtlichen Gleichbehandlungsgrundsatz?

1. Der Arbeitgeber zahlt höhere Löhne als im Tarifvertrag vereinbart wurde.
2. Der Arbeitgeber gewährt nur den Arbeitnehmern, die 10 Jahre und länger dem Betrieb angehören, einen Tag Zusatzurlaub.
3. Der Arbeitgeber zahlt einigen Arbeitnehmern einen übertariflichen Lohn.
4. Der Arbeitgeber zahlt für gleichwertige Arbeit Frauen einen geringeren Lohn als Männern.
5. Der Arbeitgeber stellt nur den leitenden Angestellten ein Firmenfahrzeug zur Verfügung.

391

Eine Unternehmung wird verkauft. Welche Auswirkung hat der Wechsel des Eigentümers auf die bestehenden Arbeitsverträge?

1. Keine; alle Rechte und Pflichten der bestehenden Arbeitsverträge gehen auf den neuen Eigentümer über.
2. Die Arbeitsverträge sind aufgehoben. Der neue Eigentümer muß innerhalb eines Monats neue abschließen.
3. Die Arbeitsverträge müssen innerhalb eines Jahres neu abgefaßt und unterzeichnet werden.
4. Die Arbeitsverträge sind gelöst, sofern nicht innerhalb eines Monats in einer Betriebsvereinbarung ihre Fortdauer vereinbart wird.
5. Die Arbeitsverträge sind durch den Verkauf automatisch gekündigt.

392

Welche der genannten Unterlagen müssen Sie in jedem Fall bei Antritt einer neuen Stelle dem Arbeitgeber vorlegen?

1. Schulzeugnis
2. Lohnsteuerkarte
3. Polizeiliches Führungszeugnis
4. Geburtsurkunde
5. Personalausweis

393

Was gehört *nicht* zu den Papieren, die Sie bei Antritt einer neuen Arbeitsstelle dem Arbeitgeber vorlegen müssen?

1. Lohnsteuerkarte
2. Sozialversicherungsausweis
3. Versicherungsnachweisheft
4. Urlaubsbescheinigung für das laufende Kalenderjahr
5. Personalausweis

Arbeits- und Tarifrecht **Aufgabenbank**

394

Welche Aussage über die gesetzlichen Bestimmungen zur Probezeit ist *falsch*?

(1) Als Probezeit können im Arbeitsvertrag bis zu sechs Monate vereinbart werden.

(2) Während der Probezeit kann der Arbeitsvertrag ohne Angabe von Gründen gekündigt werden.

(3) Ist im Arbeitsvertrag keine Kündigungsfrist für die Probezeit vereinbart, dann gilt die gesetzliche Mindestkündigungsfrist von zwei Wochen.

(4) Während der Probezeit gelten die im Arbeitsvertrag vereinbarten Regelungen noch nicht.

(5) Während der Probezeit gilt das Kündigungsschutzgesetz nicht.

395

Welches Ziel verfolgt der Gesetzgeber mit dem neuen Arbeitszeitgesetz *nicht*?

(1) Die Verbesserung der Rahmenbedingungen für flexible und individuelle Arbeitszeitmodelle

(2) Die Übertragung von mehr Verantwortung für die Arbeitszeitgestaltung auf die Tarifvertragsparteien

(3) Die Gewährleistung eines wirksamen und praktikablen Gesundheitsschutz der Arbeitnehmer

(4) Die Abschaffung des Verbots der Sonntags- und der Feiertagsarbeit

(5) Die Vereinheitlichung der gesetzlichen Bestimmungen für Frauen und Männer hinsichtlich der Arbeitszeiten, der Ruhezeiten und der Ruhepausen

396

Für welche Personen gilt das Arbeitszeitgesetz?

(1) Für Arbeitnehmer über 18 Jahre in Betrieben und Verwaltungen aller Art

(2) Für alle Arbeitnehmer unabhängig von ihrem Alter und dem Beschäftigungsbereich

(3) Für alle Auszubildende, unabhängig vom Alter

(4) Für alle leitenden Angestellten in den erwerbswirtschaftlich betriebenen Unternehmungen

(5) Für alle freiberuflich Tätigen, wie Architekten, Ärzte

397

Für welche Personen gilt das Arbeitszeitgesetz n*icht*?

(1) Für Arbeitnehmer in öffentlichen Betrieben und Verwaltungen

(2) Für Arbeitnehmer in Büros von Ärzten, Architekten, Rechtsanwälten

(3) Für Auszubildende und Arbeitnehmer unter 18 Jahren

(4) Für im Bereich der Bundesrepublik tätige ausländische Arbeitnehmer

(5) Für Arbeitnehmer in erwerbswirtschaftlich tätigen Betrieben mit weniger als fünf Beschäftigten

398

Welche grundlegende Änderung gegenüber der alten Arbeitszeitordnung ergibt sich durch das neue Arbeitszeitgesetz für die Arbeitnehmerinnen?

(1) Die Beschäftigungsverbote wurden ausgeweitet.

(2) Die Dauer der Ruhepausen wurde verlängert.

(3) Die Beschäftigung von Frauen während der Nachtzeit wurde generell verboten.

(4) Der bisherige besondere Frauenarbeitsschutz in der Arbeitszeitordnung wurde aufgehoben.

(5) Die höchstens zulässige Wochenarbeitszeit wurde herabgesetzt.

399

Wieviel Stunden darf nach dem Arbeitszeitgesetz im Normalfall die regelmäßige werktägliche Arbeitszeit *nicht* überschreiten?

(1) 10 Stunden

(2) 9 Stunden

(3) 8,75 Stunden

(4) 8,5 Stunden

(5) 8 Stunden

Aufgabenbank   **Arbeits- und Tarifrecht**

400

Unter welcher Voraussetzung kann die nach dem Arbeitszeitgesetz zulässige werktägliche Arbeitszeit von acht auf 10 Stunden erhöht werden?

(1) Wenn der Arbeitnehmer die Verlängerung vom Arbeitgeber verlangt.

(2) Wenn die Zeit von 10 Stunden im Arbeitsvertrag als Normalarbeitszeit vereinbart wird.

(3) Wenn die zusätzlichen zwei Stunden als Überstunden bezahlt werden.

(4) Wenn die zusätzlich gearbeiteten Stunden im Laufe des Kalenderjahres als Freizeit abgegolten werden.

(5) Wenn innerhalb von sechs Kalendermonaten im Durchschnitt acht Stunden werktäglich nicht überschritten werden.

401

Das Arbeitszeitgesetz enthält auch Bestimmungen über die dem Arbeitnehmer zu gewährenden Ruhepausen. Welche Aussage darüber ist *falsch*?

(1) Die Ruhepausen müssen im voraus feststehen.

(2) Die Ruhepausen müssen bei einer sechs- bis neunstündigen Arbeitszeit zusammen mindestens 30 Minuten betragen.

(3) Die Ruhepausen der Arbeitnehmerinnen sind 10 Minuten länger als die der Arbeitnehmer.

(4) Länger als sechs Stunden hintereinander dürfen Arbeitnehmer ohne Ruhepausen nicht beschäftigt werden.

(5) Die vorgeschriebenen Ruhepausen können zusammenhängend oder in Zeitabschnitten von mindestens 15 Minuten aufgeteilt gewährt werden.

402

Die regelmäßige werktägliche Arbeitszeit eines Arbeitnehmers über 18 Jahre beträgt 8 Stunden. Welche Zeit muß diesem Arbeitnehmer nach den gesetzlichen Vorschriften insgesamt für Ruhepausen mindestens gegeben werden?

(1) 15 min

(2) 20 min

(3) 30 min

(4) 45 min

(5) 60 min

403

Die regelmäßige werktägliche Arbeitszeit eines Arbeitnehmers über 18 Jahre beträgt 8 Stunden. Welche Zeit muß diesem Arbeitnehmer nach den gesetzlichen Vorschriften für Ruhepausen gegeben werden?

(1) Eine Pause von 45 min

(2) Eine Pause von 30 min oder zwei Pausen von 15 min

(3) Eine Pause von 30 min oder drei Pausen von 10 min

(4) Eine Pause von 45 min oder drei Pausen von 15 min

(5) Zwei Pausen von 30 min

404

Welche Aussage entspricht dem Arbeitszeitgesetz?

(1) Bei einer Arbeitszeit von mehr als 6 Stunden ist eine Ruhepause von mindestens 15 Minuten zu gewähren.

(2) Die regelmäßige werktägliche Arbeitszeit darf 8,5 Stunden nicht überschreiten.

(3) Arbeitszeit ist die Zeit vom Beginn bis zum Ende der Arbeit ohne die Ruhepausen.

(4) Für geleistete Mehrarbeit ist ein Zuschlag von 15 % der regelmäßigen Vergütung zu zahlen.

(5) Für die Überwachung des Arbeitszeitgesetzes ist die Industrie- und Handelskammer zuständig.

405

Welche Aussage entspricht dem Arbeitszeitgesetz?

(1) Für Männer und Frauen gelten dieselben Bestimmungen über die Ruhepausen.

(2) Bei einer Arbeitszeit von mehr als vier bis zu sechs Stunden ist die Arbeit durch eine Ruhepause von mindestens 30 Minuten zu unterbrechen.

(3) Die werktägliche Arbeitszeit der Arbeitnehmer darf im Normalfall 10 Stunden nicht überschreiten.

(4) Die Beschäftigung von Frauen ist während der Nachtzeit (23 bis 6 Uhr) ohne Ausnahme verboten.

(5) Für geleistete Mehrarbeit ist dem Arbeitnehmer ein Zuschlag von 25 % der regelmäßigen Vergütung zu zahlen.

Arbeits- und Tarifrecht   **Aufgabenbank**

406

Welche Institution ist für die Überwachung der Einhaltung des Arbeitszeitgesetzes zuständig?

(1) Industrie- und Handelskammer
(2) Arbeitsamt
(3) Gewerbeaufsichtsamt
(4) Gewerbepolizei
(5) Arbeitsgericht

407

Welche Aussage über die Zahlung des Arbeitsentgelts ist richtig?

(1) Die Art der Zahlung, also bar- oder bargeldlose Zahlung, bestimmt der Arbeitgeber allein.
(2) Das Arbeitsentgelt muß stets im voraus gezahlt werden.
(3) Bei bargeldloser Zahlung bestimmt der Arbeitgeber das Geldinstitut.
(4) Bei bargeldloser Zahlung muß der Arbeitgeber in jedem Fall die dem Arbeitnehmer bei der Bank entstehenden Kosten tragen.
(5) Bargeldlose Zahlung ist nur möglich, wenn sie im Tarifvertrag oder in einer Betriebsvereinbarung oder im Arbeitsvertrag vereinbart wurde.

408

Was versteht man unter dem Begriff „Bruttoarbeitsentgelt"?

(1) Das Arbeitsentgelt nach Abzug der Sozialabgaben
(2) Die Geldsumme, die dem Arbeitnehmer ausgezahlt wird
(3) Die Summe der Abzüge vom Arbeitsentgelt
(4) Das Arbeitsentgelt vor Abzug der Steuern und Sozialabgaben
(5) Die tatsächliche Kaufkraft des Arbeitsentgelts

409

Was versteht man unter dem Begriff „Nettoarbeitsentgelt"?

(1) Das Arbeitsentgelt vor Abzug der Steuern und der Sozialabgaben
(2) Das Arbeitsentgelt nach Abzug der Steuern und der Sozialabgaben
(3) Die Summe der Abzüge vom Arbeitsentgelt
(4) Das Arbeitsentgelt vor Abzug der Sozialabgaben
(5) Das Arbeitsentgelt vor Abzug der Steuern

410

Welche Aussage über den Zeitlohn ist richtig?

(1) Zeitlohn ist ein Lohn, der sich aus dem Stundenlohn und der Arbeitszeit errechnet.
(2) Zeitlohn errechnet sich nach der Stückzahl, die in einer bestimmten Zeit gefertigt wird.
(3) „Zeitlohn" ist ein anderer Ausdruck für „Gehalt".
(4) Zeitlohn heißt die vom Arbeitsamt gewährte Unterstützung für die Zeit der Arbeitslosigkeit.
(5) Zeitlohn ist das Entgelt für ein Arbeitsverhältnis auf Zeit (z.B. Aushilfstätigkeit).

411

Welche Aussage über den Zeitlohn ist *falsch*?

(1) Beim Zeitlohn ist der Maßstab der Entlohnung die Arbeitszeit.
(2) Der Zeitlohn wird angewendet, wenn die Leistung nicht oder nur schwer meßbar ist.
(3) Der Zeitlohn führt zur körperlichen Überforderung des Arbeitnehmers.
(4) Der Zeitlohn erfordert für Arbeitgeber und Arbeitnehmer unangenehme Arbeitszeitkontrollen.
(5) Beim Zeitlohn trägt das Risiko des mangelnden Arbeitseifers allein der Arbeitgeber.

Aufgabenbank

Arbeits- und Tarifrecht

412

Bei welcher der genannten Lohnarten handelt es sich um Zeitlohn?

1. Prämienlohn
2. Stückakkord
3. Gruppenakkord
4. Zeitakkord
5. Stundenlohn

413

Für welche der genannten Tätigkeiten ist der Zeitlohn üblich?

1. Verkauf von Geräten an der Haustür durch Vertreter
2. Arbeit am Fließband
3. Wartungs- und Reparaturarbeiten durch den Betriebselektriker
4. Arbeit an der Drehmaschine in der Serienfertigung
5. Anfertigung von Erzeugnissen in Heimarbeit

414

In welchem Fall erhält der Arbeitnehmer einen Zeitlohn?

1. Herr Eder erhält für jede im Betrieb verbrachte Stunde einen bestimmten Geldbetrag.
2. Herr Eder erhält für jedes gefertigte Werkstück die benötigte Zeit gutgeschrieben.
3. Herr Eder erhält für jedes gefertigte Werkstück einen bestimmten Geldbetrag.
4. Herr Eder erhält einen Grundlohn und für jedes gefertigte Werkstück zusätzlich einen Geldbetrag.
5. Herr Eder erhält zu Weihnachten eine einmalige Geldzuwendung.

415

Welche Auswirkung hat eine Entlohnung im Zeitlohn für den Arbeitnehmer?

1. Die Höhe des Lohnes ist allein von der hergestellten Stückzahl abhängig.
2. Der Arbeitnehmer kann nur schwer übersehen, welchen Lohn er zu erwarten hat.
3. Eine höhere Leistung hat im Augenblick keine höhere Bezahlung zur Folge.
4. Überstunden werden nicht vergütet.
5. Für die Urlaubszeit wird vom Arbeitgeber keine Vergütung gezahlt.

416

Welche Lohnart bezeichnet man als Leistungslohn?

1. Stundenlohn
2. Akkordlohn
3. Wochenlohn
4. Monatslohn
5. Gehalt

417

Welche Behauptung über den Akkordlohn ist richtig?

Bei Akkordlohn

1. ist die Arbeitsleistung insgesamt meist geringer als beim Zeitlohn.
2. ist die Gefahr, daß sich der Arbeitnehmer überanstrengt, gering.
3. sind ältere Arbeitnehmer verglichen mit jüngeren im Vorteil.
4. ist der leistungsschwächere Arbeitnehmer gegenüber dem leistungsstärkeren bevorzugt.
5. ist der Lohn von der Leistung abhängig.

Arbeits- und Tarifrecht **Aufgabenbank**

418

Welchen Vorteil für den Betrieb hat der Akkordlohn verglichen mit dem Zeitlohn?

(1) Maschinen und Werkzeuge werden schonender behandelt.
(2) Die Arbeitsvorbereitung ist einfacher.
(3) Qualitätskontrollen sind nicht erforderlich.
(4) Die Zahl der Arbeitsunfälle ist geringer.
(5) Die Fertigungskosten können zuverlässiger kalkuliert werden.

419

In Rahmentarifverträgen sind häufig Lohn- und Gehaltsgruppen ausgewiesen. Was ist für die Eingruppierung eines Arbeitnehmers ohne Bedeutung?

(1) Berufsausbildung des Arbeitnehmers
(2) Beschaffenheit des Arbeitsplatzes
(3) Körperliche Beanspruchung des Arbeitnehmers
(4) Führungsverantwortung des Arbeitnehmers für mehrere Personen
(5) Familienstand des Arbeitnehmers

420

Wofür zahlen Arbeitgeber *keinen* Zuschlag zum Lohn?

(1) Für Überstunden
(2) Für Nachtarbeit
(3) Für betriebliche Weiterbildungsmaßnahmen
(4) Für Sonntagsarbeit
(5) Für besondere Erschwernisse, z.B. Schmutzarbeit, Arbeit in großer Hitze

421

Welche Aussage über Gratifikationen ist richtig?

(1) Gratifikationen sind unbegrenzt steuerfrei.
(2) Die Höhe von Gratifikationen ist gesetzlich begrenzt.
(3) Jeder Arbeitnehmer hat Anspruch auf eine Gratifikation bei 10- und 25jähriger Betriebszugehörigkeit.
(4) Gratifikationen zahlt der Arbeitgeber zu besonderen Anlässen, z.B. Weihnachten.
(5) Die Höhe der Gratifikation muß der Arbeitgeber mit dem Betriebsrat abstimmen.

422

Was gehört *nicht* zu den Lohnnebenkosten, die der Arbeitgeber aufbringen muß?

(1) Beiträge zur gesetzlichen Unfallversicherung
(2) Urlaubsgeld
(3) Kosten für Entgeltfortzahlung im Krankheitsfall
(4) Arbeitgeberanteil zur Rentenversicherung
(5) Lohnsteuer

423

Innerhalb welcher Zeit verjähren Lohn- und Gehaltsforderungen, sofern tarifvertraglich nichts anderes vereinbart ist?

(1) Überhaupt nicht
(2) Nach 1 Jahr
(3) Nach 2 Jahren
(4) Nach 4 Jahren
(5) Nach 5 Jahren

Aufgabenbank — **Arbeits- und Tarifrecht**

424

Was gehört *nicht* zu den Abzügen vom Arbeitsentgelt, die der Arbeitgeber einbehalten und abführen muß?

1. Lohnsteuer
2. Arbeitnehmeranteile zur Sozialversicherung
3. Gepfändete Lohnanteile
4. Kirchensteuer
5. Beitrag zur gesetzlichen Unfallversicherung

425

Was wird dem Arbeitnehmer vom Bruttoarbeitsentgelt *nicht* abgezogen?

Beitrag zur

1. Krankenversicherung
2. Pflegeversicherung
3. Rentenversicherung
4. Arbeitslosenversicherung
5. Unfallversicherung

426

Was gehört *nicht* zum steuerpflichtigen Einkommen?

1. Arbeitsentgelt
2. Rückerhalt zu viel gezahlter Lohnsteuer
3. Gratifikationen des Arbeitgebers
4. Einnahmen aus Vermietung
5. Einnahmen aus Zinsen für ein Sparkonto

427

Welche Aussage über die Lohnsteuer bzw. die Einkommensteuer ist richtig?

1. Die Lohnsteuer hat unabhängig von der Lohnhöhe den gleichen Steuersatz, der Einkommensteuersatz ist progressiv.
2. Die Lohnsteuer ist viel niedriger als die Einkommensteuer.
3. Die Einkommensteuer hat unabhängig von der Einkommenshöhe den gleichen Steuersatz, der Lohnsteuersatz ist progressiv.
4. Die Lohnsteuer ist die Einkommensteuer der Unselbständigen, die vom Arbeitgeber einbehalten wird.
5. Die Lohnsteuer wird von den Arbeitern, die Einkommensteuer von den Angestellten bezahlt.

428

Wo wird während der Dauer eines Arbeitsverhältnisses die Lohnsteuerkarte aufbewahrt?

1. Beim Steueramt der Gemeinde
2. Beim Einwohnermeldeamt der Gemeinde
3. Bei der Industrie- und Handelskammer
4. Beim Finanzamt
5. Beim Arbeitgeber

429

Welche der genannten Zuwendungen des Arbeitgebers an den Arbeitnehmer sind absolut unpfändbar?

1. Urlaubsgeld
2. Abfindungen bei Beendigung eines Arbeitsverhältnisses
3. Weihnachtsgratifikation
4. Reisespesen
5. Mehrarbeitszuschläge

Arbeits- und Tarifrecht **Aufgabenbank**

430

Im Arbeitsvertragsrecht gilt der allgemeine Grundsatz „Ohne Arbeit kein Lohn". Welche Aussage darüber ist richtig?

(1) Dieser Grundsatz gilt nur für Arbeiter.

(2) Dieser Grundsatz gestattet dem Arbeitgeber bei Arbeitsmangel den Lohn zu kürzen oder die Lohnzahlung einzustellen.

(3) Diesen Grundsatz haben Gesetzgeber und Richter mit zahlreichen Einschränkungen versehen.

(4) Dieser Grundsatz gestattet dem Gesetzgeber in Zeiten von erheblichem Arbeitsmangel die Löhne durch Gesetz zu kürzen.

(5) Dieser Grundsatz besagt, daß der Arbeitgeber nur Lohn zahlen muß, wenn der Arbeitnehmer eine Arbeitsleistung erbringt.

431

In welchem Fall muß der Arbeitgeber das Arbeitsentgelt zahlen, ohne das vom Arbeitnehmer eine Arbeitsleistung erbracht wird?

Der Arbeitnehmer

(1) beteiligt sich an einem von der IG-Metall organisierten Streik.

(2) wird durch eine Demonstration, die zu einem Verkehrszusammenbruch führt, daran gehindert, die Arbeit aufzunehmen.

(3) wird unverschuldet durch Krankheit arbeitsunfähig.

(4) tritt erst vier Tage nach Urlaubsende seinen Dienst an, weil das Urlaubsgebiet völlig eingeschneit war.

(5) legt seinen Grundwehrdienst ab.

432

In welchem Fall muß der Arbeitgeber das Arbeitsentgelt zahlen, ohne daß vom Arbeitnehmer eine Arbeitsleistung erbracht wird?

Der Arbeitnehmer

(1) muß sein Kraftfahrzeug dem TÜV zur Prüfung der Verkehrssicherheit vorführen.

(2) nimmt an der Niederkunft seiner Lebensgefährtin teil.

(3) kann aufgrund eines allgemeinen Fahrverbots wegen Smog sein Kraftfahrzeug nicht benutzen und deshalb den Betrieb nicht erreichen.

(4) kann wegen des Zusammenbruchs der betrieblichen Energieversorgung keine Arbeitsleistung erbringen.

(5) erscheint am Morgen stark angetrunken im Betrieb und wird auf Weisung des Vorgesetzten von einem Kollegen nach Hause gefahren.

433

In welchem Fall besteht für den Arbeitgeber *keine* gesetzliche Pflicht zur Fortzahlung des Arbeitsentgelts?

Der Arbeitnehmer

(1) kann keine Arbeitsleistung erbringen, weil ein Zulieferer wichtige Teile nicht geliefert hat.

(2) wird nach seiner fristgemäßen Kündigung für die restlichen Arbeitstage vom Arbeitgeber von der Arbeit freigestellt.

(3) nimmt an einer vom Betriebsrat einberufenen Betriebsversammlung teil.

(4) tritt zwei Tage nach Urlaubsende seinen Dienst an, weil er wegen einer Reparatur des Busses der Reisegesellschaft zwei Tage länger als geplant am Urlaubsort bleiben mußte.

(5) nimmt an der Niederkunft seiner Ehefrau teil.

434

In welchem Fall hat der Arbeitnehmer für die Zeit seiner Abwesenheit vom Arbeitsplatz *keinen* Anspruch auf Fortzahlung des Arbeitsentgelts bzw. Entschädigung für Verdienstausfall?

(1) Wenn er sein Kraftfahrzeug zur Reparatur bringt

(2) Wenn er an einer zweitägigen Wehrübung teilnimmt

(3) Wenn er als Zeuge vor einem Gericht aussagt

(4) Wenn er als Betriebsratsmitglied an einem dreitägigen Seminar der Gewerkschaft über das Aufgabengebiet des Betriebsrats teilnimmt

(5) Wenn er drei Tage lang als ehrenamtlicher Richter tätig ist

435

Für welche Personengruppe gilt das Entgeltfortzahlungsgesetz *nicht*?

(1) Arbeiter

(2) Angestellte

(3) Beamte

(4) Kurzfristig und geringfügig beschäftigte Arbeiter

(5) Zur Berufsausbildung Beschäftigte

Aufgabenbank

Arbeits- und Tarifrecht

436

In welchem Fall liegt im arbeitsrechtlichen Sinne eine Krankheit vor?

1. Frau Müller ist schwanger.
2. Herr Müller hat eine angeborene Verkrüppelung der linken Hand.
3. Frau Becker unterzieht sich einer kosmetischen Operation.
4. Herr Franz ist Alkoholiker.
5. Herr Meier ist von Geburt an taub.

437

Welche Voraussetzung muß erfüllt sein, damit bei einer Krankheit des Arbeitnehmers der Arbeitgeber den Lohn eine gewisse Zeit lang weiterzahlen muß?

1. Die Krankheit muß mindestens drei Tage dauern und ansteckend sein.
2. Die Krankheit muß ihre Ursache am Arbeitsplatz haben.
3. Die Krankheit muß spätestens in sechs Wochen beendet sein.
4. Die Krankheit muß mit Bettlägerigkeit verbunden sein.
5. Die Krankheit muß zur unverschuldeten Arbeitsunfähigkeit führen.

438

In welchem Fall muß der Arbeitgeber nach dem Entgeltfortzahlungsgesetz den Lohn fortzahlen?

1. Hans besucht mit Franz eine Diskothek. In Gegenwart von Hans trinkt Franz im Laufe von drei Stunden mehrere hochprozentige alkoholische Getränke. Auf der Heimfahrt verliert Franz die Kontrolle über sein Auto, das sich überschlägt. Dabei wird Hans so schwer verletzt, daß er fünf Wochen arbeitsunfähig ist.
2. Markus fängt auf einem Volksfest eine Rauferei an. Dabei bekommt er einen Bierseidel auf den Kopf, was zu einer Schädelverletzung führt, die zwei Wochen im Krankenhaus behandelt werden muß.
3. Max ist bayerischer Meister im Drachenfliegen. Beim Start zu einem Trainingsflug rutscht er aus und bricht sich am Steuerbügel den Kiefer, was zur Arbeitsunfähigkeit führt.
4. Gabi sieht, daß an einer Kreuzung einige Personen warten, weil die Verkehrsampel auf Rot steht. Weil sie auf der anderen Seite den Bus ankommen sieht, der sie zu ihrem Freund bringen soll, rennt sie auf die Straße. Dort wird sie von einem Auto angefahren und so schwer verletzt, daß sie sechs Wochen arbeitsunfähig ist.
5. Paul, der nicht alkoholabhängig ist, trinkt bei einer Familienfeier einige Biere und Schnäpse. Auf der Heimfahrt mit seinem Motorrad verursacht er einen Unfall, bei dem er schwer verletzt wird. Der Alkoholtest ergibt einen Blutalkoholgehalt von 1,8 Promille.

439

In welchem Fall muß der Arbeitgeber nach dem Entgeltfortzahlungsgesetz den Lohn fortzahlen?

1. Fritz ist bekannt, daß die Reifen seines Autos weniger als 0,5 mm Profil haben. Auf dem Weg zur Arbeit kommt sein Auto deshalb auf regennasser Straße ins Schleudern und überschlägt sich. Fritz wird dabei so verletzt, daß er drei Wochen arbeitsunfähig ist.
2. Marion fährt mit ihrem Auto zum Einkaufen in die Stadt. Auf der Fahrt kommt es zu einem Verkehrsunfall, an dem sie keine Schuld hat. Dabei bricht sie sich den Arm und zwei Rippen. Die Unfallaufnahme der Polizei ergibt, daß Marion nicht angeschnallt war.
3. Heinz, der nicht alkoholabhängig ist, erscheint um neun Uhr auf der Baustelle. Der Montagemeister und die Kollegen erkennen den alkoholisierten Zustand von Heinz. Der Montagemeister untersagt Hans deshalb für diesen Tag die Arbeitsaufnahme und läßt ihn von einem Kollegen nach Hause fahren.
4. Alex hilft am Wochenende seinem Vater beim Schneiden der Obstbäume. Dabei fällt er von der Leiter und bricht sich ein Bein, was zu einer mehrwöchigen Arbeitsunfähigkeit führt.
5. Lothar ist bekannt, daß auf der Baustelle das Tragen eines Schutzhelms vorgeschrieben ist. Er beachtet trotzdem diese Unfallverhütungsvorschrift nicht. Während der Arbeit wird er durch ein vom Gerüst fallendes Brett am Kopf so schwer verletzt, daß er drei Wochen arbeitsunfähig ist.

Arbeits- und Tarifrecht   **Aufgabenbank**

440

In welchem Fall muß der Arbeitgeber nach dem Entgeltfortzahlungsgesetz den Lohn fortzahlen?

(1) Ein Arbeitnehmer wird bei einem Unfall mit seinem Kraftfahrzeug schwer verletzt, weil er nicht angegurtet war.

(2) Ein Arbeitnehmer bleibt vier Tage der Arbeit fern. Trotz mehrfacher Aufforderung bringt er dem Arbeitgeber keine ärztliche Bescheinigung über die Arbeitsunfähigkeit.

(3) Eine Arbeitnehmerin ist aufgrund eines legalen Schwangerschaftsabbruchs arbeitsunfähig.

(4) Ein Arbeitnehmer bricht sich während des Urlaubs im betrunkenen Zustand beim Skifahren ein Bein.

(5) Ein Arbeitnehmer spendet für seinen Bruder eine Niere und ist deshalb vier Wochen arbeitsunfähig.

441

Ein Arbeitnehmer ist unverschuldet arbeitsunfähig erkrankt. Welche Aussage über die im Entgeltfortzahlungsgesetz vorgeschriebene Anzeigepflicht des Arbeitnehmers ist richtig?

(1) Arbeiter müssen die Arbeitsunfähigkeit unverzüglich anzeigen, für Angestellte besteht keine Anzeigepflicht.

(2) Erkrankt der Arbeitnehmer im Ausland, dann entfällt die Anzeigepflicht.

(3) Der Arbeitnehmer muß die Arbeitsunfähigkeit persönlich anzeigen.

(4) Der Arbeitnehmer muß die Arbeitsunfähigkeit und deren voraussichtliche Dauer unverzüglich, also ohne schuldhaftes Zögern, anzeigen.

(5) Erfüllt der Arbeitnehmer die Anzeigepflicht nicht, dann entfällt für den Arbeitgeber die Entgeltfortzahlungspflicht.

442

Ein Arbeitnehmer ist unverschuldet arbeitsunfähig erkrankt. Welche Aussage über die im Entgeltfortzahlungsgesetz vorgeschriebene Nachweispflicht des Arbeitnehmers ist richtig?

(1) Befindet sich der Arbeitnehmer in Urlaub, dann braucht die ärztliche Bescheinigung erst nach dem Urlaub vorgelegt zu werden.

(2) Legt der Arbeitnehmer nicht unverzüglich eine ärztliche Bescheinigung vor, dann braucht der Arbeitgeber das Entgelt nicht fortzuzahlen.

(3) Dauert die Arbeitsunfähigkeit länger als drei Kalendertage, dann hat der Arbeitnehmer dem Arbeitgeber spätestens am darauffolgenden Arbeitstag eine ärztliche Bescheinigung vorzulegen.

(4) In der Bescheinigung muß der Arzt die Art der Krankheit und die Dauer der Arbeitsunfähigkeit angeben.

(5) Dauert die Arbeitsunfähigkeit länger als vom Arzt bescheinigt, dann genügt eine mündliche Mitteilung des Arbeitnehmers über das voraussichtliche Ende der Arbeitsunfähigkeit.

443

Ein Arbeitnehmer erkrankt am Freitag morgen. Wann muß er dem Arbeitgeber spätestens eine ärztliche Bescheinigung über die Arbeitsunfähigkeit vorlegen?

(1) Am Montag

(2) Am Dienstag

(3) Am Mittwoch

(4) Am Donnerstag

(5) Am ersten Arbeitstag nach Beendigung der Krankheit

444

Herr Müller arbeitet in einem Industriebetrieb als Werkzeugmechaniker. Er erkrankt und wird wahrscheinlich mindestens 12 Wochen arbeitsunfähig sein. Wie lange hat Herr Müller gesetzlichen Anspruch auf Fortzahlung seines Arbeitsentgelts durch den Arbeitgeber?

(1) 2 Wochen

(2) 3 Wochen

(3) 4 Wochen

(4) 6 Wochen

(5) Für die gesamte Zeit der Arbeitsunfähigkeit

445

Ein Arbeitnehmer war infolge derselben Krankheit innerhalb von sechs Monaten zuerst 4 Wochen, danach 2 Wochen und dann nochmals 3 Wochen unverschuldet arbeitsunfähig erkrankt. Für wieviel Wochen mußte der Arbeitgeber den Lohn fortzahlen?

(1) 2 Wochen

(2) 3 Wochen

(3) 4 Wochen

(4) 6 Wochen

(5) 9 Wochen

Aufgabenbank — Arbeits- und Tarifrecht

446

Einem Arbeitnehmer wurde zum 31. März gekündigt. Zwei Wochen vor Beendigung des Arbeitsverhältnisses erkrankt der Arbeitnehmer unverschuldet. Wie lange muß der Arbeitgeber das Arbeitsentgelt fortzahlen?

1. Bis zum Ende der Arbeitsunfähigkeit
2. 10 Wochen
3. 6 Wochen
4. Eine Pflicht zur Fortzahlung des Arbeitsentgelts besteht nicht, weil das Arbeitsverhältnis gekündigt ist.
5. Bis zum Ende des Arbeitsverhältnisses, also 2 Wochen

447

Unter welcher Voraussetzung werden dem Arbeitgeber von der Krankenkasse etwa 80 % der Entgeltfortzahlungskosten erstattet?

1. Der Arbeitgeber muß einem Arbeitgeberverband angehören.
2. Im Betrieb des Arbeitgebers dürfen nicht mehr als 20 Arbeitnehmer beschäftigt sein.
3. Der Arbeitgeber muß sich in wirtschaftlichen Schwierigkeiten befinden.
4. Die Lohnnebenkosten des Arbeitgebers müssen mehr als 75 % betragen.
5. Der Arbeitgeber muß mindestens 50 % Frauen beschäftigen.

448

Welche Frage kann durch Einsichtnahme in das Bundesurlaubsgesetz beantwortet werden?

1. Wieviel Werktage beträgt der gesetzliche Mindesturlaub für alle Arbeitnehmer?
2. Welchen Zusatzurlaub können Schwerbehinderte beanspruchen?
3. Muß der Arbeitgeber einem Arbeitnehmer unbezahlten Sonderurlaub gewähren?
4. Welchen gesetzlichen Urlaubsanspruch hat ein 17jähriger Auszubildender?
5. Darf während des Erziehungsurlaubs eine Teilzeitbeschäftigung aufgenommen werden?

449

Welche Frage wird im Bundesurlaubsgesetz *nicht* beantwortet?

1. Welcher gesetzliche Mindest-Erholungsurlaub steht einem Arbeitnehmer zu?
2. Nach welcher Wartezeit steht einem Arbeitnehmer, der ein neues Arbeitsverhältnis angetreten hat, der volle Urlaubsanspruch zu?
3. Darf während des Erholungsurlaubs eine Nebentätigkeit ausgeübt werden?
4. Werden Krankheitstage während des Erholungsurlaubs auf den Urlaub angerechnet?
5. Wieviel Werktage Bildungsurlaub steht einem Arbeitnehmer zu?

450

Für welchen Personenkreis gilt das Bundesurlaubsgesetz *nicht*?

1. Angestellte
2. Arbeiter
3. Praktikanten
4. Umschüler
5. Für im Bundesgebiet im Auftrag einer Unternehmung mit Standort im Ausland arbeitende Ausländer

451

Wieviel Werktage Erholungsurlaub muß der Arbeitgeber einem Arbeitnehmer nach dem Bundesurlaubsgesetz mindestens gewähren?

1. 18 Werktage
2. 20 Werktage
3. 24 Werktage
4. 27 Werktage
5. 30 Werktage

Arbeits- und Tarifrecht — Aufgabenbank

452

Der im Bundesurlaubsgesetz vorgeschriebene jährliche Mindesturlaub ist in Werktagen angegeben. Welcher der genannten Tage ist ein Werktag?

1. Samstag
2. Sonntag
3. 3. Oktober
4. 1. Mai
5. 1. Januar

453

Wie lang ist nach dem Bundesurlaubsgesetz die Wartezeit, nach der ein Arbeitnehmer nach Antritt eines neuen Arbeitsverhältnisses den vollen Urlaubsanspruch erwirbt?

1. Sechs Wochen
2. Zwölf Wochen
3. Drei Monate
4. Sechs Monate
5. Zehn Monate

454

Ein Arbeitnehmer scheidet nach Ablauf der dreimonatigen Probezeit zum 31.12. des Jahres aus dem Betrieb wieder aus. Im Arbeitsvertrag war ein Erholungsurlaub von 30 Arbeitstagen vereinbart. Hat der Arbeitnehmer Anspruch auf Erholungsurlaub?

1. Nein, für die Probezeit besteht kein Urlaubsanspruch
2. Nein, da das Arbeitsverhältnis weniger als sechs Monate dauerte
3. Ja, er hat Anspruch auf die Hälfte des Jahresurlaubs
4. Ja, er hat Anspruch auf 7 Arbeitstage Urlaub
5. Ja, er hat Anspruch auf 8 Arbeitstage Urlaub

455

Ein Arbeitnehmer tritt zum 01.10. eines Jahres in ein neues Arbeitsverhältnis ein. Es wird Urlaub nach dem Bundesurlaubsgesetz vereinbart. Von dem vorherigen Arbeitgeber wurde ihm für das laufende Kalenderjahr der gesetzliche Mindesturlaub gewährt. Muß der neue Arbeitgeber ihm noch Urlaub für den Rest des Jahres gewähren?

1. Nein
2. Ja, noch 3 Werktage
3. Ja, noch 4 Werktage
4. Ja, noch 5 Werktage
5. Ja, noch 6 Werktage

456

Ein Arbeitnehmer tritt zum 01.01. eines Jahres in ein neues Arbeitsverhältnis ein. Nach der dreimonatigen Probezeit scheidet er am 31. März auf eigenen Wunsch aus dem Betrieb wieder aus. Hat der Arbeitnehmer Anspruch auf Erholungsurlaub?

1. Nein, da für die Probezeit kein Urlaubsanspruch besteht.
2. Nein, da die sechsmonatige Wartezeit nicht erfüllt ist.
3. Nein, da er auf eigenen Wunsch aus dem Betrieb ausscheidet.
4. Ja, er hat Anspruch auf drei Werktage Erholungsurlaub.
5. Ja, er hat Anspruch auf 3/12 des vereinbarten Jahresurlaub.

457

Welche Aussage über die zeitliche Festlegung des Erholungsurlaubs ist *falsch*?

1. Der Arbeitgeber braucht einen Urlaubswunsch des Arbeitnehmers nicht zu berücksichtigen, wenn dringende betriebliche Belange entgegenstehen.
2. Bei der zeitlichen Festlegung des Urlaubs sind die Urlaubswünsche des Arbeitnehmers zu berücksichtigen.
3. Bei der Festlegung des Urlaubszeitpunkts ist der Arbeitgeber völlig frei.
4. Verlangt der Arbeitnehmer seinen Erholungsurlaub im Anschluß an eine Kur, dann muß ihm dieser Urlaub gewährt werden.
5. Ist der Urlaubstermin festgelegt, dann kann der Arbeitnehmer diesen nur mit Zustimmung des Arbeitgebers ändern.

Aufgabenbank — Arbeits- und Tarifrecht

458

Ein Arbeitnehmer hat nach seinem Arbeitsvertrag Anspruch auf 30 Arbeitstage Erholungsurlaub. In welchem Fall verstoßen Arbeitgeber und Arbeitnehmer gegen das Bundesurlaubsgesetz?

Der Arbeitgeber gewährt auf Wunsch des Arbeitnehmers den Urlaub

(1) in einem Stück zusammenhängend.

(2) in einem Teil zu 9 Arbeitstagen und danach tageweise.

(3) in drei Teilen zu 15, 10 und 5 Arbeitstagen.

(4) in sechs Teilen zu 12, 3, 3, 5, 2 und 5 Arbeitstagen.

(5) in zwei Teilen zu je 15 Arbeitstagen.

459

Unter welcher Voraussetzung darf der Erholungsurlaub ganz oder teilweise durch Geld abgegolten werden?

(1) Wenn der Arbeitnehmer den Urlaub aus persönlichen Gründen nicht nehmen will

(2) Wenn aus betrieblichen Gründen der Urlaub nicht gewährt werden kann

(3) Wenn wegen Beendigung des Arbeitsverhältnisses der Urlaub nicht mehr gewährt werden kann

(4) Wenn der Arbeitnehmer das 50. Lebensjahr vollendet hat

(5) Wenn das Arbeitsverhältnis nach dem 1.10. des Jahres begann und der anteilige Urlaub nur sechs Tage beträgt

460

Ein Arbeitnehmer erkrankt während seines Urlaubs. Welche Aussage ist richtig?

(1) Werden die Tage der Arbeitsunfähigkeit ärztlich nachgewiesen, so erfolgt keine Anrechnung auf den Urlaub.

(2) Die Tage der Arbeitsunfähigkeit werden voll auf den Jahresurlaub angerechnet.

(3) Die Tage der Arbeitsunfähigkeit werden zur Hälfte auf den Jahresurlaub angerechnet.

(4) Die Arbeitsunfähigkeit wird nur dann nicht angerechnet, wenn die Erkrankung in der Bundesrepublik auftrat.

(5) Die Tage der Arbeitsunfähigkeit werden nur bei Krankenhausaufenthalt nicht angerechnet.

461

Welche Aussage über das Urlaubsentgelt und das Urlaubsgeld ist richtig?

(1) Urlaubsentgelt und Urlaubsgeld sind zwei Wörter für denselben Sachverhalt.

(2) Urlaubsentgelt erhalten Arbeiter, Urlaubsgeld Angestellte.

(3) Vereinbarungen im Arbeits- oder im Tarifvertrag über die Rückzahlung des Urlaubsgelds sind zulässig.

(4) Urlaubsgeld ist die gesetzlich vorgeschriebene Fortzahlung des Lohns während des Urlaubs.

(5) Urlaubsentgelt ist eine freiwillige Leistung des Arbeitgebers.

462

Ein Arbeitnehmer hat Anspruch auf 30 Arbeitstage Erholungsurlaub. Wegen einer geplanten längeren Reise beantragt er 12 zusätzliche Arbeitstage unbezahlte Freizeit. Muß der Arbeitgeber dem Antrag stattgeben?

(1) Ja, wenn der Arbeitnehmer eine Vertretung besorgt

(2) Ja, wenn der Betriebsrat dem Antrag zustimmt

(3) Ja, wenn der Arbeitnehmer sich bereiterklärt, mindestens die Hälfte der Zeit vorzuarbeiten

(4) Ja, wenn der Arbeitnehmer die Kosten für eine Vertretung übernimmt

(5) Nein

463

Welche Aussage über den gesetzlichen Mindesturlaub für Arbeitnehmer ist *falsch*?

(1) Jeder Arbeitnehmer hat in jedem Kalenderjahr Anspruch auf bezahlten Erholungsurlaub.

(2) Kann der Urlaub aus persönlichen Gründen des Arbeitnehmers nicht genommen werden, dann ist er abzugelten.

(3) Für Arbeitnehmer über 18 Jahre beträgt der gesetzliche Mindesturlaub 24 Werktage.

(4) Der volle Urlaubsanspruch wird erstmalig nach sechsmonatigem Bestehen des Arbeitsverhältnisses erworben.

(5) Das Urlaubsentgelt ist vor Antritt des Urlaubs zu zahlen.

Arbeits- und Tarifrecht **Aufgabenbank**

464

Welche Aussage entspricht dem Bundesurlaubsgesetz?

(1) Die zeitliche Festlegung des Erholungsurlaubs bestimmt der Arbeitnehmer.

(2) Der gesamte Urlaub muß stets zusammenhängend genommen werden.

(3) Verzichtet der Arbeitnehmer auf seinen Urlaub, so muß der Arbeitgeber ihn durch Geld abgelten.

(4) In Tarifverträgen kann der Mindesturlaub herabgesetzt werden.

(5) Bei der zeitlichen Festlegung des Urlaubs sind die Urlaubswünsche des Arbeitnehmers und die betrieblichen Belange zu berücksichtigen.

465

Welchen Nachteil hat in Zeiten hoher Arbeitslosigkeit ein starkes Kündigungsschutzrecht für die Arbeitnehmer?

(1) Die Arbeitsgerichte entscheiden oft zugunsten des Arbeitgebers.

(2) Die Gefahr von fristlosen Kündigungen ist groß.

(3) Die Bereitschaft der Arbeitgeber zu unbefristeten Neueinstellungen ist gering.

(4) Entschädigungen bei Lösung des Arbeitsverhältnisses lassen sich nicht durchsetzen.

(5) Die Sperrfrist für die Zahlung des Arbeitslosengelds wird länger.

466

Wodurch kann ein Arbeitsverhältnis *nicht* beendet werden?

(1) Durch ordentliche (befristete) Kündigung

(2) Durch außerordentliche (fristlose) Kündigung

(3) Durch Tod des Arbeitnehmers

(4) Durch Zeitablauf bei einem befristeten Arbeitsverhältnis

(5) Durch Verkauf des Betriebs an einen anderen Unternehmer

467

In welchem Fall wird das Arbeitsverhältnis beendet?

(1) Ein Arbeitnehmer nimmt den vom Arbeitgeber vorgeschlagenen Aufhebungsvertrag an.

(2) Ein Arbeitnehmer wird zum Grundwehrdienst einberufen.

(3) Eine Arbeitnehmerin tritt den Erziehungsurlaub an.

(4) Der Arbeitgeber stirbt.

(5) Der Betrieb wird von einer anderen Unternehmung übernommen.

468

Welche Aussage über die Kündigung eines Arbeitsverhältnisses ist *falsch*?

(1) Die Kündigung ist eine einseitige Erklärung, durch die das Arbeitsverhältnis aufgelöst werden soll.

(2) Die Kündigung bedarf zu ihrer Wirksamkeit der Annahme des Vertragspartners.

(3) Das Recht der Kündigung steht beiden Vertragspartnern zu.

(4) Die Kündigung wird mit dem Zugang der Kündigung wirksam.

(5) Die Kündigung kann einseitig nicht mehr zurückgenommen werden.

469

Eine Kündigung wird erst wirksam, wenn sie dem Vertragspartner zugeht. Welche Aussage über die Wirksamkeit einer Kündigung ist richtig?

(1) Eine mündlich ausgesprochene Kündigung wird erst wirksam, wenn sie schriftlich bestätigt wird.

(2) Eine mündlich ausgesprochene Kündigung wirksam, sobald der Vertragspartner sie gehört und verstanden hat.

(3) Eine telefonisch ausgesprochene Kündigung gilt als nicht zugegangen und ist deshalb nicht wirksam.

(4) Eine schriftlich ausgesprochene Kündigung gilt als zugegangen, wenn der Vertragspartner sie gelesen hat.

(5) Eine schriftlich ausgesprochene Kündigung gilt nur dann als zugegangen, wenn das Schreiben dem Vertragspartner persönlich übergeben wird.

Aufgabenbank — Arbeits- und Tarifrecht

470

Ein Arbeitnehmer kündigt unter Beachtung der gesetzlichen Bestimmungen sein Arbeitsverhältnis. Zwei Wochen später nimmt er diese Kündigung wieder zurück. Welche Aussage ist richtig?

(1) Die Kündigung gilt automatisch als nicht abgegeben.

(2) Die Kündigung besteht weiter, weil sie einseitig nicht widerrufen werden kann.

(3) Die Kündigung besteht weiter, doch verlängert sich die Kündigungsfrist um zwei Wochen.

(4) Die Kündigung gilt dann als rechtsunwirksam, wenn die Rücknahme ausführlich schriftlich begründet ist.

(5) Die Kündigung gilt als nicht abgegeben, der Arbeitgeber kann jedoch Ersatz für Auslagen, wie Stellenanzeigen usw., verlangen.

471

Für welche Betriebe gelten die Vorschriften des „Allgemeinen Kündigungsschutzes" des Kündigungsschutzgesetzes *nicht*?

(1) Für alle Handwerksbetriebe

(2) Für Betriebe, die sich im Besitz von Ausländern befinden

(3) Für öffentliche Betriebe, z.B. Stadtwerke

(4) Für Betriebe mit fünf oder weniger beschäftigten Arbeitnehmern

(5) Für Betriebe, in denen weniger als 5 % der beschäftigten Arbeitnehmer gewerkschaftlich organisiert sind

472

Welche Voraussetzung muß ein Arbeitnehmer erfüllen, wenn er Rechte aus dem Kündigungsschutzgesetz geltend machen will?

(1) Er muß das 21. Lebensjahr vollendet haben.

(2) Er muß deutscher Staatsangehöriger sein.

(3) Er muß verheiratet sein.

(4) Er muß das 50. Lebensjahr vollendet haben und mindestens 25 Jahre berufstätig sein.

(5) Er muß dem Betrieb ohne Unterbrechung länger als sechs Monate angehören.

473

In welchem Fall ist eine ordentliche Kündigung durch den Arbeitgeber gesetzlich zulässig?

(1) Ordentliche Kündigung während einer Wehrübung

(2) Ordentliche Kündigung während der Schwangerschaft

(3) Ordentliche Kündigung während der Probezeit

(4) Ordentliche Kündigung eines Betriebsrats

(5) Ordentliche Kündigung eines Jugend- und Auszubildendenvertreters

474

Die Kündigung eines Arbeitsvertrags ist durch das Kündigungsschutzgesetz für den Arbeitgeber wesentlich schwieriger als für den Arbeitnehmer. Welche Bedingung muß der Arbeitgeber erfüllen?

(1) Er muß die Zustimmung des Betriebsrats einholen.

(2) Er muß dem Arbeitnehmer eine Abfindung zahlen.

(3) Er muß einen Grund angeben, der die Kündigung sozial rechtfertigt.

(4) Er muß in jedem Fall den Arbeitnehmer vorher abmahnen.

(5) Er muß eine wesentlich längere Kündigungsfrist als der Arbeitnehmer einhalten.

475

Einem Arbeitnehmer ist ordentlich gekündigt worden. Er hält diese Kündigung für sozial ungerechtfertigt. Innerhalb welcher Frist nach Zugang der Kündigung muß er beim Arbeitsgericht die Kündigungsschutzklage erheben?

(1) 2 Wochen

(2) 3 Wochen

(3) 4 Wochen

(4) 6 Wochen

(5) 8 Wochen

Arbeits- und Tarifrecht **Aufgabenbank**

476

Welche Aussage über die gesetzlichen Kündigungsfristen bei der ordentlichen Kündigung ist richtig?

(1) Sie sind für alle Arbeitnehmer gleich lang.

(2) Sie sind abhängig von der Dauer der Betriebszugehörigkeit des Arbeitnehmers.

(3) Sie können im Arbeitsvertrag beliebig lang vereinbart werden.

(4) Sie müssen für beide Vertragsparteien immer gleich lang sein.

(5) Sie betragen unabhängig von der Dauer der Beschäftigung immer sechs Wochen.

477

Ein Arbeitnehmer ist seit 6 Monaten in einem Betrieb beschäftigt. Wie lang ist bei diesem Arbeitnehmer die gesetzlich vorgeschriebene Mindestkündigungsfrist bei ordentlicher Kündigung?

(1) 8 Wochen zum beliebigen Zeitpunkt

(2) 6 Wochen zum Ende eines Quartals

(3) 3 Wochen zum Ende eines Kalendermonats

(4) 4 Wochen zum 15. oder zum Ende eines Kalendermonats

(5) 14 Werktage zum beliebigen Zeitpunkt

478

Wie lang ist bei einem 37 Jahre alten Arbeitnehmer, der vier Jahre in einem Betrieb beschäftigt ist, die gesetzlich vorgeschriebene Kündigungsfrist bei ordentlicher Kündigung?

(1) 4 Wochen zum Monatsende

(2) 4 Wochen zum 15. oder zum Ende eines Kalendermonats

(3) 1 Monat zum Ende eines Kalendermonats

(4) 2 Monate zum Ende eines Kalendermonats

(5) 8 Wochen zum Ende des Kalenderhalbjahrs

479

Welche Aussage über die außerordentliche (fristlose) Kündigung eines Arbeitnehmers ist *falsch*?

(1) Die Kündigung muß innerhalb von zwei Wochen nach Bekanntwerden der Tatsachen erfolgen.

(2) Die Kündigung ist nur wirksam, wenn vorher der Betriebsrat angehört wurde.

(3) Der Betriebsrat muß innerhalb von drei Tagen seine Stellungnahme schriftlich abgeben.

(4) Der Arbeitgeber muß dem Arbeitnehmer auf Verlangen den Kündigungsgrund unverzüglich schriftlich mitteilen.

(5) Die Kündigung darf nur mit Zustimmung des Betriebsrats ausgesprochen werden.

480

Welche Aussage über die fristlose Kündigung ist richtig?

(1) Die fristlose Kündigung eines Auszubildenden ist nicht möglich.

(2) Die fristlose Kündigung von Betriebsräten ist verboten.

(3) Die fristlose Kündigung leitender Angestellter ist nicht möglich.

(4) Die fristlose Kündigung eines Jugend- und Auszubildendenvertreters bedarf der Zustimmung des Betriebsrats.

(5) Die fristlose Kündigung hat an demselben Tag zu erfolgen, an dem dem Arbeitgeber der wichtige Grund bekannt wird.

481

Eine außerordentliche (fristlose) Kündigung ist nur gerechtfertigt, wenn ein „wichtiger Grund" vorliegt. In welchem Fall liegt ein „wichtiger Grund" vor?

(1) Der Arbeitnehmer gibt Betriebsgeheimnisse gegen Entgelt preis.

(2) Der Arbeitnehmer wird zum Wehrdienst einberufen.

(3) Der Arbeitnehmer führt die ihm übertragenen Arbeiten schlampig aus.

(4) Der Arbeitnehmer fehlt häufig wegen Krankheit.

(5) Der Arbeitnehmer beachtet die Arbeitszeitordnung nicht.

Aufgabenbank — Arbeits- und Tarifrecht

482

Ein Arbeitsverhältnis kann aus „wichtigem Grund" fristlos gekündigt werden. In welchem Fall liegt *kein* „wichtiger Grund" vor?

(1) Der Arbeitnehmer wird für längere Zeit krank.

(2) Der Arbeitgeber zahlt den Lohn bzw. das Gehalt nicht.

(3) Der Arbeitnehmer hat bei seiner Einstellung gefälschte Zeugnisse vorgelegt.

(4) Der Arbeitgeber beleidigt den Arbeitnehmer in grober Form.

(5) Der Arbeitnehmer weigert sich beharrlich, eine dem Arbeitsvertrag entsprechende Arbeit auszuführen.

483

In welchem Fall besteht für den Arbeitnehmer ein „wichtiger Grund" zur fristlosen Kündigung des Arbeitsverhältnisses?

(1) Der Arbeitgeber führt wegen Auftragsmangels Kurzarbeit ein.

(2) Der Arbeitgeber tritt aus dem Arbeitgeberverband aus.

(3) Der Arbeitgeber zahlt den Lohn bzw. das Gehalt nicht.

(4) Der Arbeitgeber genehmigt den Erholungsurlaub zu dem vom Arbeitnehmer gewünschten Zeitpunkt nicht.

(5) Der Arbeitgeber verlegt den Betrieb an den Stadtrand.

484

Für welche Personengruppe ist gesetzlich ein besonderer Kündigungsschutz vorgeschrieben?

(1) Für leitende Angestellte

(2) Für Auszubildende in der Probezeit

(3) Für Jugendliche, aber nur für die Dauer von einem Jahr nach ihrer Berufsausbildung

(4) Für Arbeitnehmer, die zum Wehrdienst einberufen sind

(5) Für gewerkschaftlich organisierte Arbeitnehmer

485

Welche Aussage über die Kündigung eines Arbeitsverhältnisses ist richtig?

(1) Jede Kündigung muß schriftlich mit eingeschriebenem Brief erfolgen.

(2) Eine Kündigung ist nur mit Zustimmung des Betriebsrats möglich.

(3) Nach einer ordentlichen Kündigung ist dem Arbeitnehmer eine angemessene Zeit zur Suche eines anderen Arbeitsverhältnisses zu gewähren.

(4) Eine fristlose Kündigung kann nur vom Arbeitgeber ausgesprochen werden.

(5) Eine ordentliche Kündigung durch den Arbeitnehmer kann von ihm jederzeit zurückgenommen werden.

486

Welche Aussage über die Kündigung eines Arbeitsverhältnisses ist *falsch*?

(1) Eine außerordentliche Kündigung ist in der Regel eine fristlose Kündigung.

(2) Die fristlose Kündigung kann sowohl durch den Arbeitgeber wie auch durch den Arbeitnehmer erfolgen.

(3) Eine ordentliche Kündigung, zu der der Betriebsrat nicht gehört wurde, ist unwirksam.

(4) Die Kündigung wird erst wirksam, wenn ihr Zugang schriftlich bestätigt wird.

(5) Gegen eine sozial ungerechtfertigte Kündigung kann der Arbeitnehmer innerhalb von drei Wochen nach Zugang Klage beim Arbeitsgericht erheben.

487

Welche Unterlage muß der Arbeitgeber dem Arbeitnehmer bei der Entlassung *nicht* aushändigen?

(1) Lohnsteuerkarte

(2) Zeugnis

(3) Bescheinigung über die im letzten Kalenderjahr geleisteten Überstunden

(4) Urlaubsbescheinigung

(5) Entgeltbescheinigung für die Rentenversicherung

Arbeits- und Tarifrecht

488

Welche Aussage über das Arbeitszeugnis ist *falsch*?

1. Es darf das Fortkommen des Arbeitnehmers nicht behindern.
2. Es muß vom Wohlwollen für den Arbeitnehmer getragen sein.
3. Es muß alle für die Gesamtbeurteilung des Arbeitnehmers wesentlichen Angaben enthalten.
4. Es muß in seinen Aussagen der Wahrheit entsprechen.
5. Es muß den Grund für die Auflösung des Arbeitsverhältnisses enthalten.

489

Welche der genannten Angaben darf ein *Einfaches Arbeitszeugnis* enthalten?

1. Angaben über die Art der Beschäftigung
2. Angaben über die Leistungen des Arbeitnehmers
3. Angaben über die Führung des Arbeitnehmers
4. Angaben über das soziale Verhalten des Arbeitnehmers
5. Angaben über kurzzeitige Betriebsratstätigkeit

490

Wodurch unterscheidet sich ein „Qualifiziertes Arbeitszeugnis" von einem „Einfachen Arbeitszeugnis"?

1. Es enthält nur Angaben über Art und Dauer der Beschäftigung.
2. Es enthält auch Angaben über Führung und Leistung des Arbeitnehmers.
3. Es enthält nur eine besonders ausführliche Beschreibung des Arbeitsgebiets.
4. Es wird nur bei langjähriger Tätigkeit und besonderen Verdiensten ausgestellt.
5. Es ist ein besonders wahrheitsgetreues Zeugnis.

491

Welche Leistungsbeurteilung in einem Zeugnis läßt gerade noch ausreichende Arbeitsleistungen erkennen?

1. Wir waren stets mit seinen Arbeitsleistungen außerordentlich zufrieden.
2. Er hat die ihm übertragenen Arbeiten zu unserer Zufriedenheit erledigt.
3. Er zeigte für seine Arbeit Verständnis.
4. Er führte die ihm übertragenen Arbeiten mit Fleiß und Interesse durch.
5. Er hat sich bemüht, den an ihn gestellten Arbeitsanforderungen gerecht zu werden.

492

Welche Leistungsbeurteilung in einem Zeugnis läßt überdurchschnittlich gute Arbeitsleistungen erkennen?

1. Sie hat die ihr übertragenen Arbeiten mit Fleiß und Interesse erledigt.
2. Sie hat alle ihr übertragenen Arbeiten zufriedenstellend ausgeführt.
3. Sie hat sich stets bemüht, den gestellten Arbeitsanforderungen gerecht zu werden.
4. Sie hat die ihr übertragenen Arbeiten stets zu unserer uneingeschränkten Zufriedenheit erledigt.
5. Sie hat die ihr übertragenen Arbeiten zu unserer vollen Zufriedenheit erledigt.

493

Einem Arbeitnehmer wird am 10. Mai zum 30. Juni ordentlich gekündigt. Wann hat der Arbeitgeber das vom Arbeitnehmer verlangte Arbeitszeugnis zu erteilen?

1. Spätestens am 15. Juli
2. Spätestens am 30. Juni
3. Am Tag der Kündigung, also am 10. Mai
4. Am Tag des Ausscheidens des Arbeitnehmers aus dem Betrieb
5. Unverzüglich nach Zugang der Kündigung

Aufgabenbank

Arbeits- und Tarifrecht

494

Für welche Person gilt das Arbeitsplatzschutzgesetz *nicht*?

1. Arbeitnehmer, der an einer Wehrübung teilnimmt
2. Arbeitnehmer, der zum Zivildienst einberufen wird.
3. Auszubildender, der zum Grundwehrdienst einberufen wird.
4. Türkischer Arbeitnehmer, der zur Ableistung seines vollen Wehrdienstes in die Türkei einberufen wird.
5. Arbeitnehmer, der zur Musterung eingeladen wird.

495

Welche Personengruppe schützt das Arbeitsplatzschutzgesetz vor dem Verlust des Arbeitsplatzes während der Dauer der Abwesenheit?

1. Arbeitnehmer, die sich im Bildungsurlaub befinden
2. Arbeitnehmer, die eine Haftstrafe verbüßen
3. Mitglieder von Betriebsräten, die an Schulungsmaßnahmen teilnehmen
4. Arbeitnehmer, die zum Grundwehrdienst oder zu einer Wehrübung einberufen wurden
5. Arbeitnehmer, deren Betrieb sich in der Konkursabwicklung befindet

496

Ein Arbeitnehmer wird aufgrund der Wehrpflicht von der Erfassungsbehörde aufgefordert sich vorzustellen. Wer bezahlt den durch die Musterung entstehenden Verdienstausfall?

1. Das Arbeitsamt
2. Der Arbeitgeber
3. Die Erfassungsbehörde
4. Das Bundesministerium für Verteidigung
5. Der Arbeitgeberverband

497

Ein Arbeitnehmer erhält den Einberufungsbescheid zum Grundwehrdienst. Er legt diesen dem Arbeitgeber erst wenige Tage vor Beginn des Grundwehrdienstes vor. Welche Folge kann das für den Arbeitnehmer haben?

1. Das Arbeitsverhältnis kann vom Arbeitgeber fristlos gekündigt werden.
2. Er verliert seinen Urlaubsanspruch.
3. Er kann vom Arbeitgeber auf Schadensersatz verklagt werden.
4. Er kann den Grundwehrdienst nicht antreten, sofern der Arbeitgeber das verlangt.
5. Er verliert den Anspruch, nach dem Grundwehrdienst seinen alten Arbeitsplatz wieder zu besetzen.

498

Ein Arbeitnehmer, der in einem Betrieb mit etwa 100 Beschäftigten tätig ist, wird zum Grundwehrdienst einberufen. Welche Aussage ist *falsch*?

1. Mit Beginn des Grundwehrdienstes endet das Arbeitsverhältnis.
2. Während des Grundwehrdienstes ruht das Arbeitsverhältnis
3. Während des Grundwehrdienstes besteht Kündigungsschutz.
4. Der Arbeitnehmer hat den Einberufungsbescheid dem Arbeitgeber unverzüglich vorzulegen.
5. Während des Grundwehrdienstes bleibt der Arbeitnehmer Angehöriger des Betriebs.

499

Welches Recht ergibt sich für einen Arbeitnehmer, der zum Grundwehrdienst einberufen wird, aus dem Arbeitsplatzschutzgesetz *nicht*?

1. Recht auf Anrechnung des Wehrdienstes auf die Betriebszugehörigkeit
2. Recht während des Grundwehrdienstes an der Wahl des Betriebsrats teilzunehmen
3. Recht der bevorzugten Einstellung in den öffentlichen Dienst nach dem Grundwehrdienst
4. Recht auf Kündigungsschutz während des Grundwehrdienstes
5. Recht auf Entgeltfortzahlung durch den Arbeitgeber während des Grundwehrdienstes

Arbeits- und Tarifrecht — Aufgabenbank

500

Ein Arbeitnehmer wird zum 30. September aus dem Grundwehrdienst entlassen. Welche Pflicht ergibt sich für ihn aus dem Arbeitsplatzschutzgesetz?

(1) Er muß sich unverzüglich bei der Krankenkasse wieder anmelden.

(2) Er muß sich unverzüglich beim Arbeitsamt melden.

(3) Er muß dem Arbeitgeber die Beurteilung seiner Leistungen durch die Bundeswehr vorlegen.

(4) Er muß sofort den ihm für die restlichen drei Monate noch zustenden Urlaub antreten.

(5) Er muß sich unverzüglich bei seinem Arbeitgeber zurückmelden.

501

Welche Personen schützt das Jugendarbeitsschutzgesetz vor Überbeanspruchung und vor Gefahren am Arbeitsplatz?

Personen die noch nicht

(1) 14 Jahre alt sind.

(2) 15 Jahre alt sind.

(3) 16 Jahre alt sind.

(4) 18 Jahre alt sind.

(5) 21 Jahre alt sind.

502

Für welche Beschäftigung gilt das Jugendarbeitsschutzgesetz *nicht*?

(1) Beschäftigung durch den Personensorgeberechtigten im Familienhaushalt

(2) Beschäftigung als Heimarbeiter

(3) Beschäftigung in der Landwirtschaft

(4) Beschäftigung als Arbeitnehmer im Handwerk oder der Industrie

(5) Beschäftigung in der Berufsausbildung

503

Welche Begriffsbestimmungen entspricht dem Jugendarbeitsschutzgesetz?

(1) Kind ist, wer noch nicht die Reife eines Erwachsenen besitzt.

(2) Kind ist, wer noch nicht 15 Jahre alt ist.

(3) Jugendlicher ist, wer der Vollzeitschulpflicht unterliegt.

(4) Jugendlicher ist, wer 14, aber noch nicht 18 Jahre alt ist.

(5) Tägliche Arbeitszeit ist die Zeit vom Beginn bis zum Ende der täglichen Beschäftigung einschließlich der Ruhepausen.

504

In welchem Fall gelten die Vorschriften des Jugendarbeitsschutzgesetzes?

(1) Ein 15jähriges Mädchen wird von den Eltern im Familienhaushalt beschäftigt.

(2) Ein 16jähriger Realschüler hilft dem Nachbarn beim Rasenmähen.

(3) Ein 17jähriger Ausländer wird in einer Schlosserei als Metallarbeiter angelernt.

(4) Ein 17jähriges Mädchen besucht das Gymnasium.

(5) Ein 16jähriger Schüler trägt gelegentlich Werbematerial an.

505

Welche Aussage über die Kinderarbeit ist richtig?

(1) Kinderarbeit ist nur noch in der Landwirtschaft erlaubt.

(2) Die Beschäftigung von Kindern ist grundsätzlich verboten.

(3) Kinder dürfen nur in der Zeit von 10 bis 18 Uhr beschäftigt werden.

(4) Kinder dürfen im elterlichen Betrieb wöchentlich 16 Stunden beschäftigt werden.

(5) Kinderarbeit ist nur in den Schulferien zulässig.

Aufgabenbank — **Arbeits- und Tarifrecht**

506

Wie lang darf nach dem Jugendarbeitsschutzgesetz die tägliche Arbeitszeit von Jugendlichen normalerweise höchstens sein?

(1) 7 Stunden
(2) 8 Stunden
(3) 9 Stunden
(4) 10 Stunden
(5) 11 Stunden

507

Wieviel Stunden dürfen nach dem Jugendarbeitsschutzgesetz Jugendliche wöchentlich höchstens beschäftigt werden?

(1) 35 Stunden
(2) 40 Stunden
(3) 43 Stunden
(4) 44 Stunden
(5) 45 Stunden

508

Wie lange dürfen Jugendliche hintereinander ohne Ruhepause höchstens beschäftigt werden?

(1) 3 Stunden
(2) 3,5 Stunden
(3) 4 Stunden
(4) 4,5 Stunden
(5) 5 Stunden

509

Wieviel Zeit muß den Jugendlichen bei einem 8-stündigen Arbeitstag für Ruhepausen mindestens eingeräumt werden?

(1) 45 Minuten
(2) 60 Minuten
(3) 75 Minuten
(4) 90 Minuten
(5) 120 Minuten

510

Wie lange muß nach dem Jugendarbeitsschutzgesetz eine Ruhepause mindestens dauern?

(1) 10 Minuten
(2) 15 Minuten
(3) 20 Minuten
(4) 30 Minuten
(5) 60 Minuten

511

Welche Aussage über die Arbeitszeit und die Ruhepausen Jugendlicher entspricht dem Jugendarbeitsschutzgesetz?

(1) Jugendliche dürfen nicht länger als vier Stunden hintereinander ohne Ruhepause beschäftigt werden.
(2) Jugendliche dürfen nicht mehr als 38 Stunden wöchentlich beschäftigt werden.
(3) Jugendliche dürfen nicht mehr als 8 Stunden täglich beschäftigt werden.
(4) Jugendlichen müssen bei einer Arbeitszeit von mehr als sechs Stunden Ruhepausen von insgesamt 30 Minuten gewährt werden.
(5) Ruhepausen für Jugendliche müssen mindestens 10 Minuten betragen.

Arbeits- und Tarifrecht **Aufgabenbank**

512

Ein Jugendlicher wird in diesem Jahr im Juni 17 Jahre alt. Wieviel Werktage Urlaub stehen ihm für dieses Jahr nach dem Jugendarbeitsschutzgesetz zu?

(1) 30 Werktage
(2) 27 Werktage
(3) 25 Werktage
(4) 24 Werktage
(5) 22 Werktage

513

Nach dem Jugendarbeitsschutzgesetz dürfen Jugendliche nicht mit gefährlichen Arbeiten beschäftigt werden. In welchem Ausnahmefall gilt diese Vorschrift *nicht*?

(1) Wenn der Jugendliche das 17. Lebensjahr vollendet hat
(2) Wenn der Jugendliche sein Einverständnis gegeben hat
(3) Wenn die Beschäftigung zur Erreichung des Ausbildungsziels erforderlich ist und der Jugendliche das 16. Lebensjahr vollendet hat
(4) Wenn die Beschäftigung nur von kurzer Dauer ist
(5) Wenn die Beschäftigung von der betrieblichen Fachkraft für Arbeitssicherheit genehmigt wurde

514

Mit welchen Arbeiten dürfen Jugendliche grundsätzlich *nicht*, d.h. nur in bestimmten Ausnahmefällen, beschäftigt werden?

(1) Mit Arbeiten, die überwiegend im Freien zu verrichten sind
(2) Mit Arbeiten, die auch den Einsatz körperlicher Kräfte erfordern
(3) Mit Arbeiten in Räumen, die ausschließlich künstlich beleuchtet sind
(4) Mit Akkord- und Fließbandarbeiten
(5) Mit Arbeiten, die vorwiegend in stehender Haltung zu verrichten sind

515

Darf ein Arbeitgeber einen Auszubildenden mit Akkordarbeit beschäftigen?

(1) Nein, da Jugendliche ohne Ausnahme nicht mit Akkordarbeiten beschäftigt werden dürfen.
(2) Ja, sofern die Akkordarbeit zur Erreichung des Ausbildungsziels erforderlich ist.
(3) Ja, sofern der Arbeitgeber die Mehrleistung entsprechend vergütet.
(4) Ja, sofern die Mehrarbeit durch Freizeit ausgeglichen wird.
(5) Ja, sofern der Jugendliche damit einverstanden ist.

516

Welche Aussage entspricht dem Jugendarbeitsschutzgesetz?

(1) Kein Arbeitgeber darf einen Jugendlichen nach 20 Uhr beschäftigen.
(2) Jugendliche dürfen ausnahmsweise 10 Stunden täglich beschäftigt werden.
(3) Jugendliche dürfen an einem Berufsschultag mit mehr als drei Unterrichtsstunden von mindestens 45 min nicht mehr beschäftigt werden.
(4) Jugendlichen muß nach einer Arbeitszeit von vier Stunden eine Ruhepause von mindestens 60 min eingeräumt werden.
(5) Jugendliche dürfen nur an fünf Tagen in der Woche beschäftigt werden.

517

Welche Pflicht ergibt sich für den Arbeitgeber, der Jugendliche beschäftigt, aus dem Jugendarbeitsschutzgesetz?

(1) Pflicht, den Jugendlichen vor Überbeanspruchung am Arbeitsplatz zu schützen
(2) Pflicht zur Bereitstellung der allgemeinen Arbeitskleidung
(3) Pflicht zur Zahlung eines angemessenen Arbeitsentgelts
(4) Pflicht, dem Jugendlichen nach einer Arbeitszeit von 4 Stunden eine warme Mahlzeit anzubieten
(5) Pflicht, die Personensorgeberechtigten (Eltern) regelmäßig über die Art der Beschäftigung zu unterrichten

Aufgabenbank — Arbeits- und Tarifrecht

518

In welchem Fall wird gegen Bestimmungen des Jugendarbeitsschutzgesetzes verstoßen?

1. Ein Jugendlicher wird im Rahmen seiner Berufsausbildung als Zerspanungsmechaniker fünf Tage mit Akkordarbeit beschäftigt.
2. Ein Jugendlicher wird in einer Reparaturwerkstätte für Kraftfahrzeuge am Samstag beschäftigt.
3. Ein Jugendlicher wird in einer Dreherei an einem Tag elf Stunden beschäftigt.
4. Ein Jugendlicher wird in einem Betrieb, in dem in zwei Schichten gearbeitet wird, bis 22 Uhr beschäftigt.
5. Einem Jugendlichen wird nach einer Arbeitszeit von 4 Stunden eine Ruhepause von 30 min gewährt.

519

Welche Institution hat den gesetzlichen Auftrag, die Einhaltung der Vorschriften des Jugendarbeitsschutzgesetzes zu überwachen?

1. Jugend- und Sozialamt der Gemeinde
2. Arbeitsamt
3. Berufsgenossenschaft
4. Gewerbeaufsichtsamt
5. Wirtschaftskontrolldienst

520

Für welche der genannten Personen gilt das Mutterschutzgesetz *nicht*?

1. Arbeitslose Technische Zeichnerin
2. 17jährige Auszubildende
3. Ausländische Fabrikarbeiterin
4. Verheiratete Leiterin der Personalabteilung
5. Heimarbeiterin der Bekleidungsindustrie

521

In welchem Zeitraum dürfen werdende Mütter (gegen ihren Willen) *nicht* beschäftigt werden?

1. 4 Wochen vor und 6 Wochen nach der Entbindung
2. 4 Wochen vor und 8 Wochen nach der Entbindung
3. 6 Wochen vor und 8 Wochen nach der Entbindung
4. 6 Wochen vor und 6 Wochen nach der Entbindung
5. 6 Wochen vor und 10 Wochen nach der Entbindung

522

Wieviel Wochen beträgt im Normalfall die Schonfrist für werdende Mütter (Zeit in der ein Beschäftigungsverbot besteht)?

1. 6 Wochen
2. 8 Wochen
3. 12 Wochen
4. 14 Wochen
5. 18 Wochen

523

Welche Aussage über die betriebliche Beschäftigung von werdenden Müttern ist richtig?

1. Werdende Mütter dürfen in den letzten 8 Wochen vor der Entbindung nicht mehr beschäftigt werden.
2. Werdende Mütter dürfen mit Akkordarbeit beschäftigt werden, wenn sie dazu ihr Einverständnis geben.
3. Werdende Mütter dürfen in der Zeit zwischen 18 und 7 Uhr nicht beschäftigt werden.
4. Mütter dürfen in den 10 Wochen nach der Entbindung nicht beschäftigt werden.
5. Werdende Mütter dürfen nicht mit Fließarbeit mit vorgegebenem Arbeitstempo beschäftigt werden.

Arbeits- und Tarifrecht

524

Welche Aussage widerspricht dem Mutterschutzgesetz?

(1) Der Arbeitgeber kann von der Arbeitnehmerin verlangen, daß sie ein Zeugnis eines Arztes über die bestehende Schwangerschaft vorlegt.

(2) Mit Beginn der Schonfrist verliert die werdende Mutter den Anspruch auf ihren Arbeitsplatz.

(3) Der Arbeitgeber muß der werdenden Mutter die Freizeit für die erforderlichen Untersuchungen gewähren.

(4) Der Arbeitgeber darf bis zum Ablauf von vier Monaten nach der Entbindung nicht kündigen.

(5) Das Mutterschutzgesetz gilt nur für Frauen, die in einem Arbeits- oder Ausbildungsverhältnis stehen.

525

Wie groß ist die Zeitdauer nach der Entbindung, in der nach dem Mutterschutzgesetz eine ordentliche Kündigung unzulässig ist?

(1) 6 Wochen
(2) 8 Wochen
(3) 2 Monate
(4) 4 Monate
(5) 6 Monate

526

Wie lange haben Arbeitnehmer nach dem Bundeserziehungsgeldgesetz Anspruch auf Erziehungsurlaub?

(1) Bis zur Vollendung des dritten Lebensjahrs des Kindes

(2) Bis zur Vollendung des zweiten Lebensjahrs des Kindes

(3) Bis zur Vollendung des ersten Lebensjahrs des Kindes

(4) Solange, bis für das Kind ein Platz in einer Kinderkrippe frei ist

(5) Solange, wie die Eltern eine persönliche Betreuung für notwendig erachten

527

Welche Aussage über den Erziehungsurlaub ist richtig?

(1) Anspruch auf Erziehungsurlaub hat nur die leibliche Mutter des Kindes.

(2) Der Erziehungsurlaub beginnt mit der Schonfrist der werdenden Mutter.

(3) Während des Erziehungsurlaubs muß der Arbeitgeber das Arbeitsentgelt fortzahlen.

(4) Der Erziehungsurlaub endet einen Tag nach dem Tod des Kindes.

(5) Während des Erziehungsurlaubs ist jegliche bezahlte Nebentätigkeit verboten.

528

Wovor soll das Beschäftigtenschutzgesetz die Beschäftigten schützen?

(1) Vor Verlust des Arbeitsplatzes beim Verkauf des Unternehmens

(2) Vor Verlust des Einkommens im Krankheitsfall

(3) Vor Ungleichbehandlung bei gleichwertiger Arbeit

(4) Vor sexueller Belästigung am Arbeitsplatz

(5) Vor Verdrängung vom Arbeitsplatz durch ausländische Arbeitskräfte, die nicht dem deutschen Arbeitsrecht unterliegen

529

Für welche Personengruppe gilt das Beschäftigtenschutzgesetz *nicht*?

(1) Arbeitnehmerinnen und Arbeitnehmer
(2) Weibliche und männliche Sportler
(3) Weibliche und männliche Soldaten
(4) Beamtinnen und Beamte
(5) Zur Berufsausbildung Beschäftigte

Aufgabenbank

Arbeits- und Tarifrecht

530

Welche Institution hat nach dem Schwerbehindertengesetz bei einem Antragsteller das Vorliegen und den Grad einer Behinderung festzustellen?

1. Industrie- und Handelskammer
2. Landesarbeitsamt
3. Landesgesundheitsamt
4. Krankenkasse
5. Landesfürsorgestelle

531

Ab welchem Grad der Behinderung hat ein Arbeitnehmer Anspruch auf den vollen Schutz durch das Schwerbehindertengesetz?

1. 30 % Behinderung
2. 50 % Behinderung
3. 70 % Behinderung
4. 80 % Behinderung
5. 100 % Behinderung

532

Welche Pflicht ergibt sich aus dem Schwerbehindertengesetz für den Arbeitgeber, wenn sich ein Behinderter auf einen ausgeschriebenen freien Arbeitsplatz bewirbt?

1. Er muß den Behinderten zu einem Vorstellungsgespräch einladen.
2. Er muß den Behinderten einstellen.
3. Er muß die Bewerbung zur statistischen Erfassung dem Arbeitsamt melden.
4. Er muß vor einer Ablehnung des Bewerbers die Hauptfürsorgestelle anhören.
5. Er muß die Bewerbung mit der Schwerbehindertenvertretung des Betriebs erörtern.

533

Ein Betrieb verfügt über 100 Arbeitsplätze. Wieviel Schwerbehinderte muß der Arbeitgeber in seinem Betrieb beschäftigen?

1. 3 Schwerbehinderte
2. 6 Schwerbehinderte
3. 10 Schwerbehinderte
4. 12 Schwerbehinderte
5. 15 Schwerbehinderte

534

In welchem Fall ist ein Arbeitgeber *nicht* verpflichtet Schwerbehinderte einzustellen?

1. Wenn sein Betrieb seit drei Jahren mit Verlust arbeitet.
2. Wenn es sich um einen öffentlichen Betrieb handelt.
3. Wenn sein Betrieb sich in der Hand ausländischer Kapitalgeber befindet.
4. Wenn sein Betrieb über weniger als 16 Arbeitsplätze verfügt.
5. Wenn in seinem Betrieb mehr als 70 % weibliche Arbeitnehmer beschäftigt werden.

535

Welches Recht hat der Vertrauensmann der Schwerbehinderten innerhalb des Betriebs?

1. Recht auf Teilnahme an allen Sitzungen des Betriebsrats
2. Recht auf ein angemessenes Honorar für seine zusätzliche Arbeit
3. Recht auf Einsichtnahme in die Personalakten der Schwerbehinderten
4. Recht auf Teilnahme an allen Sitzungen der Geschäftsleitung
5. Recht auf Mitbestimmung bei der Kündigung von Schwerbehinderten

Arbeits- und Tarifrecht **Aufgabenbank**

536

Welche Aussage steht im Widerspruch zum Schwerbehindertengesetz?

(1) Jede Kündigung eines Schwerbehinderten bedarf der vorherigen Zustimmung der Hauptfürsorgestelle.

(2) Schwerbehinderte sind auf ihr Verlangen von Mehrarbeit freizustellen.

(3) Die fristlose Kündigung eines Schwerbehinderten ist nicht zulässig.

(4) Schwerbehinderte haben Anspruch auf einen bezahlten zusätzlichen Urlaub von 5 Arbeitstagen im Urlaubsjahr.

(5) Der Vertrauensmann der Schwerbehinderten hat das Recht, an allen Sitzungen des Betriebsrats teilzunehmen.

537

Welche Aussage entspricht *nicht* dem Schwerbehindertengesetz?

(1) In Betrieben mit mehr als 5 Schwerbehinderten ist ein Vertrauensmann der Schwerbehinderten zu wählen.

(2) Jeder Arbeitgeber hat auf wenigstens 6 % der Arbeitsplätze Schwerbehinderte zu beschäftigen.

(3) Für jeden unbesetzten Pflichtplatz hat der Arbeitgeber eine Ausgleichsabgabe zu leisten.

(4) Schwerbehinderte sind alle Personen, die in ihrer Erwerbsfähigkeit um mindestens 75 % gemindert sind.

(5) Die Kündigung eines Schwerbehinderten bedarf der vorherigen Zustimmung der Hauptfürsorgestelle.

538

Welche Aufgabe ist den Gewerbeaufsichtsämtern übertragen?

(1) Festlegung der Gewerbesteuer

(2) Überwachung der Einhaltung von Wettbewerbsbestimmungen

(3) Erforschung der Unfallursachen

(4) Erarbeitung von Unfallverhütungsvorschriften

(5) Überwachung der Einhaltung der Arbeitsschutzbestimmungen

539

Was versteht man unter Tarifautonomie?

(1) Das Recht der Arbeitgeber, übertarifliche Löhne zu zahlen

(2) Das Recht der Tarifvertragsparteien, Tarifverträge ohne staatliche Einmischung abzuschließen

(3) Die Pflicht der Arbeitgeber, mindestens Tariflohn zu zahlen

(4) Die Abhängigkeit der Lohnerhöhung von der Steigerung des Bruttosozialprodukts

(5) Das Recht der Gewerkschaften, einen Streik auszurufen

540

In welchem Fall wird gegen die Tarifautonomie verstoßen?

(1) Der Gesetzgeber beschließt ein Gesetz über den Kündigungsschutz.

(2) Der Bundesminister für Arbeit erklärt einen Tarifvertrag für allgemeinverbindlich.

(3) Ein einzelner Arbeitgeber schließt mit einer Gewerkschaft einen Tarifvertrag ab.

(4) Der Bundestag beschließt für eine begrenzte Zeit einen Lohnstopp.

(5) Der Gesetzgeber regelt die Höhe des Mindesturlaubs.

541

Welche Aussage über die Tarifautonomie ist richtig?

Die Tarifautonomie

(1) verlangt, daß in einem Tarifvertrag staatliche Lohnleitlinien übernommen werden.

(2) verbietet den Arbeitgebern, höhere Löhne als die tariflich festgelegten zu zahlen.

(3) gestattet den Gewerkschaften, jederzeit Kampfmaßnahmen durchzuführen.

(4) gestattet den Tarifvertragsparteien, ohne staatlichen Zwang einen Tarifvertrag auszuhandeln.

(5) verlangt, daß die im Bundestag vertretenen Parteien an den Tarifverhandlungen beteiligt werden.

Aufgabenbank **Arbeits- und Tarifrecht**

542

Wer vereinbart die Arbeitsbedingungen und die Löhne und Gehälter für einen bestimmten Wirtschaftsbereich?

1. Die Unternehmer mit der Bundesanstalt für Arbeit
2. Der Arbeitgeber mit dem Betriebsrat
3. Das Bundesarbeitsministerium mit den Gewerkschaften
4. Die Tarifvertragsparteien
5. Die Unternehmer mit den Betriebsräten

543

Wer sind die Tarifvertragsparteien?

1. Arbeitgeber und alle Arbeitnehmer eines Betriebes
2. Gewerkschaften und Arbeitgeberverbände bzw. einzelne Arbeitgeber
3. Betriebsräte und einzelne Arbeitgeber bzw. Vereinigungen von Arbeitgebern
4. Gesamtbelegschaft und Vereinigungen von Arbeitgebern
5. Gewerkschaften und Vereinigungen der Arbeitgeber sowie die Bundesanstalt für Arbeit

544

Welche der genannten Organisationen bzw. Personen ist tariffähig, d.h. kann Tarifverträge abschließen?

1. Bundesanstalt für Arbeit
2. Industrie- und Handelskammer
3. Ein einzelner Arbeitgeber
4. Deutscher Gewerkschaftsbund
5. Ein einzelner Arbeitnehmer

545

Welche der genannten Organisationen bzw. Personen erfüllt die Voraussetzungen einer Tarifvertragspartei *nicht*?

1. Ein einzelner Arbeitgeber
2. Deutsche Angestelltengewerkschaft
3. Industriegewerkschaft Metall
4. Verband der Arbeitgeber der Bekleidungsindustrie
5. Ein einzelner Arbeitnehmer

546

Welche Aussage über Tarifverträge ist richtig?

1. Tarifverträge dürfen nicht gegen geltendes Recht verstoßen.
2. Tarifverträge werden immer von den Spitzenorganisationen auf Bundesebene ausgehandelt und gelten dann für das gesamte Bundesgebiet.
3. Tarifverträge müssen vom Bundesarbeitsministerium genehmigt werden.
4. Tarifverträge gelten stets für alle Arbeitgeber und Arbeitnehmer des Tarifbereichs.
5. Tarifverträge können jederzeit von beiden Vertragspartnern gekündigt werden.

547

Welche Aussage über Tarifverträge ist *falsch*?

1. Tarifverträge müssen schriftlich abgeschlossen werden.
2. Der Arbeitgeber ist verpflichtet, den für seinen Betrieb geltenden Tarifvertrag an geeigneter Stelle auszulegen.
3. Tarifverträge, die gegen geltendes Recht verstoßen, sind unwirksam.
4. Die im Tarifvertrag vereinbarten Arbeitsbedingungen müssen von allen Arbeitgebern des Wirtschaftsbereichs eingehalten werden.
5. Tarifverträge können vom Bundesminister für Arbeit für allgemeinverbindlich erklärt werden.

Arbeits- und Tarifrecht

548

Was ist nach dem Tarifvertragsgesetz *nicht* zulässig?

(1) Zahlung übertariflicher Zulagen durch den Arbeitgeber

(2) Einführung vorübergehender Kurzarbeit

(3) Verzicht der Arbeitnehmer auf einen Teil des tarifvertraglich festgelegten Urlaubs

(4) Verzicht der Arbeitnehmer auf übertarifliche Zulagen

(5) Gewährung von Urlaub über den Tarifvertrag hinaus durch den Arbeitgeber

549

Welche Vereinbarung wäre in einem Tarifvertrag *nicht* zulässig?

(1) Die Arbeitnehmer erhalten im Kalenderjahr 5 Tage Sonderurlaub für die Teilnahme an Bildungsmaßnahmen.

(2) Die im Tarifvertrag festgelegten Lohnerhöhungen dürfen nur den organisierten Arbeitnehmern gewährt werden.

(3) Die Wochenarbeitszeit der Schichtarbeiter beträgt 38 Stunden.

(4) Die Laufzeit des Tarifvertrags beträgt 24 Monate.

(5) Für Mehrarbeit wird ein Zuschlag von 25 % der regelmäßigen Vergütung gezahlt.

550

Welche Vereinbarung wäre in einem Tarifvertrag zulässig?

(1) Alle Arbeitnehmer eines Betriebs müssen Mitglied einer Gewerkschaft sein.

(2) Der gesetzliche Zusatzurlaub für Schwerbehinderte wird auf drei Tage begrenzt.

(3) Jeder Arbeitnehmer hat 2 % seines Bruttolohns in eine gemeinsame Unterstützungskasse für Langzeit-Arbeitslose zu zahlen.

(4) Den Arbeitnehmern ist jede entgeltliche Nebentätigkeit untersagt.

(5) 50 % der Überstunden werden durch Freizeit abgegolten.

551

Zwischen dem Metallarbeitgeberverband und der IG-Metall wurde ein Tarifvertrag abgeschlossen. Darf ein Arbeitgeber der Metallindustrie trotzdem untertarifliche Löhne zahlen?

(1) Ja, wenn die schlechte Auftragslage es erfordert.

(2) Ja, wenn der Betrieb seit mehr als drei Monaten kurzarbeitet.

(3) Ja, wenn das Arbeitsamt die Genehmigung dazu erteilt.

(4) Nein, jeder Arbeitgeber muß sich an den Tarifvertrag halten.

(5) Ja, wenn der Arbeitgeber dem Arbeitgeberverband nicht angehört und wenn der Tarifvertrag nicht für allgemeinverbindlich erklärt wurde.

552

Was wird *nicht* durch Tarifverträge, sondern durch Betriebsvereinbarungen geregelt?

(1) Arbeitsbeginn

(2) Lohnhöhe

(3) Arbeitsdauer

(4) Urlaubsdauer

(5) Lohngruppen

553

Was wird unter anderem in einem Lohntarifvertrag geregelt?

(1) Zeitpunkt der Lohnzahlung

(2) Beginn und Ende der Arbeitszeiten

(3) Mindesthöhe der Löhne

(4) Urlaubsdauer

(5) Beiträge zur Krankenversicherung

Aufgabenbank — Arbeits- und Tarifrecht

554

Was wird in einem Manteltarifvertrag *nicht* geregelt?

1. Kündigungsfristen
2. Ausschlußfristen für die Geltendmachung von Ansprüchen
3. Höhe der Löhne
4. Zuschlag für Mehrarbeit
5. Dauer der Arbeitszeit

555

In Rahmentarifverträgen sind häufig Lohn- und Gehaltsgruppen ausgewiesen. Was ist für die Eingruppierung eines Arbeitnehmers *ohne* Bedeutung?

1. Familienstand des Arbeitnehmers
2. Berufsausbildung des Arbeitnehmers
3. Körperliche Beanspruchung des Arbeitnehmers
4. Führungsverantwortung des Arbeitnehmers für mehrere Personen
5. Beschaffenheit des Arbeitsplatzes

556

Welche Aussage über die Allgemeinverbindlichkeitserklärung eines Tarifvertrags ist richtig?

1. Jeder Tarifvertrag muß für allgemeinverbindlich erklärt werden.
2. Zuständig für die Allgemeinverbindlichkeitserklärung ist die Bundesanstalt für Arbeit.
3. Der Tarifvertrag kann nur für allgemeinverbindlich erklärt werden, wenn beide Tarifvertragsparteien das verlangen.
4. Ein für allgemeinverbindlich erklärter Tarifvertrag kann nur von beiden Tarifvertragsparteien gemeinsam gekündigt werden.
5. Wurde ein Tarifvertrag für allgemeinverbindlich erklärt, dann gilt er auch für die Arbeitgeber des Tarifbereichs, die nicht dem Arbeitgeberverband angehören.

557

Was versteht man unter der „tariflichen Friedenspflicht"?

1. Die Pflicht der Arbeitnehmer, in wirtschaftlich schlechten Zeiten keine Lohnerhöhung zu fordern.
2. Die Pflicht der Bundesregierung, sich nicht in die Tarifverhandlungen einzumischen.
3. Die Pflicht der nicht bekämpften Arbeitgeber, keine von anderen Arbeitgebern ausgesperrten Arbeitnehmer einzustellen.
4. Die Pflicht der Tarifvertragsparteien, während der Laufzeit eines Tarifvertrags jede Kampfmaßnahme zur Änderung des Tarifvertrags zu unterlassen.
5. Die Pflicht der Bundesanstalt für Arbeit, im Arbeitskampf keine Gruppe finanziell zu unterstützen.

558

In welchem der genannten EU-Länder wurde in den vergangenen 15 Jahren am häufigsten gestreikt?

1. Großbritannien
2. Italien
3. Bundesrepublik Deutschland
4. Niederlande
5. Frankreich

559

In welchem der genannten Länder wurde in den vergangenen 15 Jahren am wenigsten gestreikt?

1. Irland
2. Frankreich
3. Griechenland
4. Großbritannien
5. Bundesrepublik Deutschland

Arbeits- und Tarifrecht **Aufgabenbank**

560

Sind die Einzelheiten der Vorbereitung und der Durchführung von Arbeitskämpfen gesetzlich geregelt?

1. Nein, es gibt keine gesetzliche Regelung
2. Ja, im Tarifvertragsgesetz
3. Ja, im Handelsgesetzbuch
4. Ja, im Bürgerlichen Gesetzbuch
5. Ja, im Grundgesetz

561

Welche Behauptung über Arbeitskampfmaßnahmen ist *falsch*?

1. Arbeitskampfmaßnahmen, die das Ziel haben, den Staat bei seinem verfassungsgemäßen Handeln unter Druck zu setzen, sind rechtswidrig.
2. Arbeitskampfmaßnahmen gegen den Inhalt eines bestehenden Tarifvertrags sind rechtswidrig.
3. Arbeitskampfmaßnahmen gegen einen einzelnen Arbeitgeber sind verboten.
4. Arbeitskampfmaßnahmen eines Betriebsrats gegen den Arbeitgeber sind unzulässig.
5. Arbeitskampfmaßnahmen sind nur zulässig, wenn sie von einer Gewerkschaft geführt werden.

562

In welchem Fall handelt es sich um eine rechtlich zulässige Arbeitskampfmaßnahme?

1. Ein Teil der Arbeitnehmer eines Betriebs legt die Arbeit nieder, um die Wiedereinstellung eines entlassenen Kollegen zu erzwingen
2. Eine Gewerkschaft führt während der Laufzeit eines Lohntarifvertrags einen Streik zur Durchsetzung höherer Löhne durch
3. Ein Betriebsrat organisiert einen Streik zur Durchsetzung höherer Ausbildungsvergütungen
4. Die Arbeitgeber antworten auf einen Schwerpunktstreik der Gewerkschaft mit der teilweisen Aussperrung von Arbeitnehmern
5. Eine Gewerkschaft organisiert einen unbefristeten Streik, um den Gesetzgeber zur Änderung der Verfassung zu zwingen

563

Welche Aussage über den Streik ist richtig?

1. Nach 10 Wochen kann der Bundesminister für Arbeit einen Streik für beendet erklären.
2. Ein Streik darf erst begonnen werden, wenn der Bundesminister für Arbeit zugestimmt hat.
3. Jedem Streik muß in jedem Fall eine Urabstimmung vorangehen.
4. Ein Streik ist nur dann rechtmäßig, wenn alle Arbeitnehmer, die an der Urabstimmung teilnehmen, dem Streikaufruf zustimmen.
5. Ein Streik ist nur dann rechtmäßig, wenn er von einer Gewerkschaft geführt wird.

564

Welche Personengruppe hat *kein* Streikrecht?

1. Angestellte
2. Beamte
3. Betriebsratsmitglieder
4. Ausländische Arbeitnehmer
5. Arbeitnehmer in Elektrizitätswerken und Krankenhäusern

565

In einem Tarifkonflikt werden einige ausgewählte, wichtige Unternehmungen bestreikt. Wie nennt man diese Arbeitskampfmaßnahme?

1. Warnstreik
2. Generalstreik
3. Spontaner Streik
4. Sympathiestreik
5. Schwerpunktstreik

Aufgabenbank — Arbeits- und Tarifrecht

566

Welche Aussage über die Urabstimmung ist richtig?

(1) Die Einzelheiten der Urabstimmung sind im Tarifvertragsgesetz geregelt.

(2) An der Urabstimmung können alle Arbeitnehmer des Tarifgebiets teilnehmen.

(3) Die Durchführung der Urabstimmung erfolgt öffentlich unter Aufsicht des Bundesarbeitsministeriums.

(4) Die Einzelheiten der Urabstimmung sind in den Satzungen der Gewerkschaften zum Teil unterschiedlich geregelt.

(5) An der Urabstimmung müssen alle Mitglieder der Gewerkschaft teilnehmen, die die Urabstimmung durchführt.

567

Die IG Metall führt im Tarifbereich Hessen eine Urabstimmung durch. Welche Personen können sich daran beteiligen?

(1) Alle in der hessischen Metallindustrie tätigen Arbeitnehmer

(2) Nur die in Hessen in der IG Metall organisierten Arbeitnehmer

(3) Alle in Hessen in einer DGB-Gewerkschaft organisierten Arbeitnehmer

(4) Alle im Bundesgebiet in der IG Metall organisierten Arbeitnehmer

(5) Nur die in der hessischen Metallindustrie tätigen Betriebsräte

568

Was dürfen Streikposten tun, ohne gegen geltendes Recht zu verstoßen?

(1) Arbeitswillige gewaltsam am Betreten des Betriebsgeländes hindern.

(2) Ein- und ausfahrende Fahrzeuge durchsuchen

(3) Arbeitswillige veranlassen, sich freiwillig am Streik zu beteiligen

(4) Zum Notdienst eingestellte Arbeitnehmer am Verlassen des Betriebsgeländes hindern

(5) Auf dem Betriebsgelände wichtige Abteilungen besetzen

569

Was dürfen die Betriebsratsmitglieder bei einem gewerkschaftlich geführten Streik *nicht* tun?

(1) Die sachlichen Mittel des Betriebsrats für den Arbeitskampf einsetzen

(2) Als Streikposten tätig werden

(3) Sich am Streik beteiligen

(4) Im Streiklokal die Streikgeldliste führen

(5) In der Gewerkschaftszentrale bei der Organisation des Streiks helfen

570

In welchem Fall handelt es sich um einen sogenannten „Wilden Streik"?

(1) Die organisierten Arbeitnehmer eines Betriebs folgen dem Aufruf des DGB und nehmen an einer öffentlichen Kundgebung teil.

(2) Die Arbeitnehmer von drei Kolbenfabriken folgen der Aufforderung der IG Metall und legen die Arbeit nieder, wodurch nach einer Woche die gesamte Automobilproduktion im Bundesgebiet still steht.

(3) Die Arbeitnehmer der Metallindustrie in Baden-Württemberg folgen der Aufforderung der IG Metall und legen für zwei Stunden die Arbeit nieder.

(4) Die in den DGB-Gewerkschaften organisierten Arbeitnehmer folgen dem Aufruf des DGB und legen im gesamten Bundesgebiet die Arbeit für einen Tag nieder.

(5) Die Arbeitnehmer einer Betriebsabteilung legen unbefristet die Arbeit nieder, um die Wiedereinstellung eines Kollegen zu erzwingen.

571

An einer *nicht* von einer Gewerkschaft getragenen Arbeitsniederlegung beteiligen sich organisierte und nichtorganisierte Arbeitnehmer einer Betriebsabteilung. Welche Aussage ist richtig?

(1) Die Gewerkschaft zahlt den organisierten Arbeitnehmern Streikgeld.

(2) Der Arbeitgeber kann alle an der Arbeitsniederlegung beteiligten Arbeitnehmer fristlos entlassen.

(3) Das Arbeitsamt zahlt den nichtorganisierten Arbeitnehmern Arbeitslosengeld.

(4) Die Gewerkschaft muß die Arbeitsniederlegung innerhalb von zwei Tagen übernehmen und ihn dadurch zum rechtlich zulässigen Streik machen.

(5) Der Arbeitgeber muß die Arbeitnehmer der nichtstreikenden Betriebsabteilungen aussperren.

Arbeits- und Tarifrecht — Aufgabenbank

572

Die Arbeitnehmer einer Abteilung eines Betriebs treten in einen „Streik", der von der Gewerkschaft *nicht* unterstützt wird. Welche Maßnahme des Arbeitgebers ist rechtlich zulässig?

(1) Fristlose Entlassung der an diesem Streik beteiligten Arbeitnehmer

(2) Sofortige Aussperrung aller Arbeitnehmer des Betriebs

(3) Sofortige Halbierung der Löhne und Gehälter der Streikenden

(4) Sofortige Streichung der übertariflichen Zahlungen an alle Arbeitnehmer des Betriebs

(5) Auflösung des Betriebsrats

573

Welches Recht steht den Beamten *nicht* zu?

(1) Recht, Gehaltserhöhung zu fordern

(2) Recht auf Krankenversorgung

(3) Recht auf Arbeitsniederlegung (Streik)

(4) Recht auf Altersversorgung

(5) Recht auf Mitbestimmung in sozialen Angelegenheiten

574

Welche Behauptung über die Arbeitskampfmaßnahme „Aussperrung" ist richtig?

(1) Die Aussperrung ist nach dem Grundgesetz verboten.

(2) Die Aussperrung kann nur von einem Arbeitgeberverband, jedoch nicht von einem einzelnen Arbeitgeber ausgerufen werden.

(3) Die Aussperrung sämtlicher Arbeitnehmer des Tarifgebiets ist bei einem begrenzten Teilstreik unzulässig.

(4) Die Aussperrung von werdenden Müttern und Schwerbehinderten ist verboten.

(5) Die Aussperrung bedeutet gleichzeitig eine Kündigung für den Arbeitnehmer.

575

Welche Aussage zur Aussperrung ist *falsch*?

(1) Die Aussperrung führt stets zur Beendigung des Arbeitsverhältnisses.

(2) Die Aussperrung muß als Mittel des Arbeitskampfs verhältnismäßig sein.

(3) Während der Zeit der Aussperrung ruht die Arbeits- und Lohnzahlungspflicht.

(4) Die Aussperrung ist von der Rechtssprechung als rechtmäßiges Mittel des Arbeitskampfs anerkannt.

(5) Die Aussperrung kann auch gegenüber Arbeitnehmern erklärt werden, die sich am Streik nicht beteiligen.

576

Was darf ein Arbeitgeber als Gegenmaßnahme auf einen Streik *nicht* tun?

(1) Betriebsratsmitglieder, werdende Mütter und Schwerbehinderte aussperren

(2) Nur die in einer bestimmten Gewerkschaft organisierten Arbeitnehmer aussperren

(3) Nur die Arbeiter aussperren; die Angestellten jedoch weiterbeschäftigen

(4) Nur die Arbeitnehmer eines bestimmten Betriebsteils aussperren

(5) Einzelne Arbeitnehmer mit Notarbeiten beschäftigen

577

In der Metallindustrie findet ein Arbeitskampf mit Streik und Aussperrung statt. Welche Aussage über die Zahlung von Lohn bzw. Unterstützungsgeld ist richtig?

(1) Die ausgesperrten, jedoch arbeitswilligen Arbeitnehmer erhalten von ihrem Arbeitgeber 50 % ihrer Vergütung.

(2) Die in der IG Metall organisierten und streikenden Arbeitnehmer erhalten von der Gewerkschaft ein Streikgeld.

(3) Die ausgesperrten, nichtorganisierten Arbeitnehmer erhalten Arbeitslosengeld.

(4) Alle organisierten Arbeitnehmer erhalten von der IG Metall ein Streikgeld, unabhängig davon, welcher Gewerkschaft sie angehören.

(5) Alle Arbeitnehmer erhalten vom Arbeitsamt Kurzarbeitergeld, unabhängig davon, ob sie streiken oder ausgesperrt sind.

Aufgabenbank | **Betriebliche Mitbestimmung**

578

In welchem Gesetz ist die betriebliche Mitbestimmung der Arbeitnehmer geregelt?

(1) Arbeitsförderungsgesetz
(2) Betriebsverfassungsgesetz
(3) Grundgesetz
(4) Tarifvertragsgesetz
(5) Bürgerliches Gesetzbuch

579

Welche Aussage über den Geltungsbereich des Betriebsverfassungsgesetzes ist richtig?

(1) Das BVG gilt für alle erwerbswirtschaftlich betriebenen Betriebe.
(2) Das BVG gilt auch für Betriebe im Ausland, wenn sie im Besitz von Deutschen sind.
(3) Das BVG gilt auch für Kleinbetriebe, die weniger als 5 wahlberechtigte Arbeitnehmer beschäftigen.
(4) Das BVG gilt auch für die Verwaltungen der Bundesländer und der Gemeinden.
(5) Das BVG gilt auch für inländische Betriebe, die im Besitz von Ausländern sind.

580

In welchem Beschäftigungsbereich gilt das Betriebsverfassungsgesetz?

(1) Montagewerk der Daimler-Benz AG in Brasilien
(2) Bibliothek der Universität Erlangen
(3) Bauingenieurbüro mit 4 Arbeitnehmern in Dortmund
(4) Generalvertretung und Reparaturwerk der japanischen Firma Honda in Düsseldorf
(5) Städtische Berufsschule Stuttgart

581

Welche Aussage über das Betriebsverfassungsgesetz (BetrVG) ist richtig?

(1) Das BetrVG enthält Grundsätze für den Arbeitskampf der Tarifvertragsparteien.
(2) Das BetrVG regelt die Zusammenarbeit zwischen Arbeitgeber und Belegschaft im Betrieb.
(3) Das BetrVG regelt die Mitwirkung der Arbeitnehmer in den Vorständen der Unternehmungen.
(4) Das BetrVG enthält Grundsätze für die betriebliche Altersversorgung.
(5) Das BetrVG regelt den Schutz besonderer Personengruppen, wie Schwerbehinderte, vor dem Verlust des Arbeitsplatzes.

582

Was ist im Betriebsverfassungsgesetz *nicht* geregelt?

(1) Erlaß von Unfallverhütungsvorschriften
(2) Recht zur Durchführung von Betriebsversammlungen
(3) Mitbestimmungsrechte des Betriebsrats
(4) Aufgaben der Jugend- und Auszubildendenvertretung
(5) Zusammensetzung des Betriebsrats

583

Welche der genannten Fragen wird im Betriebsverfassungsgesetz beantwortet?

(1) Wer ist zum Abschluß eines Tarifvertrags berechtigt?
(2) Unter welchen Voraussetzungen darf während eines Arbeitskampfs ein Arbeitgeber Arbeitnehmer aussperren?
(3) Wer vertritt die Interessen der Arbeitnehmer im Betrieb?
(4) Welche Fragen muß ein Arbeitnehmer beim Einstellungsgespräch wahrheitsgemäß beantworten?
(5) Mit welchen Arbeiten dürfen Jugendliche im Betrieb nicht beschäftigt werden?

Betriebliche Mitbestimmung   **Aufgabenbank**

584

Welche wesentliche Voraussetzung muß in einem Betrieb erfüllt sein, damit die im Betriebsverfassungsgesetz dem Betriebsrat eingeräumten Mitwirkungs- und Mitbestimmungsrechte bei Einstellungen und Umgruppierungen gelten?

(1) Im Betrieb muß mindestens eine Gewerkschaft durch einen Vertrauensmann vertreten sein.

(2) Der Betrieb muß als Kapitalgesellschaft geführt werden.

(3) Der Betrieb muß im Besitz eines deutschen Staatsbürgers sein.

(4) Der Betrieb muß dem Arbeitgeberverband angehören.

(5) Im Betrieb müssen mehr als 20 wahlberechtigte Arbeitnehmer beschäftigt werden.

585

Welches Recht haben nach dem Betriebsverfassungsgesetz unter anderem die im Betrieb vertretenen Gewerkschaften?

(1) Sie dürfen an allen Sitzungen des Betriebsrats und der Jugend- und Auszubildendenvertretung teilnehmen.

(2) Sie dürfen die Betriebseinrichtungen auf Einhaltung der Arbeitsschutzbestimmungen kontrollieren.

(3) Sie dürfen an den Betriebsversammlungen teilnehmen.

(4) Sie dürfen die Lohn- und Gehaltslisten einsehen.

(5) Sie dürfen die Personalakten der Arbeitnehmer einsehen.

586

Welche der genannten Personen gehört *nicht* zu den Arbeitnehmern im Sinn des Betriebsverfassungsgesetzes?

(1) Angestellte, die nur halbtags tätig ist

(2) Arbeiter, der ständig auf Montage tätig ist

(3) Geschäftsführer einer GmbH

(4) Mitglied des Betriebsrats, das von der Arbeit freigestellt ist

(5) Auszubildender

587

Wer vertritt nach dem Betriebsverfassungsgesetz die Arbeitnehmer innerhalb eines Betriebs?

(1) Die für den Betrieb zuständige Einzelgewerkschaft

(2) Der Betriebsrat

(3) Die Gewerkschaften, denen die im Betrieb beschäftigten Arbeitnehmer angehören.

(4) Der Deutsche Gewerkschaftsbund (DGB) und die Deutsche Angestellten-Gewerkschaft (DAG) gemeinsam

(5) Der Deutsche Gewerkschaftsbund (DGB)

588

Welche der genannten Personengruppen wird *nicht* vom Betriebsrat vertreten?

(1) Ausländische Arbeitnehmer

(2) Außertariflich bezahlte Angestellte

(3) Leitende Angestellte

(4) Auszubildende und Praktikanten

(5) Vom Betrieb beschäftigte Heimarbeiter

589

Welche Aussage über die im Betrieb beschäftigten „Leitenden Angestellten" ist richtig?

(1) Ihre Interessen gegenüber dem Arbeitgeber werden vom Betriebsrat vertreten.

(2) Sie dürfen keiner Gewerkschaft oder politischen Partei angehören.

(3) Sie dürfen einen Vertrauensmann wählen, der dann Mitglied des Betriebsrats ist.

(4) Sie können an der Wahl des Betriebsrats teilnehmen.

(5) Sie können zur Vertretung ihrer Interessen gegenüber dem Arbeitgeber einen Sprecherausschuß wählen.

Aufgabenbank **Betriebliche Mitbestimmung**

590

Für welche Betriebe sieht das Betriebsverfassungsgesetz die Wahl eines Betriebsrats vor?

Für Betriebe

1. in denen mindestens 5 ständige wahlberechtigte Arbeitnehmer, von denen drei wählbar sind, beschäftigt werden.
2. in denen mehr als zwei Arbeitnehmer beschäftigt werden.
3. in denen mindestens vier wahlberechtigte Arbeitnehmer, von denen zwei wählbar sind, beschäftigt werden.
4. mit einem Jahresumsatz von mehr als 100 000 DM, unabhängig von der Anzahl der Arbeitnehmer.
5. in denen mindestens vier ständige Arbeitnehmer beschäftigt werden und der Jahresumsatz mehr als 200 000 DM beträgt.

591

In welchem Fall können die Arbeitnehmer eines Industriebetriebs auf die Wahl eines Betriebsrats bzw. eines Betriebsobmannes bestehen?

1. Wenn in diesem Betrieb mindestens 3 ständige wahlberechtigte Arbeitnehmer, die auch wählbar sind, beschäftigt werden.
2. Nur dann, wenn in dem Betrieb mehr als 10 ständige wahlberechtigte Arbeitnehmer, von denen 5 wählbar sind, beschäftigt werden.
3. Nur dann, wenn mehr als 50 wählbare Arbeitnehmer beschäftigt werden.
4. Nur dann, wenn mehr als 20 ständige wahlberechtigte Arbeitnehmer beschäftigt werden.
5. Wenn mindestens 5 ständige wahlberechtigte Arbeitnehmer, von denen drei wählbar sind, beschäftigt werden.

592

Welche Aussage über die Wahl des Betriebsrats ist richtig?

1. Der Arbeitgeber kann bestimmten Arbeitnehmern untersagen, für den Betriebsrat zu kandidieren.
2. Der Arbeitgeber kann bei der Einstellung eines Arbeitnehmers verlangen, daß er nicht für den Betriebsrat kandidieren wird.
3. Die Kosten der Wahl des Betriebsrats trägt der Arbeitgeber.
4. Durch die Betriebsratswahl verlorengegangene Arbeitszeit wird nicht vergütet.
5. Der Arbeitgeber ist verpflichtet, den Arbeitnehmer auf die möglichen Nachteile hinzuweisen, die ihm durch die Wahl zum Betriebsrat entstehen können.

593

Welche Aussage über die Betriebsratswahl ist richtig?

1. In den Betriebsrat können nur Arbeitnehmer gewählt werden, die dem Betrieb mindestens 1 Jahr angehören.
2. Hat man das 16. Lebensjahr vollendet, so kann man an dieser Wahl teilnehmen.
3. An der Betriebsratswahl können ausländische Arbeitnehmer teilnehmen.
4. In den Betriebsrat dürfen nur deutsche Arbeitnehmer gewählt werden.
5. In den Betriebsrat kann nur gewählt werden, wer Mitglied einer Gewerkschaft ist.

594

Wer ist bei der Wahl des Betriebsrats wahlberechtigt?

1. Alle Arbeitnehmer, die das 16. Lebensjahr vollendet haben, unabhängig von der Beschäftigungsdauer.
2. Alle Arbeitnehmer, die das 18. Lebensjahr vollendet haben, unabhängig von der Beschäftigungsdauer.
3. Nur die Arbeitnehmer, die das 21. Lebensjahr vollendet haben.
4. Alle Arbeitnehmer, die das 18. Lebensjahr vollendet haben und mindestens 6 Monate im Betrieb sind.
5. Alle Arbeitnehmer, die das 16. Lebensjahr vollendet haben und mindestens 1 Jahr im Betrieb tätig sind.

595

In einem Betrieb, der zwei Jahre besteht, soll ein Betriebsrat gewählt werden. Wer kann in den Betriebsrat gewählt werden?

1. Nur die Wahlberechtigten, die dem Betrieb 6 Monate angehören.
2. Nur die Wahlberechtigten, die einer Gewerkschaft angehören.
3. Nur die Wahlberechtigten, die die deutsche Staatsangehörigkeit besitzen.
4. Nur die Wahlberechtigten, die das 21. Lebensjahr vollendet haben.
5. Nur die Wahlberechtigten, die das 24. Lebensjahr vollendet haben.

Betriebliche Mitbestimmung **Aufgabenbank**

596

Welcher Arbeitnehmer kann *nicht* in den Betriebsrat gewählt werden?

(1) Arbeitnehmer, der keiner Gewerkschaft angehört.

(2) Arbeitnehmer, der Ausländer ist.

(3) Arbeitnehmer, gegen den die im Betrieb vertretenen Gewerkschaften Einspruch erheben.

(4) Arbeitnehmer, gegen dessen Aufstellung zur Wahl der Arbeitgeber Einspruch erhebt.

(5) Arbeitnehmer, der infolge strafrechtlicher Verurteilung die Fähigkeit verloren hat, Rechte aus öffentlichen Wahlen zu erlangen.

597

Nach dem Betriebsverfassungsgesetz wird der Betriebsrat in geheimer und unmittelbarer Wahl gewählt. Was bedeutet dabei „unmittelbare Wahl"?

(1) Der Wahlberechtigte muß seinen Wahlschein seinem Kandidaten persönlich übergeben.

(2) Der Wahlberechtigte muß den Namen des Arbeitnehmers, den er wählen möchte, auf den Wahlschein schreiben.

(3) Der Wahlberechtigte kann sich bei der Wahl durch einen anderen Arbeitnehmer vertreten lassen.

(4) Der Betriebsrat wird direkt von den im Betrieb vertretenen Gewerkschaften gewählt.

(5) Der Wahlberechtigte muß seine Stimme persönlich abgeben.

598

Wonach richtet sich die Anzahl der Betriebsratsmitglieder?

(1) Nach dem Bruttoumsatz des Betriebs

(2) Nach der Zahl der wahlberechtigten Arbeitnehmer im Betrieb

(3) Nach der Zahl der im Betrieb vertretenen Gewerkschaften

(4) Nach der Zahl der organisierten Arbeitnehmer im Betrieb.

(5) Nach der Betriebsart

599

Wie lange dauert die regelmäßige Amtszeit des Betriebsrats?

(1) 2 Jahre

(2) 3 Jahre

(3) 4 Jahre

(4) 5 Jahre

(5) 6 Jahre

600

Welche Behauptung über die Möglichkeiten, eine Betriebsratswahl anzufechten, ist richtig?

(1) Die Wahl kann von jedem einzelnen Arbeitnehmer beim Arbeitsgericht angefochten werden.

(2) Die Wahl kann nur vom Arbeitgeber oder einer Gewerkschaft angefochten werden.

(3) Die Wahl kann nur innerhalb einer Frist von zwei Monaten nach Bekanntgabe des Wahlergebnisses angefochten werden.

(4) Die Wahl kann von drei Wahlberechtigten zusammen oder vom Arbeitgeber oder von einer im Betrieb vertretenen Gewerkschaft angefochten werden.

(5) Die Wahl kann nur von deutschen Arbeitnehmern angefochten werden.

601

Welche Aussage über die Tätigkeit der Betriebsratsmitglieder ist *falsch*?

(1) Für die Zeit, die für die Betriebsratstätigkeit aufgewendet wird, braucht der Arbeitgeber kein Arbeitsentgelt zu bezahlen.

(2) Die Mitglieder des Betriebsrats führen ihr Amt als Ehrenamt aus.

(3) Zum Ausgleich für Betriebsratstätigkeit außerhalb der Arbeitszeit können Betriebsratsmitglieder entsprechende Arbeitsbefreiungen beanspruchen.

(4) Mitglieder des Betriebsrats müssen von ihrer beruflichen Tätigkeit befreit werden, soweit es zur Erfüllung ihrer Aufgaben notwendig ist.

(5) Betriebsratsmitglieder müssen für Schulungsveranstaltungen, die für die Arbeit des Betriebsrats erforderliche sind, freigestellt werden.

Aufgabenbank | **Betriebliche Mitbestimmung**

602

Welche Aussage über den Vorsitzenden des Betriebsrats ist richtig?

(1) Den Vorsitzenden des Betriebsrats wählt der Betriebsrat aus seiner Mitte.

(2) Der Betriebsratsvorsitzende muß der größeren der beiden Gruppen angehören, wenn Arbeiter und Angestellte im Betrieb tätig sind.

(3) Zum Betriebsratsvorsitzenden kann vom Betriebsrat auch ein Arbeitnehmer gewählt werden, der nicht dem Betriebsrat angehört.

(4) Sind Arbeiter und Angestellte im Betrieb tätig, wird für jede Gruppe ein Betriebsratsvorsitzender gewählt.

(5) Vorsitzender des Betriebsrats ist derjenige, der bei der Betriebsratswahl die meisten Stimmen erhalten hat.

603

Welche Aussage über die Pflichten des Vorsitzenden des Betriebsrats ist *falsch*?

(1) Er führt die laufenden Geschäfte des Betriebsrats.

(2) Er vertritt den Betriebsrat im Rahmen seiner Beschlüsse.

(3) Er haftet für alle Handlungen des Betriebsrats, die den Arbeitgeber schädigen.

(4) Er leitet die Betriebsversammlung.

(5) Er leitet die Betriebsratssitzungen.

604

Wer hat die Kosten zu übernehmen, die dem Betriebsrat bei seiner Tätigkeit entstehen?

(1) Das Arbeitsamt

(2) Die Landesregierung

(3) Die Gewerkschaft

(4) Der Arbeitgeber

(5) Der Arbeitgeber und die Gewerkschaft je zur Hälfte.

605

Welche Aussage über die Betriebsratssitzungen ist richtig?

(1) Die Beauftragten einer im Betriebsrat vertretenen Gewerkschaft sind stimmberechtigt.

(2) Ein Vertreter der Jugend- und Auszubildendenvertretung kann an allen Betriebsratssitzungen teilnehmen.

(3) Der Betriebsrat ist beschlußfähig, wenn ein Drittel der Betriebsratsmitglieder anwesend ist.

(4) Der Arbeitgeber oder ein Vertreter des Arbeitgebers kann an allen Betriebsratssitzungen teilnehmen.

(5) Der Betriebsrat kann beschließen, daß die Betriebsratssitzungen öffentlich durchgeführt werden.

606

Welche Aussage über die Betriebsratssitzungen ist richtig?

(1) Der Arbeitgeber braucht über stattfindende Betriebsratssitzungen nicht unterrichtet zu werden.

(2) Die Sitzungen des Betriebsrats beruft der Betriebsratsvorsitzende ein.

(3) Betriebsratssitzungen müssen in der Regel außerhalb der Arbeitszeit durchgeführt werden.

(4) Der Arbeitgeber muß an den Betriebsratssitzungen teilnehmen.

(5) Die Sitzungen des Betriebsrats sind öffentlich.

607

Wie werden die Beschlüsse des Betriebsrats gefaßt?

(1) Mit der Mehrheit der Stimmen der anwesenden Mitglieder. Bei Stimmengleichheit ist der Antrag abgelehnt.

(2) Mit der Mehrheit der Stimmen der anwesenden Mitglieder. Bei Stimmengleichheit ist die Stimme des Betriebsratsvorsitzenden maßgebend.

(3) Nur durch Einstimmigkeit.

(4) Mit der absoluten Mehrheit. Bei Stimmengleichheit ist der Antrag abgelehnt.

(5) Mit der absoluten Mehrheit. Bei Stimmengleichheit entscheidet die Stimme des Betriebsratsvorsitzenden.

Betriebliche Mitbestimmung **Aufgabenbank**

608

Welche der folgenden Aussagen über die Sprechstunden des Betriebsrats ist richtig?

(1) Die Durchführung von Sprechstunden ist im Betrieb nur dann zulässig, wenn dem der Arbeitgeber zustimmt.

(2) Versäumnis von Arbeitszeit wegen des Besuchs von Sprechstunden darf der Arbeitgeber nicht zum Anlaß nehmen, das Arbeitsentgelt zu mindern.

(3) Der Jugend- und Auszubildendenvertretung ist es nicht gestattet, eigene Sprechstunden durchzuführen.

(4) Zeit und Ort der Sprechstunden bestimmt allein der Betriebsrat.

(5) Die Sprechstunden des Betriebsrats müssen außerhalb der Arbeitszeit durchgeführt werden.

609

Das Arbeitsgericht kann ein Mitglied des Betriebsrats auf Antrag aus dem Betriebsrat ausschließen. Wer kann den Antrag *nicht* stellen?

(1) Der Arbeitgeber

(2) Der Betriebsrat

(3) Ein Viertel der wahlberechtigten Arbeitnehmer

(4) Die Jugend- und Auszubildendenvertretung

(5) Eine im Betrieb vertretene Gewerkschaft

610

In welchem Fall verstößt Herr Müller *nicht* gegen seine gesetzlichen Pflichten als Betriebsratsmitglied?

(1) Er kopiert Lohn- und Gehaltslisten und gibt die Kopien an seine Gewerkschaft weiter.

(2) Er versäumt ständig die Betriebsratssitzungen.

(3) Er verteilt regelmäßig Kopien der Niederschrift über die Betriebsratssitzung an Außenstehende.

(4) Er macht ständig Überstunden.

(5) Er fordert die Arbeitnehmer einer Betriebsabteilung zur Arbeitsniederlegung auf, um die Rücknahme der fristlosen Kündigung eines Arbeitnehmers zu erreichen.

611

Ein Betriebsrat verletzt in grober Weise seine gesetzlichen Pflichten, z.B. beruft er keine Betriebsversammlungen ein, kümmert sich nicht um die Einhaltung der Unfallverhütungsbestimmungen und arbeitet zum Nachteil der Arbeitnehmer mit dem Arbeitgeber zusammen. Was können die Arbeitnehmer nach dem Betriebsverfassungsgesetz dagegen tun?

(1) Sie können den Betriebsrat absetzen.

(2) Mindestens ein Drittel der Arbeitnehmer kann die Absetzung bei der Gewerkschaft beantragen.

(3) Sie können den Arbeitgeber auffordern, den Betriebsrat abzusetzen.

(4) Sie können solange streiken, bis der Betriebsrat abtritt

(5) Mindestens ein Viertel der Arbeitnehmer kann beim Arbeitsgericht die Absetzung des Betriebsrats beantragen.

612

Welche der folgenden Behauptungen über den Gesamtbetriebsrat einer Unternehmung ist richtig?

(1) Der Gesamtbetriebsrat regelt die Angelegenheiten, die von den Betriebsräten in den einzelnen Betrieben nicht geregelt werden können.

(2) Der Gesamtbetriebsrat ist für alle Angelegenheiten in den einzelnen Betrieben zuständig.

(3) Der Gesamtbetriebsrat wird alle vier Jahre von der Gesamtbelegschaft direkt gewählt.

(4) Der Gesamtbetriebsrat ist den einzelnen Betriebsräten gegenüber weisungsberechtigt.

(5) Die Mitglieder des Gesamtbetriebsrats gehören bei Aktiengesellschaften stets dem Aufsichtsrat an.

613

Was ist nach dem Betriebsverfassungsgesetz eine Betriebsversammlung?

(1) Eine vom Arbeitgeber angesetzte Versammlung der Arbeitnehmer eines Betriebs

(2) Eine Sitzung des Betriebsrats

(3) Eine vom Betriebsrat angesetzte Versammlung der Arbeitnehmer eines Betriebs

(4) Eine gemeinsame Sitzung des Betriebsrats und der Jugend- und Auszubildendenvertretung

(5) Eine Zusammenkunft der Inhaber (Aktionäre) eines Betriebs

Aufgabenbank — **Betriebliche Mitbestimmung**

614

Welche Aussage über die Betriebsversammlung ist richtig?

(1) Der Arbeitgeber beruft die Betriebsversammlung nach Bedarf ein.

(2) An einer Betriebsversammlung dürfen nur Gewerkschaftsmitglieder teilnehmen.

(3) Statt Betriebsversammlungen können auch regelmäßig Betriebsausflüge durchgeführt werden.

(4) Der Betriebsrat hat in jedem Kalendervierteljahr in einer Betriebsversammlung einen Tätigkeitsbericht zu erstatten.

(5) Betriebsversammlungen sind stets öffentliche Versammlungen.

615

Welche Aussage über die Betriebsversammlung ist richtig?

Die Betriebsversammlung

(1) wählt den Vorsitzenden des Betriebsrats.

(2) wird vom Arbeitgeber geleitet.

(3) findet während der Arbeitszeit statt.

(4) darf vom Betriebsrat nur einmal in jedem Kalenderjahr einberufen werden.

(5) ist von der zuständigen Gewerkschaft vorzubereiten.

616

Welchem Zweck dient die nach dem Betriebsverfassungsgesetz durchzuführende Betriebsversammlung *nicht*?

(1) Unterrichtung der Belegschaft über die Arbeit des Betriebsrats

(2) Genehmigung der Beschlüsse des Betriebsrats durch die Belegschaft

(3) Unterrichtung der Belegschaft durch den Arbeitgeber über die wirtschaftliche Lage und Entwicklung des Betriebs

(4) Erläuterung von Betriebsvereinbarungen durch den Betriebsrat

(5) Aussprache zwischen Belegschaft und Betriebsrat über Beschlüsse des Betriebsrats

617

Welche Aussage über die Mitwirkung der Gewerkschaft an den Betriebsversammlungen entspricht dem Betriebsverfassungsgesetz?

(1) Gewerkschaftsvertreter dürfen nur an der Versammlung teilnehmen, wenn diese außerhalb des Betriebs durchgeführt wird.

(2) Der Beauftragte der Gewerkschaft kann an der Betriebsversammlung nur teilnehmen, wenn der Arbeitgeber damit einverstanden ist.

(3) Ist die Gewerkschaft im Betrieb vertreten, dann hat sie das Recht, Beauftragte zu entsenden.

(4) Der Beauftragte der Gewerkschaft ist in der Betriebsversammlung stimmberechtigt.

(5) Nimmt der Arbeitgeber an der Betriebsversammlung teil, so kann auch die Gewerkschaft einen Beauftragten entsenden.

618

Vor der Bundestagswahl fordert in einer Betriebsversammlung der Vorsitzende des Betriebsrats die Arbeitnehmer auf, eine bestimmte politische Partei zu wählen. Darf er das tun?

(1) Ja, wenn der Arbeitgeber damit einverstanden ist.

(2) Ja, aber nur wenn diese Partei die Interessen der Arbeitnehmer vertritt.

(3) Nein, da er sich genauso wie der Arbeitgeber in der Betriebsversammlung einer parteipolitischen Betätigung enthalten muß.

(4) Nein, da dieses Recht dem Arbeitgeber zusteht.

(5) Ja, wenn die Mehrheit der Arbeitnehmer mit dieser parteipolitischen Werbung einverstanden ist.

619

Welche Behauptung über die Betriebsvereinbarung ist richtig?

(1) Sie enthält Vereinbarungen über Lohn- und Gehaltstarife und gilt für alle Betriebe einer bestimmten Branche.

(2) Sie wird zwischen dem Arbeitgeber und dem Betriebsrat abgeschlossen.

(3) Sie wird abgeschlossen zwischen dem Betriebsrat und der Jugend- und Auszubildendenvertretung und regelt deren Zusammenarbeit.

(4) Sie ist eine Vereinbarung zwischen dem Arbeitgeberverband und der Gewerkschaft über Arbeitszeiten, Urlaub usw.

(5) Sie wird immer mündlich abgeschlossen.

Betriebliche Mitbestimmung **Aufgabenbank**

620

Welche Aussage über die Betriebsvereinbarung ist richtig?

(1) Sie wird immer zwischen einer Gewerkschaft und dem Arbeitgeber abgeschlossen.

(2) Sie kann mündlich oder schriftlich abgeschlossen werden.

(3) Sie gilt nur für die deutschen Arbeitnehmer eines Betriebs.

(4) Sie darf gegen gesetzliche Bestimmungen nicht verstoßen.

(5) Sie gilt nur für die gewerkschaftlich organisierten Arbeitnehmer eines Betriebs.

621

Für welchen Personenkreis gelten Betriebsvereinbarungen?

(1) Nur für die leitenden Angestellten des Betriebs

(2) Für alle im Betrieb beschäftigten Arbeitnehmer

(3) Nur für die im Betrieb beschäftigten deutschen Arbeitnehmer

(4) Nur für die im Betrieb beschäftigten organisierten Arbeitnehmer

(5) Nur für die nicht gewerkschaftlich organisierten Arbeitnehmer

622

Was wird in Betriebsvereinbarungen geregelt?

(1) Angelegenheiten, die nur die gewerkschaftlich organisierten Arbeitnehmer des Betriebs betreffen

(2) Auf den Betrieb bezogene Fragen, die nicht in Tarifverträgen geregelt sind bzw. nicht geregelt werden können

(3) Angelegenheiten, die nur die nicht organisierten Arbeitnehmer des Betriebs betreffen

(4) Höhe der Facharbeiterlöhne für bestimmte Berufsgruppen

(5) Fragen, die die leitenden Angestellten des Betriebs betreffen, z.B. Gehälter dieser Personen

623

Welche der genannten Fragen wird *nicht* in einer Betriebsvereinbarung geregelt?

(1) Betriebliche Ordnungs- und Sicherheitsvorschriften (Betriebsordnung)

(2) Verwaltung der Betriebskantine

(3) Fahrgeldzuschuß für die Arbeitnehmer

(4) Festsetzung von Akkordsätzen

(5) Finanzierung neuer Betriebseinrichtungen

624

Welche der genannten Vereinbarungen wäre in einer Betriebsvereinbarung rechtlich zulässig?

(1) Die Arbeitnehmer sind zur Teilnahme an Betriebsfeiern und -ausflügen verpflichtet.

(2) Die Arbeitnehmer haben 10 % ihres Urlaubsgelds an die Aktion „Brot für die Welt" zu überweisen.

(3) Die Arbeitnehmer verzichten auf das Recht der fristlosen Kündigung.

(4) Arbeitnehmer, die mehr als 10 Jahre im Betrieb tätig sind, erhalten im Kalenderjahr einen Tag Zusatzurlaub.

(5) Bei Erkrankung des Arbeitnehmers werden die ersten drei Tage als Urlaubstage angerechnet.

625

Welche der genannten Vereinbarungen wäre in einer Betriebsvereinbarung rechtlich zulässig?

(1) Den Arbeitnehmern ist jegliche Nebentätigkeit untersagt.

(2) Alle Arbeitnehmer erhalten ein 13. Monatsgehalt.

(3) Arbeitnehmer werden verpflichtet, zeitlich unbegrenzt täglich eine Überstunde zu leisten.

(4) Die Arbeitnehmer haben 1 % ihres Arbeitsentgelts an eine Unterstützungskasse für Arbeitslose zu zahlen.

(5) Die ersten drei Tage einer Arbeitsunfähigkeit werden auf den Erholungsurlaub angerechnet.

Aufgabenbank

Betriebliche Mitbestimmung

626

Welches Gesetz enthält Regelungen über die Wahl einer betrieblichen Jugend- und Auszubildendenvertretung?

1. Jugendarbeitsschutzgesetz
2. Betriebsverfassungsgesetz
3. Berufsbildungsgesetz
4. Tarifvertragsgesetz
5. Mitbestimmungsgesetz

627

Das Betriebsverfassungsgesetz sieht für bestimmte Betriebe die Wahl einer Jugend- und Auszubildendenvertretung vor. Welche Voraussetzung muß in einem derartigen Betrieb gegeben sein?

1. Der Betrieb muß zu den Kapitalgesellschaften gehören, also eine GmbH oder eine AG sein.
2. Es müssen mindestens 25 Arbeitnehmer, die das 24. Lebensjahr noch nicht vollendet haben, beschäftigt sein.
3. In dem Betrieb müssen mindestens 2000 Arbeitnehmer, davon 25 Jugendliche, beschäftigt sein.
4. Der Betrieb muß einen Jahresumsatz von mindestens 5 Millionen DM haben und mindestens drei Jugendliche ausbilden.
5. Es müssen mindestens 5 Arbeitnehmer, die das 18. Lebensjahr noch nicht vollendet haben, beschäftigt sein oder die zu ihrer Berufsausbildung beschäftigt sind und das 25. Lebensjahr noch nicht vollendet haben.

628

In welchem der genannten Betriebe können die Jugendlichen und Auszubildenden die Wahl einer Jugend- und Auszubildendenvertretung verlangen?

1. Betrieb C beschäftigt zwei jugendliche Arbeitnehmer und bildet einen Auszubildenden aus.
2. Betrieb B beschäftigt einen jugendlichen Arbeitnehmer, bildet jedoch zwei Auszubildende im Alter zwischen 17 und 19 Jahre aus.
3. Betrieb A beschäftigt 5 Jungarbeiter, die zwischen 16 und 17 Jahre alt sind.
4. Betrieb D beschäftigt zwei Arbeitnehmer im Alter von 19 Jahren und bildet zwei Auszubildende aus.
5. Betrieb E beschäftigt keinen jugendlichen Arbeitnehmer und bildet vier Auszubildende aus. (Alter der Auszubildenden: 2 à 17 Jahre, 2 à 18 Jahre).

629

In welchem der genannten Betriebe können die Jugendlichen die Wahl eines Jugend- und Auszubildendenvertreters *nicht* verlangen?

1. Betrieb A beschäftigt 5 Jungarbeiter, die zwischen 16 und 17 Jahre alt sind.
2. Betrieb D beschäftigt zwei Arbeiter im Alter von 19 Jahren und bildet drei Auszubildende aus.
3. Betrieb C beschäftigt zwei jugendliche Arbeiter und bildet drei Auszubildende im Alter unter 25 Jahre aus.
4. Betrieb B beschäftigt keine jugendlichen Arbeitnehmer, bildet jedoch fünf Auszubildende im Alter zwischen 17 und 19 Jahre aus.
5. Betrieb E beschäftigt einen jugendlichen Arbeiter und bildet sechs Auszubildende aus. (Alter der Auszubildenden: 2 à 17 Jahre, 4 à 18 Jahre).

630

Welche Personen dürfen die Jugend- und Auszubildendenvertretung wählen?

1. Alle Arbeitnehmer des Betriebs, die das 25. Lebensjahr noch nicht vollendet haben und dem Betrieb mindestens 6 Monate angehören
2. Nur die jugendlichen Arbeitnehmer, die dem Betrieb mindestens 6 Monate angehören
3. Alle Arbeitnehmer des Betriebs, die das 25. Lebensjahr noch nicht vollendet haben
4. Alle jugendlichen Arbeitnehmer des Betriebs sowie die Auszubildenden, die das 25. Lebensjahr noch nicht vollendet haben.
5. Alle Arbeitnehmer, die dem Betrieb mindestens 6 Monate angehören

631

Welche der genannten Personen ist bei der Wahl der Jugend- und Auszubildendenvertretung stimmberechtigt?

1. Auszubildender, über 26 Jahre alt
2. Facharbeiter, 21 Jahre alt, seit sechs Monaten im Betrieb beschäftigt
3. Betriebsratsmitglied, 21 Jahre alt
4. Jungarbeiter, 17 Jahre alt, seit drei Monaten im Betrieb beschäftigt
5. Praktikant, 26 Jahre alt

Betriebliche Mitbestimmung **Aufgabenbank**

632

Wer kann für die Wahl der Jugend- und Auszubildendenvertretung kandidieren?

(1) Nur die gewerkschaftlich organisierten Arbeitnehmer des Betriebs

(2) Nur die Arbeitnehmer, die das 18. Lebensjahr noch nicht vollendet haben

(3) Nur die Arbeitnehmer, die das 21. Lebensjahr noch nicht vollendet haben

(4) Nur die Arbeitnehmer, die das 25. Lebensjahr noch nicht vollendet haben

(5) Nur die Arbeitnehmer, die das 30. Lebensjahr noch nicht vollendet haben.

633

Welcher der genannten Arbeitnehmer kann *nicht* in die Jugend- und Auszubildendenvertretung gewählt werden?

(1) Vorarbeiter, 23 Jahre alt

(2) Umschüler, 23 Jahre alt

(3) Auszubildender, 17 Jahre alt

(4) Facharbeiter, 21 Jahre alt

(5) Betriebsratsmitglied, 21 Jahre alt

634

Wie lange dauert die Amtszeit eines Jugend- und Auszubildendenvertreters?

(1) 1 Jahr
(2) 2 Jahre
(3) 3 Jahre
(4) 4 Jahre
(5) 5 Jahre

635

Ein Mitglied der Jugend- und Auszubildendenvertretung vollendet im Laufe der Amtszeit das 25. Lebensjahr. Welche Folgen ergeben sich daraus?

(1) Keine, das Mitglied bleibt bis zum Ende der Amtszeit Mitglied der Jugend- und Auszubildendenvertretung.

(2) Dieses Mitglied scheidet aus der Jugend- und Auszubildendenvertretung automatisch aus.

(3) Das Mitglied scheidet aus, es muß innerhalb von 4 Wochen ein Nachfolger gewählt werden.

(4) Das Mitglied bleibt bis zum Ende der Amtszeit in der Jugend- und Auszubildendenvertretung, es ist jedoch nicht mehr stimmberechtigt.

(5) Das Mitglied muß innerhalb von 4 Wochen aus der Jugend- und Auszubildendenvertretung ausscheiden.

636

Was gehört *nicht* zu den Aufgaben der Jugend- und Auszubildendenvertretung?

(1) Maßnahmen der Berufsausbildung beim Betriebsrat zu beantragen

(2) Darüber zu wachen, daß die zu Gunsten jugendlicher Arbeitnehmer geltenden Gesetze durchgeführt werden

(3) Anregungen jugendlicher Arbeitnehmer entgegenzunehmen

(4) Abschluß von Betriebsvereinbarungen mit dem Arbeitgeber

(5) Einberufung der Betriebsjugendversammlung

637

Welche Aussage über die Rechte der Jugend- und Auszubildendenvertretung ist richtig?

(1) Die Jugend- und Auszubildendenvertretung ist vom Arbeitgeber zeitlich vor dem Betriebsrat über die Angelegenheiten zu unterrichten, die die jugendlichen Arbeitnehmer betreffen.

(2) Die Jugend- und Auszubildendenvertretung kann in die Personalakten jugendlicher Arbeitnehmer Einsicht nehmen.

(3) Die Jugend- und Auszubildendenvertretung kann zu allen Betriebsratssitzungen einen Vertreter entsenden.

(4) Die Jugend- und Auszubildendenvertretung hat ein Mitbestimmungsrecht bei der Einstellung jugendlicher Arbeitnehmer

(5) Die Jugend- und Auszubildendenvertretung kann einen Beschluß des Betriebsrats für die Dauer von einem Monat aussetzen.

Aufgabenbank | **Betriebliche Mitbestimmung**

638

Darf die Jugend- und Auszubildendenvertretung an Betriebsratssitzungen teilnehmen?

1. Ja, da alle Mitglieder der Jugend- und Auszubildendenvertretung gleichzeitig auch Mitglieder des Betriebsrats sind.
2. Ja, aber nur dann, wenn Angelegenheiten behandelt werden, die die Jugendlichen und Auszubildenden betreffen.
3. Ja, aber nur dann, wenn der Betriebsrat einen Vertreter der Jugend- und Auszubildendenvertretung ausdrücklich einlädt.
4. Ja, die Jugend- und Auszubildendenvertretung kann zu allen Betriebsratssitzungen einen Vertreter entsenden.
5. Nein, Betriebsratssitzungen sind nicht öffentlich, wer nicht zum Betriebsrat gehört, darf nicht teilnehmen.

639

Hat die Jugend- und Auszubildendenvertretung das Recht, selbst mit dem Arbeitgeber zu verhandeln?

1. Ja, aber nur, wenn es um Fragen der Berufsausbildung geht.
2. Nein, sie muß den Betriebsrat einschalten.
3. Ja, wenn es um Fragen der Arbeitszeit und der Ausbildungsvergütung geht.
4. Nein, denn mit dem Arbeitgeber verhandelt nur der Vorsitzende des Betriebsrats.
5. Ja, aber nur, wenn es um Fragen des Berufsschulunterrichts geht.

640

In einer Betriebsratssitzung soll über die Einführung von Beurteilungsbogen für Auszubildende verhandelt werden. Welche Aussage ist richtig?

1. An dieser Sitzung dürfen alle Jugend- und Auszubildendenvertreter mit Stimmrecht teilnehmen.
2. Die Jugend- und Auszubildendenvertretung wird über die Beschlüsse dieser Sitzung, an der sie nicht teilnehmen darf, schriftlich informiert.
3. An dieser Sitzung darf der Vorsitzende der Jugend- und Auszubildendenvertretung ohne Stimmrecht teilnehmen.
4. An dieser Sitzung dürfen alle Jugend- und Auszubildendenvertreter ohne Stimmrecht teilnehmen.
5. An dieser Sitzung dürfen höchstens zwei Jugend- und Auszubildendenvertreter teilnehmen.

641

Der Betriebsrat faßt einen gegen wichtige Interessen der Jugendlichen gerichteten Beschluß. Welche Aussage ist richtig?

Die Jugend- und Auszubildendenvertretung

1. kann den Beschluß des Betriebsrats vom Arbeitgeber aufheben lassen.
2. hat die gesetzliche Möglichkeit, die Jugendlichen zum Streik auszurufen.
3. kann beim Arbeitsgericht die Aufhebung des Betriebsratsbeschlusses beantragen.
4. kann mit Mehrheit den Betriebsratsbeschluß für eine Woche aussetzen lassen und in dieser Frist eine Verständigung versuchen.
5. kann mit Mehrheitsbeschluß den Betriebsratsbeschluß außer Kraft setzen.

642

In welchem Gesetz sind die Rechte und die Pflichten des Betriebsrats geregelt?

1. Grundgesetz
2. Betriebsverfassungsgesetz
3. Arbeitsgerichtsgesetz
4. Arbeitsförderungsgesetz
5. Tarifvertragsgesetz

643

Welche Aussage entspricht den „Grundsätzen für die Zusammenarbeit" im Betriebsverfassungsgesetz?

1. Arbeitgeber und Betriebsrat haben über strittige Fragen mit dem ernsten Willen zur Einigung zu verhandeln.
2. Bei Meinungsverschiedenheiten haben Arbeitgeber und Betriebsrat zuerst das Arbeitsgericht und danach die Einigungsstelle einzuschalten.
3. Können sich Arbeitgeber und Betriebsrat nicht einigen, dann können sie alle Mittel des Arbeitskampfes einsetzen.
4. Arbeitgeber und Betriebsrat müssen deutsche Arbeitnehmer gegenüber ausländischen bevorzugt behandeln.
5. Arbeitgeber und Betriebsrat können sich im Betrieb parteipolitisch betätigen.

Betriebliche Mitbestimmung   **Aufgabenbank**

644

Welche Behauptung über die Zusammenarbeit zwischen Arbeitgeber und Betriebsrat ist *falsch*?

Arbeitgeber und Betriebsrat

(1) haben über strittige Fragen mit dem ernsten Willen zur Einigung zu verhandeln.

(2) sind berechtigt, während des Wahlkampfs Versammlungen demokratischer Parteien im Betrieb zu organisieren.

(3) dürfen gegeneinander keine Maßnahmen des Arbeitskampfes treffen.

(4) sollen mindestens einmal im Monat zu einer Besprechung zusammentreten.

(5) haben Betätigungen zu unterlassen, durch die der Frieden des Betriebs beeinträchtigt wird.

645

Was gehört *nicht* zu den gesetzlichen Aufgaben des Betriebsrats?

(1) Darüber zu wachen, daß die Produktionskosten niedrig gehalten werden

(2) Mit der Jugend- und Auszubildendenvertretung eng zusammenzuarbeiten

(3) Die Eingliederung Schwerbehinderter zu fördern

(4) Darüber zu wachen, daß die Tarifverträge eingehalten werden

(5) Die Beschäftigung älterer Arbeitnehmer im Betrieb zu fördern

646

In welchem Fall verstößt der Betriebsrat *nicht* gegen die „Grundsätze für die Zusammenarbeit" des Betriebsverfassungsgesetzes?

(1) Er entfernt Anschläge des Arbeitgebers vom „Schwarzen Brett".

(2) Er fordert bei einem Streik die Arbeitswilligen auf, den Betrieb zu verlassen.

(3) Er fordert die Arbeitnehmer zur Arbeitsniederlegung auf, um eine Betriebsvereinbarung durchzusetzen.

(4) Er lädt einen Vertreter der im Betrieb vertretenen Gewerkschaft zur Betriebsratssitzung ein.

(5) Er fordert vom Arbeitgeber, daß in allen Betriebsvereinbarungen die deutschen Arbeitnehmer gegenüber den ausländischen besser gestellt werden.

647

Ein Arbeitgeber verstößt in grober Weise gegen eine Verpflichtung aus dem Betriebsverfassungsgesetz. Welche der genannten Maßnahmen darf der Betriebsrat *nicht* ergreifen?

(1) Antrag beim Arbeitsgericht, dem Arbeitgeber aufzugeben, seine Verpflichtungen zu erfüllen

(2) Hinzuziehung eines Beauftragten einer im Betrieb vertretenen Gewerkschaft zu den Beratungen des Betriebsrats

(3) Einladung des Arbeitgebers zu den Betriebsratssitzungen, in der der Verstoß behandelt wird

(4) Antrag beim Arbeitsgericht, den Arbeitgeber zu einem Ordnungsgeld zu verurteilen, wenn er trotz gerichtlicher Entscheidung seinen Verpflichtungen nicht nachkommt

(5) Ausrufung eines Warnstreiks

648

Welche Aussage über die im Betriebsverfassungsgesetz vorgesehene Einigungsstelle ist richtig?

(1) Die Mitglieder der Einigungsstelle werden von den Arbeitnehmern des Betriebs gewählt.

(2) Die Einigungsstelle hat bei ihrer Entscheidung die Belange des Betriebs und der betroffenen Arbeitnehmer zu berücksichtigen.

(3) Die Einigungsstelle wird in allen Fällen tätig, in denen zwischen Arbeitgeber und Betriebsrat Meinungsverschiedenheiten auftreten.

(4) Der Vorsitzende der Einigungsstelle wird vom Arbeitgeber bestimmt.

(5) Der Spruch der Einigungsstelle ist immer verbindlich. Eine Klage vor dem Arbeitsgericht auf Aufhebung des Spruchs ist nicht möglich.

649

Wie setzt sich nach dem Betriebsverfassungsgesetz die Einigungsstelle zusammen?

(1) Aus einem unparteischen Vorsitzenden und einer gleichen Anzahl von Beisitzern, die vom Arbeitgeber und vom Betriebsrat gestellt werden

(2) Aus einer gleichen Anzahl von Vertretern des Staates, der Arbeitgeber und der Gewerkschaften

(3) Aus einem Arbeitsrichter als Vorsitzendem und einer gleichen Anzahl von Vertretern der Arbeitgeber und der Gewerkschaften

(4) Aus einer gleichen Anzahl von Vertretern des Arbeitgeberverbandes und der Gewerkschaften

(5) Aus einem Arbeitgebervertreter, dem Vorsitzenden des Betriebsrats sowie einem Gewerkschaftsvertreter

Aufgabenbank — **Betriebliche Mitbestimmung**

650

Im Betriebsverfassungsgesetz sind die Rechte des Betriebsrats je nach der Bedeutung der Angelegenheit für die Arbeitnehmer abgestuft. Welches Recht wirkt dabei am stärksten auf die Entscheidung des Arbeitgebers ein?

1. Unterrichtungsrecht
2. Vorschlagsrecht
3. Mitbestimmungsrecht
4. Beratungsrecht
5. Anhörungsrecht

651

In welchem Fall hat der Betriebsrat weder ein Mitwirkungs- noch ein Mitbestimmungsrecht?

1. Durchführung der Berufsausbildung
2. Festlegung der Preise für die erzeugten Güter
3. Einstellung von Arbeitnehmern
4. Entlassung von Arbeitnehmern
5. Vergabe von Werkswohnungen

652

Bei der Gestaltung des Arbeitsplatzes, des Arbeitsablaufs und der Arbeitsumgebung hat der Betriebsrat ein Unterrichtungs- und Beratungsrecht. Was bedeutet das?

1. Der Arbeitgeber muß den Betriebsrat nach Durchführung der Maßnahmen eingehend über die Gründe unterrichten.
2. Der Arbeitgeber muß mit dem Betriebsrat solange beraten, bis eine Einigung erreicht wird.
3. Der Arbeitgeber darf die Maßnahme nicht durchführen, wenn in der Beratung keine Einigung erreicht wird.
4. Der Arbeitgeber muß die Einigungsstelle anrufen, wenn der Betriebsrat der Maßnahme widerspricht.
5. Der Arbeitgeber muß die Maßnahme mit dem Betriebsrat erörtern. Er ist jedoch in seiner Entscheidung frei.

653

Über welche der genannten personellen Einzelmaßnahmen braucht der Arbeitgeber den Betriebsrat nur zu unterrichten?

1. Einstellung eines Arbeitnehmers
2. Kündigung eines Arbeitnehmers
3. Versetzung eines Arbeitnehmers an einen anderen Arbeitsplatz
4. Umgruppierung eines Arbeitnehmers
5. Einstellung eines leitenden Angestellten

654

Wobei hat der Betriebsrat nur ein Unterrichtungs- und Beratungsrecht?

1. Bei der Planung des Personalbedarfs für die Erweiterung der Produktion
2. Bei der Aufstellung von Einrichtungen zur Kontrolle der Arbeitnehmer, z.B. Kontrolluhren
3. Bei der Regelung von Akkord- und Stücklohnsätzen
4. Bei der Festlegung von Beginn und Ende der täglichen Arbeitszeit und der Pausen
5. Bei der Durchführung der Berufsausbildung

655

Ein Arbeitgeber plant eine gründliche Modernisierung des Betriebs, wozu neue Bauten und Anlagen erforderlich werden. Was kann bzw. was muß der Arbeitgeber tun?

1. Er kann die Maßnahmen durchführen, ohne den Betriebsrat einzuschalten.
2. Er muß den Betriebsrat rechtzeitig über die Maßnahmen unterrichten und mit ihm darüber beraten.
3. Er kann die Maßnahmen durchführen, wenn er den Betriebsrat darüber schriftlich informiert hat.
4. Er muß die Zustimmung des Betriebsrats einholen.
5. Er muß die Maßnahmen in einer Betriebsversammlung erläutern und die Zustimmung aller Arbeitnehmer einholen.

Betriebliche Mitbestimmung

656

In welchem Fall hat der Betriebsrat *kein* Mitbestimmungsrecht, sondern ist nur anzuhören?

1. Einführung von Torkontrollen
2. Verwaltung der Betriebskantine
3. Einführung eines Rauchverbots für bestimmte Betriebsräume
4. Ordentliche Kündigung eines Arbeitnehmers
5. Einführung von Schichtarbeit

657

In welchem Fall hat der Betriebsrat *kein* Mitbestimmungsrecht sondern nur ein Anhörungsrecht?

1. Festlegung der Öffnungszeiten der Kantine
2. Einführung von Sonderschichten
3. Aufstellen des allgemeinen Urlaubsplans
4. Festsetzen der Akkord- und Prämiensätze
5. Kündigung eines Auszubildenden

658

In vielen sozialen Angelegenheiten hat der Betriebsrat ein Mitbestimmungsrecht. Was bedeutet das?

1. Der Arbeitgeber kann die Maßnahme nur mit Zustimmung des Betriebsrats durchführen.
2. Der Arbeitgeber kann die Maßnahmen durchführen, wenn der Betriebsrat seine Einwände nicht genügend begründen kann.
3. Der Arbeitgeber muß den Betriebsrat über die Maßnahme unterrichten, die Entscheidung trifft er allein.
4. Der Arbeitgeber muß die Maßnahme mit dem Betriebsrat solange beraten, bis eine Einigung erreicht ist.
5. Der Arbeitgeber kann gegen den Willen des Betriebsrats die Maßnahme nur durchführen, wenn das Arbeitsgericht die Genehmigung dazu erteilt.

659

Der Arbeitgeber will Beginn und Ende der täglichen Arbeitszeit sowie die Pausen neu regeln. Welche Aussage ist richtig?

1. Der Betriebsrat muß vom Arbeitgeber gehört werden.
2. Der Betriebsrat muß vom Arbeitgeber lediglich informiert werden.
3. Der Betriebsrat hat in dieser Angelegenheit ein Mitbestimmungsrecht.
4. Der Arbeitgeber muß mit dem Betriebsrat beraten, bevor er allein entscheidet.
5. Der Betriebsrat hat kein Mitwirkungs- oder Mitbestimmungsrecht.

660

Worüber kann der Arbeitgeber nach dem Betriebsverfassungsgesetz *nicht* allein entscheiden?

1. Über die Art der Erzeugnisse, die er fertigen will
2. Über die Finanzierung des Unternehmens
3. Über den Werbeetat
4. Über die Gehälter der leitenden Angestellten
5. Über die Betriebsordnung

661

Was könnte unter anderem in einer Betriebsordnung geregelt sein?

1. Höhe der Tariflöhne
2. Höhe der Ausbildungsvergütung
3. Rauchverbot für bestimmte Betriebsteile
4. Regelungen für Sonderurlaub
5. Wahl der Jugend- und Auszubildendenvertretung

Aufgabenbank — Betriebliche Mitbestimmung

662

Wer entscheidet, wenn sich in einer mitbestimmungspflichtigen sozialen Angelegenheit Arbeitgeber und Betriebsrat *nicht* einigen können?

1. Der Arbeitgeber
2. Die Industrie- und Handelskammer
3. Das Landesarbeitsamt
4. Das Arbeitsgericht
5. Die Einigungsstelle im Betrieb

663

In Betrieben mit mehr als 20 wahlberechtigten Arbeitnehmern ist der Betriebsrat vor der Einstellung eines Arbeitnehmers zu unterrichten. Was kann der Betriebsrat *nicht* verlangen?

1. Daß der Arbeitgeber dem Betriebsrat den vorgesehenen Arbeitsplatz benennt.
2. Daß der Arbeitgeber ihm die Bewerbungsunterlagen vorlegt.
3. Daß der Arbeitgeber ihn zu dem Einstellungsgespräch einlädt.
4. Daß der Arbeitgeber ihm die Auswirkung der Einstellung auf die anderen Arbeitsplätze erläutert.
5. Daß der Arbeitgeber ihm die vorgesehene tarifliche Eingruppierung nennt.

664

Ein Betriebsrat erteilt seine Zustimmung zu der Einstellung eines Arbeitnehmers *nicht*. Der Arbeitgeber besteht jedoch auf der Einstellung. Wer entscheidet, ob der Arbeitnehmer eingestellt wird?

1. Das Arbeitsgericht
2. Das örtlich zuständige Arbeitsamt
3. Die im Betrieb eingerichtete Einigungsstelle
4. Die Industrie- und Handelskammer
5. Das Landesarbeitsamt

665

Welche der folgenden Behauptungen über die Beteiligung des Betriebsrats bei Kündigungen ist *falsch*?

1. Eine Kündigung, die ohne Anhörung des Betriebsrats ausgesprochen wurde, ist unwirksam.
2. Vor jeder Kündigung muß der Arbeitgeber den Betriebsrat hören.
3. Der Arbeitgeber braucht dem Betriebsrat die Kündigungsgründe nicht mitzuteilen.
4. Der Betriebsrat kann der Kündigung widersprechen, wenn die Kündigungsfrist nicht eingehalten wurde.
5. Der Betriebsrat kann der Kündigung widersprechen, wenn der Arbeitnehmer an einem anderen Arbeitsplatz weiterbeschäftigt werden kann.

666

In welchem Fall braucht der Arbeitgeber den Betriebsrat vor einer ordentlichen Kündigung *nicht* zu hören?

1. Kündigung eines Auszubildenden innerhalb der Probezeit
2. Kündigung eines Arbeitnehmers unter 18 Jahren
3. Kündigung eines Vorstandsmitglieds einer Aktiengesellschaft
4. Kündigung eines Arbeitnehmers während der Probezeit
5. Kündigung eines Betriebsrats

667

Ein Betriebsrat widerspricht der ordentlichen Kündigung eines Arbeitnehmers durch den Arbeitgeber. Was kann bzw. muß der Arbeitgeber tun?

1. Er darf die Kündigung nicht aussprechen.
2. Er kann die Kündigung dennoch aussprechen.
3. Er muß die Einigungsstelle anrufen.
4. Er muß das Landesarbeitsamt um Vermittlung anrufen.
5. Er muß beim Arbeitsgericht die Zustimmung zur Kündigung beantragen.

Betriebliche Mitbestimmung — **Aufgabenbank**

668

Was kann *nicht* Gegenstand einer Betriebsordnung sein?

(1) Rauchverbot in bestimmten Betriebsteilen

(2) Verwaltung der Betriebskantine

(3) Abstellen von Kraftfahrzeugen auf dem Betriebsgelände

(4) Tragen von Arbeitsschutzkleidung

(5) Benutzung betrieblicher Telefone

669

In welchem der genannten Fälle hat in Betrieben mit mehr als 20 Arbeitnehmern der Arbeitgeber zusammen mit dem Betriebsrat einen Sozialplan auszuarbeiten?

(1) Bei Betriebsstillegung

(2) Bei Betriebserweiterung

(3) Bei der Einführung von Kurzarbeit

(4) Bei der Errichtung von Sozialeinrichtungen

(5) Bei der Aussperrung der Arbeitnehmer

670

Nach dem Betriebsverfassungsgesetz haben Arbeitgeber und Betriebsrat einen Sozialplan auszuarbeiten, wenn der Betrieb oder wesentliche Teile davon stillgelegt werden. Für welche Betriebe gilt diese Vorschrift jedoch *nicht*?

(1) Für alle Handwerksbetriebe

(2) Für alle gewerkschaftseigenen Betriebe

(3) Für Betriebe mit weniger als 20 wahlberechtigten Arbeitnehmern

(4) Für Betriebe, die zu mehr als 60 % Ausländer beschäftigen

(5) Für Betriebe, die sich im Besitz von Ausländern befinden

671

Welches Recht hat unter anderem jeder Arbeitnehmer eines Betriebs?

(1) Die Arbeitszeiten seinen persönlichen Bedürfnissen anzupassen

(2) Beginn und Ende des Urlaubs allein festzulegen

(3) Seinen Arbeitsplatz selbständig zu gestalten

(4) Einsicht in die Akten des Betriebsrats zu nehmen

(5) Die über ihn geführte Personalakte einzusehen

672

Wo ist das Recht des Arbeitnehmers auf Einsichtnahme in seine Personalakte verankert?

(1) Bürgerliches Gesetzbuch

(2) Betriebsverfassungsgesetz

(3) Grundgesetz

(4) Handelsgesetzbuch

(5) Berufsbildungsgesetz

673

Ein Arbeitnehmer möchte wissen, was in seiner Personalakte enthalten ist. Welche Aussage ist richtig?

(1) Der Arbeitnehmer kann die Personalakte nur in Gegenwart eines Betriebsratsmitglieds einsehen.

(2) Der Arbeitgeber kann die Einsichtnahme verweigern.

(3) Der Arbeitgeber kann vor der Einsichtnahme Unterlagen aus der Personalakte entfernen.

(4) Der Arbeitnehmer muß die Einsichtnahme in seine Personalakte mindestens vier Wochen vorher beim Arbeitgeber beantragen.

(5) Der Arbeitgeber muß dem Arbeitnehmer die Einsichtnahme gestatten.

Aufgabenbank   **Sozialversicherung**

674

In welchem Bereich bzw. welchen Bereichen bestanden schon im 14. Jahrhundert Selbsthilfeeinrichtungen zur Sicherung gegen Lebensrisiken, die heute als Vorläufer der Sozialversicherung angesehen werden?

1. Im Bergbau und im Handwerk
2. In der Schiffahrt
3. Im Handel
4. In der Landwirtschaft
5. In den Verwaltungen der Städte und beim Militär

675

Was war die Ursache für die tiefgreifende soziale Umwälzung im 19. Jahrhundert, die den Staat zur gesetzlichen Regelung der Sozialversicherung zwang?

1. Immer wieder auftretende Mißernten, die zu großen Hungersnöten führten
2. Führung mehrerer Kriege, die zur totalen Verarmung der Bevölkerung führte
3. Wirtschaftlicher Niedergang und völliger Wertverfall des Geldes in Europa
4. Einwanderung von Ausländern aus Westeuropa, die zu einer erheblichen Vergrößerung der Bevölkerung führte
5. Industrialisierung, die zur Auflösung der alten Formen der sozialen Sicherung führte

676

Welche Auswirkung hatte unter anderem die schnelle Industrialisierung, die im 19. Jahrhundert in Deutschland stattfand?

1. Verbesserung der Wohnverhältnisse der Arbeiter
2. Starker Anstieg der Stadtbevölkerung und gesellschaftliche Entwurzelung der Arbeiter
3. Umfassender staatlicher Schutz der Arbeiter vor Krankheit und Invalidität
4. Abnahme der körperlichen und der seelischen Belastung der Arbeitnehmer
5. Steigender Wohlstand der Arbeiter

677

Welcher Staat erkannte zuerst die Notwendigkeit und die Verpflichtung Bestimmungen für eine staatliche Armenpflege zu erlassen?

1. Bayern
2. Sachsen
3. Württemberg
4. Preußen
5. Baden

678

Welcher Staatsmann hatte maßgeblichen Anteil an der gesetzlichen Regelung der Sozialversicherung?

1. Ebert
2. von Bismarck
3. Stresemann
4. Adenauer
5. Hitler

679

Welcher Zweig der Sozialversicherung wurde zuerst gesetzlich geregelt?

1. Krankenversicherung
2. Rentenversicherung der Arbeiter
3. Rentenversicherung der Angestellten
4. Arbeitslosenversicherung
5. Unfallversicherung

Sozialversicherung

680

In welcher Auswahlantwort ist bei dem Sozialversicherungszweig das Jahr der gesetzlichen Regelung richtig angegeben?

① Krankenversicherung, 1934
② Pflegeversicherung, 1995
③ Rentenversicherung der Arbeiter, 1924
④ Unfallversicherung, 1927
⑤ Arbeitslosenversicherung, 1895

681

Welcher Zweig der Sozialversicherung wurde zuletzt gesetzlich geregelt?

① Unfallversicherung
② Arbeitslosenversicherung
③ Rentenversicherung der Arbeiter
④ Krankenversicherung
⑤ Pflegeversicherung

682

Welche der genannten Versicherungen gehört zur gesetzlichen Sozialversicherung?

① Lebensversicherung
② Arbeitslosenversicherung
③ Insassen-Unfallversicherung
④ Rechtsschutzversicherung
⑤ Feuerversicherung

683

Welche der genannten Versicherungen gehört *nicht* zur gesetzlichen Sozialversicherung?

① Krankenversicherung
② Arbeitslosenversicherung
③ Unfallversicherung
④ Pflegeversicherung
⑤ Lebensversicherung

684

Welche Aufgabe hat die staatliche Sozialpolitik für den einzelnen Bürger *nicht* zu erfüllen?

① Sicherung eines Einkommens, das für ein menschenwürdiges Leben notwendig ist
② Absicherung gegen alle Risiken des Lebens
③ Vermeidung eines sozialen Abstiegs bei Krankheit oder im Alter
④ Sicherung eines angemessenen Wohnraums
⑤ Vermeidung von Arbeitslosigkeit

685

Welchen Zweck soll das Netz der sozialen Sicherung unter anderem erfüllen?

① Verbesserung des Lebensstandards für alle Bürger
② Vermeidung von Notsituationen für möglichst alle Bevölkerungsgruppen
③ Verkürzung der Wochen- und der Lebensarbeitszeit
④ Finanzielle Absicherung aller Lebensrisiken
⑤ Bildung von Vermögen in Arbeitnehmerhand

Aufgabenbank — Sozialversicherung

686

Welches Risiko des Lebens ist heute finanziell weitgehend durch die Sozialversicherung abgesichert?

1. Frühinvalidität
2. Längere Arbeitslosigkeit
3. Verlust der Ersparnisse durch Geldentwertung
4. Früher Tod des Familienvaters
5. Kurzzeitige Krankheit

687

Das Netz der sozialen Sicherheit wurde nach dem 2. Weltkrieg weiter ausgebaut. Welche Auswirkungen hatte das unter anderem für die Arbeitnehmer und die Arbeitgeber?

1. Die Arbeitsplätze wurden sicherer.
2. Die Beiträge zur Sozialversicherung wurden ständig erhöht.
3. Die Risiken des Lebens wurden vollständig abgesichert.
4. Die Lohnnebenkosten in den Betrieben wurden geringer.
5. Die gesetzlichen Vorschriften wurden vereinfacht und damit für jedermann verständlicher.

688

Welche Aussage entspricht dem Prinzip der Solidargemeinschaft, auf dem die Sozialversicherung beruht?

1. Die Gemeinschaft muß jedem Einzelnen die Risiken des Lebens abnehmen.
2. Jedes Mitglied der Gemeinschaft ist in Freud und Leid für sich selbst verantwortlich.
3. Die Gemeinschaft muß von allen Mitgliedern den gleichen Beitrag erheben.
4. Die Gemeinschaft muß dem Einzelnen ein sorgenfreies Leben ermöglichen.
5. Die Gemeinschaft muß unterstützend eingreifen, wenn der Einzelne unverschuldet in Not gerät.

689

Welches Ziel verfolgt der Gesetzgeber mit der Erarbeitung des Sozialgesetzbuches?

1. Zusammenfassung der in vielen Einzelgesetzen geregelten Sozialleistungsbereiche in einem Gesetzbuch
2. Rückführung der Sozialleistungen auf ein von den Beitragszahlern finanzierbares Maß
3. Verringerung der Beitragssätze für die Sozialversicherung
4. Anpassung des deutschen Sozialsystems an EU-Gesetze
5. Reform des gesamten deutschen Sozialrechts unter besonderer Berücksichtigung des geringeren Beitragsaufkommens

690

Welches Ziel verfolgt der Gesetzgeber mit der Erarbeitung des Sozialgesetzbuches *nicht*?

1. Zusammenfassung des in vielen Einzelgesetzen zersplitterten Sozialrechts in einem Gesamtwerk
2. Schaffung von einheitlichen Maßstäben für Verwaltung und Rechtsprechung für Auslegung und Ermessensausübung in allen Sozialleistungsbereichen
3. Verstärkung des Einflusses des Staates auf die Sozialversicherungen
4. Verbesserung der Verständlichkeit des Sozialrechts für die Versicherten
5. Vereinfachung des heute komplizierten Sozialrechts

691

Welche Aussage über das Sozialgesetzbuch (SGB) ist richtig?

1. Im SGB sind seit 1994 alle Sozialgesetze zusammengefaßt.
2. Im SGB sind die wesentlichen Regelungen des Sozial- und des Arbeitsrechts sowie der Sozialhilfe zusammengefaßt.
3. Das SGB wird nach seiner Fertigstellung 20 Bände umfassen.
4. Das SGB wird nach seiner Fertigstellung die derzeitige Zersplitterung des Sozialrechts beseitigen.
5. Das SGB dient allein den Sozialverwaltungen zur Berechnung der Beiträge und der Höhe der Sozialleistungen.

Sozialversicherung — Aufgabenbank

692
Was soll unter anderem mit der Einführung des Sozialversicherungsausweises erreicht werden?

1. Erleichterung der Aufnahme einer Beschäftigung in einem EU-Land außerhalb Deutschlands
2. Lückenlose Erfassung und Überwachung aller Beschäftigten
3. Sammeln von personenbezogenen Daten der Beschäftigten und Abgleich dieser Daten mit denen der Finanzämter
4. Verhinderung der Nebentätigkeit von Arbeitnehmern, die vom Arbeitgeber nicht genehmigt wurde
5. Aufdeckung von illegalen Beschäftigungsverhältnissen und von Leistungsmißbrauch

693
Das Sozialgesetzbuch (IV) schreibt vor, daß in bestimmten Wirtschaftsbereichen der Beschäftigte bei der Ausübung einer Beschäftigung den Sozialversicherungsausweis mitführen muß. Für welchen Bereich gilt diese Vorschrift *nicht*?

1. Baugewerbe
2. Bekleidungsindustrie
3. Gaststättengewerbe
4. Personen- und Güterbeförderungsgewerbe
5. Gebäudereinigungsgewerbe

694
In welchem Wirtschaftsbereich hat der Beschäftigte bei Ausübung einer Beschäftigung den Sozialversicherungsausweis mitzuführen?

1. Bekleidungsindustrie
2. Metallindustrie
3. Baugewerbe
4. Chemische Industrie
5. In allen Gewerben des Handwerks

695
Welcher Bereich gehört *nicht* zum Bereich der Sozialversicherungen?

1. Sozialhilfe
2. Pflegeversicherung
3. Unfallversicherung
4. Arbeitslosenversicherung
5. Krankenversicherung

696
Wodurch unterscheiden sich unter anderem die einzelnen Zweige der Sozialversicherung von den Privatversicherungen?

1. Durch erheblich niedrigere Beiträge
2. Durch die freie Wahl der Beitragshöhe und damit den Umfang der Leistungen
3. Durch die Rückzahlung von Überschüssen
4. Durch die Zwangsmitgliedschaft der Versicherten
5. Durch die ständige persönliche Beratung der Versicherten

697
Welche Aussage über die Verwaltung der Sozialversicherungen ist richtig?

1. Alle Sozialversicherungen werden durch das Bundesministerium für Arbeit verwaltet.
2. Alle Sozialversicherungen verwalten sich durch gewählte Organe selbst.
3. Ein kleiner Teil der Sozialversicherungen verwaltet sich selbst, die Mehrzahl wird vom Staat verwaltet.
4. Alle Sozialversicherungen werden von Beamten, die die Landesregierungen einsetzen, verwaltet.
5. Alle Sozialversicherungen werden gemeinsam von den Arbeitgebern und den Gewerkschaften verwaltet.

Aufgabenbank Sozialversicherung

698

Welchen Zweck hat die Selbstverwaltung der Sozialversicherungen *nicht* zu erfüllen?

① Sie soll die Versicherten, die Arbeitgeber und die Verwaltung eng miteinander verbinden.

② Sie soll der Verwaltung die Erfahrungen und die Nöte der Versicherten nahebringen.

③ Sie soll den Einfluß des Staats auf die Entscheidungen der Versicherungen stärken.

④ Sie soll zu sozialen und lebensnahen Entscheidungen der Verwaltung führen.

⑤ Sie soll den Versicherten und den Arbeitgebern die Möglichkeit der Mitgestaltung an der Versicherung geben.

699

Welche Selbstverwaltungsorgane sind bei den meisten Sozialversicherungsträgern eingerichtet?

① Aufsichtsrat, Vorstand, Geschäftsführung

② Vertreterversammlung, Vorstand

③ Gesellschafterversammlung, Aufsichtsrat

④ Mitgliederversammlung, Verwaltungsausschuß

⑤ Versichertenrat, Arbeitgeberrat, Geschäftsführung

700

Welche Aussage über die Wahlen zur Vertreterversammlung der Bundesversicherungsanstalt für Angestellte ist *falsch*?

① Die Nominierung der Kandidaten erfolgt durch die politischen Parteien.

② Wahlberechtigt sind Versicherte über 16 Jahre, Rentner und Arbeitgeber.

③ Die Wahlen finden alle sechs Jahre statt.

④ Die Wahlen sind frei und geheim.

⑤ Die Versicherten und die Rentner wählen die Vertreter der Versicherten, die Arbeitgeber getrennt davon ihre Vertreter.

701

Was gehört *nicht* zu den Aufgaben der Vertreterversammlung eines Sozialversicherungsträgers?

① Wahl der Mitglieder des Vorstands

② Feststellen des Haushaltsplans

③ Wahl des Geschäftsführers

④ Erarbeitung und Beschluß von Richtlinien für die Führung der Verwaltungsgeschäfte

⑤ Beschluß der Satzung

702

Wer wählt die Mitglieder des Vorstands eines Sozialversicherungsträgers?

① Der Bundestag

② Der Bundesarbeitsminister

③ Die Vertreterversammlung bzw. der Verwaltungsrat der Sozialversicherung

④ Der Deutsche Gewerkschaftsbund und die Bundesvereinigung der Arbeitgeberverbände

⑤ Jeweils der Arbeitsminister des Bundeslands, in dem die Sozialversicherung ihren Sitz hat

703

Welche Aufgaben hat unter anderem der Vorstand eines Sozialversicherungsträgers?

① Beschluß der Ein- und Ausgaben für das kommende Jahr

② Wahl der Mitglieder der Vertreterversammlung

③ Beschluß der Höhe der Versicherungsbeiträge

④ Erlaß von Richtlinien für die Führung der Verwaltungsgeschäfte

⑤ Beschluß der Satzung

Sozialversicherung — Aufgabenbank

704
Wie oft werden Wahlen zu den Organen der Sozialversicherungen durchgeführt?

(1) Alle zwei Jahre
(2) Alle vier Jahre
(3) Alle fünf Jahre
(4) Alle sechs Jahre
(5) Alle acht Jahre

705
Wie werden die meisten Sozialversicherungen finanziert?

(1) Allein durch den Staat
(2) Allein durch die Versicherten
(3) Allein durch die Arbeitgeber
(4) Hauptsächlich durch die Versicherten und die Arbeitgeber
(5) Hauptsächlich durch die Gewerkschaften und die Arbeitgeberverbände

706
In welcher Zeile der Tabelle ist der Beitrag zur Versicherung zwischen Arbeitgeber und Arbeitnehmer richtig aufgeteilt?

	Versicherung	Arbeitgeber	Arbeitnehmer
(1)	Krankenversicherung	30 %	70 %
(2)	Krankenversicherung	–	100 %
(3)	Rentenversicherung	–	100 %
(4)	Unfallversicherung	50 %	50 %
(5)	Arbeitslosenversicherung	50 %	50 %

707
In welcher Zeile der Tabelle ist der Beitrag zur Versicherung zwischen Arbeitgeber und Arbeitnehmer richtig aufgeteilt?

	Versicherung	Arbeitgeber	Arbeitnehmer
(1)	Unfallversicherung	100 %	–
(2)	Krankenversicherung	–	100 %
(3)	Rentenversicherung	–	100 %
(4)	Arbeitslosenversicherung	100 %	–
(5)	Krankenversicherung	30 %	70 %

708
In welcher Zeile der Tabelle ist der Beitrag zur Versicherung zwischen Arbeitgeber und Arbeitnehmer richtig aufgeteilt?

	Versicherung	Arbeitgeber	Arbeitnehmer
(1)	Rentenversicherung	50 %	50 %
(2)	Krankenversicherung	–	100 %
(3)	Krankenversicherung	30 %	70 %
(4)	Arbeitslosenversicherung	–	50 %
(5)	Unfallversicherung	50 %	50 %

709
Welcher Beitrag wird dem Arbeitnehmer vom Bruttogehalt *nicht* abgezogen?

(1) Beitrag zur Krankenversicherung
(2) Beitrag zur Pflegeversicherung
(3) Beitrag zur Rentenversicherung
(4) Beitrag zur Arbeitslosenversicherung
(5) Beitrag zur Unfallversicherung

Aufgabenbank | **Sozialversicherung**

710

Wer führt die Sozialversicherungsbeiträge für die beschäftigten Arbeitnehmer ab?

1. Das Arbeitsamt
2. Der Arbeitnehmer
3. Der Arbeitnehmer und der Arbeitgeber
4. Das Finanzamt
5. Der Arbeitgeber

711

Wovon ist der Umfang der Leistungen, die die Sozialversicherungen insgesamt aufbringen können, am wenigsten abhängig?

1. Von den Einnahmen aus den Beiträgen der Versicherten und der Arbeitgeber
2. Vom Umfang der Inanspruchnahme der Leistungen durch die Versicherten
3. Von der wirtschaftlichen Lage der Unternehmungen
4. Von der Lage auf dem Arbeitsmarkt
5. Vom Anteil der Frauen an der Zahl der beschäftigten Arbeitnehmer

712

Nach welcher Zeit verjähren Ansprüche auf Sozialleistungen?

1. Nach einem Jahr
2. Nach zwei Jahren
3. Nach vier Jahren
4. Nach sechs Jahren
5. Nach zehn Jahren

713

Welche Aussage über die Sozialversicherungen ist richtig?

1. Die Versicherungen sind vom Staat verwaltete Einrichtungen.
2. Die Mitgliedschaft in den Sozialversicherungen ist für die Arbeitnehmer freiwillig.
3. Die Pflichtleistungen der Versicherungen werden durch Gesetze vorgeschrieben.
4. Die Höhe der Beiträge ist unabhängig von der Einkommenshöhe der Versicherten.
5. Nimmt ein Versicherter innerhalb eines Jahres Leistungen nicht in Anspruch, dann erhält er einen Teil seiner Beiträge zurück.

714

Welche Aussage über die Sozialversicherungen ist *falsch*?

1. Die Sozialversicherungen sind Pflichtversicherungen
2. In den Organen fast aller Sozialversicherungsträger sind Arbeitgeber und Versicherte (Arbeitnehmer) in gleicher Anzahl vertreten.
3. Sozialversicherungen sollen Rücklagen bilden.
4. Sozialversicherungen müssen ihre Überschüsse an den Staat abführen.
5. Bei der Festlegung der Beiträge und der Leistungen der Sozialversicherungen sind soziale Gesichtspunkte zu berücksichtigen.

715

In welchem Jahr wurde erstmals ein Gesetz zur Krankenversicherung der Arbeiter verabschiedet?

1. 1848
2. 1883
3. 1914
4. 1927
5. 1934

Sozialversicherung

716

Wesentlichstes Merkmal der gesetzlichen Krankenversicherung ist das Solidaritätsprinzip. Was ist die wichtigste Grundlage für die Durchsetzung des Ausgleichs zwischen sozial schwächeren und sozial stärkeren Versicherten?

1. Die strikte Begrenzung aller Versicherungsleistungen
2. Die Anbindung möglichst vieler Versicherter an die Risikogemeinschaft durch gesetzliche Pflichtversicherung
3. Die Festlegung von einheitlichen Beitragssätzen für alle gesetzlichen Krankenkassen
4. Die Einrichtung möglichst vieler finanziell unabhängiger Krankenversicherungsträger (Krankenkassen)
5. Die alleinige Bemessung der Beitragshöhe auf der Grundlage des Versicherungsrisikos

717

Um welche Personengruppe findet auf dem Markt der Krankenversicherung ein starker Wettbewerb zwischen den privaten und den gesetzlichen Krankenversicherungsträgern statt?

1. Um Studenten und Auszubildende
2. Um Rentner und Vorruheständler
3. Um die Arbeitnehmer, deren Jahresarbeitsentgelt die Versicherungspflichtgrenze überschreitet
4. Um die Familienangehörigen der pflichtversicherten Arbeitnehmer
5. Um Selbständige und freiberuflich Tätige

718

In welcher Zeile der Tabelle wurden die Aussagen zur gesetzlichen und zur privaten Krankenversicherung vertauscht?

		Gesetzliche Krankenversicherung	Private Krankenversicherung
1	Anzeigepflicht für Vorerkrankungen	Gibt es nicht	Wesentlich für die Risikoübernahme
2	Auswirkung von erheblichen Vorerkrankungen	keine	Risikozuschlag oder Ausschluß des Risikos
3	Kostenlose Familienversicherung	Für bestimmte Familienangehörige gegeben	Nicht gegeben
4	Bemessungsgrundlage für Beitrag	Wirtschaftliche Belastbarkeit des Versicherten	Allein das Versicherungsrisiko
5	Zuständigkeit bei Streitigkeiten	Zivilgerichtsbarkeit	Sozialgerichtsbarkeit

719

Welche Aussage über die Allgemeine Ortskrankenkasse (AOK) ist richtig?

1. Sie ist Pflichtkrankenkasse für alle Arbeitnehmer und Rentner.
2. Sie wird vom Landesarbeitsamt verwaltet.
3. Sie darf nach dem Sozialgesetzbuch (V) nur versicherungspflichtige Arbeiter versichern.
4. Sie ist die Pflichtkrankenkasse der selbständigen Handwerker.
5. Sie gehört zu den gesetzlichen Krankenkassen.

720

Welche Aussage über die Techniker-Krankenkasse ist richtig?

1. Sie ist eine private Krankenkasse.
2. Sie ist eine gesetzliche Krankenkasse (Ersatzkasse).
3. Sie ist eine Abteilung der Allgemeinen Ortskrankenkasse, die nur für die technischen Angestellten zuständig ist.
4. Sie ist die Pflichtkrankenkasse für alle Arbeiter und Angestellten der technischen Berufe.
5. Sie ist eine sogenannte Betriebskrankenkasse.

Aufgabenbank — **Sozialversicherung**

721

Welche wesentliche Änderung bezüglich der Zugehörigkeit eines versicherungspflichtigen Arbeitnehmers zu einer gesetzlichen Krankenkasse brachte das Gesundheitsstrukturgesetz?

Ab 01.01.1996

1. entscheidet der Arbeitgeber allein über die zuständige Krankenkasse.
2. entscheidet der Träger der Rentenversicherung über die zuständige Krankenkasse.
3. ist jede Versichertengruppe einer bestimmten Krankenkasse zugeordnet.
4. werden alle versicherungspflichtigen Arbeitnehmer der Allgemeinen Ortskrankenkasse (AOK) zugeordnet.
5. können alle Versicherungspflichtigen entscheiden, bei welcher Krankenkasse sie versichert sein wollen.

722

Welche Personengruppe ist *nicht* Pflichtmitglied der gesetzlichen Krankenversicherung?

1. Auszubildende
2. Arbeitnehmer, deren Jahresarbeitsentgelt unterhalb der Jahresarbeitsentgeltgrenze liegt
3. Beamte
4. Arbeitslose, die Arbeitslosengeld oder Arbeitslosenhilfe beziehen
5. Rentner

723

Welche Aussage über die Versicherungspflicht zur gesetzlichen Krankenversicherung ist richtig?

1. Angestellte sind nur bis zu einem Gehalt von DM 4500,– versicherungspflichtig.
2. Alle Arbeitnehmer, deren Arbeitsentgelt 75 % der Beitragsbemessungsgrenze in der Rentenversicherung nicht übersteigt, sind versicherungspflichtig.
3. Arbeitslose sind nur solange versicherungspflichtig, wie sie Arbeitslosengeld bekommen.
4. Auszubildende sind nicht versicherungspflichtig.
5. Rentner sind nur versicherungspflichtig, wenn ihre Rente weniger als DM 1500,– beträgt.

724

Die Beitragsbemessungsgrenze in der Rentenversicherung wurde für 1996 mit 96 000,– DM (alte Bundesländer) festgelegt. Ab welchem Jahresarbeitsentgelt endet die Versicherungspflicht für die gesetzliche Krankenkasse?

1. 48 000,– DM
2. 72 000,– DM
3. 82 000,– DM
4. 96 000,– DM
5. 120 000,– DM

725

Was wird von der gesetzlichen Krankenkasse bei der Berechnung des Jahresarbeitsentgelts *nicht* berücksichtigt?

1. Bruttoarbeitsentgelt aus dem Hauptbeschäftigungsverhältnis
2. Bruttoarbeitsentgelt aus einem zweiten Beschäftigungsverhältnis
3. Urlaubsgeld
4. Weihnachtsgeld
5. Kinder- und Verheiratetenzuschläge

726

Welche Aussage über die Krankenversicherung der Arbeitslosen, die Arbeitslosengeld oder Arbeitslosenhilfe beziehen, ist richtig?

1. Mit Beginn der Arbeitslosigkeit erlischt die gesetzliche Krankenversicherung. Der Arbeitslose muß sich selbst privat versichern.
2. Den Beitrag zur Krankenversicherung muß der Arbeitgeber 3 Wochen lang weiterzahlen, dann übernimmt der Staat die Beitragszahlung.
3. Mit Beginn der Arbeitslosigkeit wird der Arbeitslose automatisch Mitglied der allgemeinen Ortskrankenkasse.
4. Der Arbeitslose bleibt weiterhin Mitglied der Krankenkasse. Er muß jedoch die Hälfte des bisherigen Beitrags selbst zahlen.
5. Während der Arbeitslosigkeit bleibt der Arbeitslose Mitglied der Krankenkasse. Die Bundesanstalt für Arbeit übernimmt die Beitragszahlungen.

Sozialversicherung

727

Was versteht man in der gesetzlichen Krankenversicherung unter „Familienversicherung"?

1. Die Zusammenfassung aller Familienmitglieder in einer Krankenkasse
2. Die Versicherung aller Familienmitglieder zum ermäßigten Beitragssatz
3. Die beitragsfreie Mitversicherung von bestimmten Angehörigen des Mitglieds der Krankenkasse
4. Die Möglichkeit, bestimmte Familienmitglieder zum halben Beitragssatz mitversichern zu lassen
5. Die Möglichkeit, Kinder aus der Pflichtversicherung herauszunehmen und privat versichern zu lassen

728

Welche in der häuslichen Gemeinschaft des Mitglieds lebende Person ist in der Familienversicherung der gesetzlichen Krankenkasse *nicht* versichert?

1. 17jähriges uneheliches Kind des Mitglieds
2. Nicht berufstätiger Ehegatte des Mitglieds
3. 17jähriges adoptiertes Kind des Mitglieds
4. 19jähriges in der Schulausbildung befindliches eheliche Kind des Mitglieds
5. Lebensgefährte des Mitglieds

729

Welche Aussage über die Familienversicherung in der gesetzlichen Krankenkasse ist *falsch*?

In der Familienversicherung

1. sind bestimmte Familienangehörige des Mitglieds beitragsfrei versichert.
2. erhalten alle Versicherten bei Krankenhausaufenthalt Krankengeld.
3. bestehen für die Versicherung der Kinder bestimmte Altersgrenzen.
4. erhalten alle Versicherten die gleichen Sach- und Dienstleistungen.
5. kommt das Solidaritätsprinzip der gesetzlichen Krankenversicherung deutlich zur Geltung.

730

Für einen Arbeitnehmer endet nach 10jähriger Berufstätigkeit aufgrund der Überschreitung der Jahresarbeitsentgeltgrenze die Versicherungspflicht für die gesetzliche Krankenkasse. Welche Möglichkeit hat er *nicht*?

1. Er kann mit einer privaten Krankenversicherung einen Versicherungsvertrag abschließen.
2. Er kann innerhalb von drei Monaten nach Ende der Versicherungspflicht den freiwilligen Beitritt in die bisherige Krankenkasse anzeigen.
3. Er kann sich zuerst einmal privat versichern und später jederzeit wieder der gesetzlichen Krankenversicherung freiwillig beitreten.
4. Er kann sich bei einer ausländischen Versicherung gegen Krankheit versichern.
5. Er kann innerhalb der gesetzlichen Frist den freiwilligen Beitritt in einer anderen gesetzlichen Krankenkasse anzeigen.

731

Wie werden die Mittel zur Finanzierung der Leistungen der gesetzlichen Krankenkassen aufgebracht?

1. Vor allem durch Zahlungen des Staats an die Krankenkassen
2. Zu über 80 % durch die Beiträge der versicherten Arbeitnehmer
3. Zu über 95 % durch die von den Arbeitgebern und den Arbeitnehmern zu gleichen Teilen aufzubringenden Beiträge
4. Zu 50 % durch den Staat und zu 50 % durch die Beiträge der Versicherten
5. Jeweils zu 30 % durch Staat, Arbeitgeber und Arbeitnehmer sowie zu 10 % durch die Rentner

732

Darf eine gesetzliche Krankenkasse Gewinne erwirtschaften?

1. Nein, die Erwirtschaftung von Gewinnen ist gesetzlich untersagt
2. Ja, sofern sie zu den Ersatzkassen gehört
3. Ja, sofern sie die gesetzlich verlangten Rücklagen bereits gebildet hat
4. Ja, sofern sie die Hälfte davon an die Versicherten ausschüttet
5. Ja, sofern dadurch der Beitragssatz 12 % nicht überschreitet

Aufgabenbank — Sozialversicherung

733

Wer beschließt die Höhe der Beitragssätze in der gesetzlichen Krankenversicherung?

(1) Der Bundestag mit Zustimmung des Bundesrates
(2) Der Bundesminister für Arbeit im Einvernehmen mit den Tarifvertragsparteien
(3) Der Verwaltungsrat der Krankenkasse
(4) Die Bundesanstalt für Arbeit
(5) Die Landesregierung des Bundeslandes, in dem die Krankenkasse ihren Sitz hat.

734

Welche Aussage über die Beitragssätze der gesetzlichen Krankenkassen ist richtig?

(1) Die Beitragssätze werden vom Bundestag festgelegt.
(2) Die Beitragssätze werden von den Selbstverwaltungsorganen jeder Krankenkasse autonom bestimmt.
(3) Die Beitragssätze sind bei allen gesetzlichen Krankenkassen gleich hoch.
(4) Die Beitragssätze liegen heute zwischen 4 und 6 % des Bruttoarbeitsentgelts.
(5) Die Beitragssätze betragen immer 75 % der Beitragssätze für die Rentenversicherung.

735

Wonach richtet sich die Höhe des Beitrags zur gesetzlichen Krankenversicherung bei pflichtversicherten Arbeitnehmern?

(1) Nach der Höhe des Arbeitsentgelts und der Krankheitshäufigkeit
(2) Nach der Höhe des Arbeitsentgelts
(3) Nach dem Familienstand und der Anzahl der Familienmitglieder
(4) Nach der Höhe des Arbeitsentgelts und der Anzahl der Familienangehörigen
(5) Nach der Höhe der gewünschten Leistungen

736

Welche Aussage über den Beitrag der Arbeitnehmer zur gesetzlichen Krankenversicherung ist *falsch*?

(1) Der Beitrag zur Krankenversicherung richtet sich nach der Höhe des Arbeitsentgelts.
(2) Den Beitrag zur Krankenversicherung haben Arbeitgeber und Arbeitnehmer je zur Hälfte zu bezahlen.
(3) Den Beitrag zur Krankenversicherung hat der Arbeitgeber an die Krankenkasse abzuführen.
(4) Der Beitragsanteil des Arbeitnehmers beträgt zur Zeit etwa 3 % des Bruttoarbeitsentgelts.
(5) Der Beitragssatz wird vom Verwaltungsrat der Krankenkasse festgelegt.

737

Welchen Anteil vom Beitrag zur gesetzlichen Krankenversicherung zahlt der versicherungspflichtige Arbeitnehmer?

(1) Den gesamten Beitrag
(2) Drei Viertel des Beitrags
(3) Die Hälfte des Beitrags
(4) Ein Viertel des Beitrags
(5) Keinen Anteil

738

Welche Aussage über die Zahlung des Beitrags zur gesetzlichen Krankenversicherung ist richtig?

(1) Den Beitrag der versicherungspflichtigen Arbeitnehmer zahlt allein der Arbeitgeber.
(2) Den Beitrag der Wehrpflichtigen zahlt der frühere Arbeitgeber.
(3) Den Beitrag der Auszubildenden zahlt der Auszubildende allein.
(4) Den Beitrag der Rentner zahlt die Rentenversicherungsanstalt.
(5) Den Beitrag der Arbeitslosen, die Arbeitslosengeld oder Arbeitslosenhilfe beziehen, übernimmt die Bundesanstalt für Arbeit.

Sozialversicherung

739

Welche Aussage über die Leistungen der gesetzlichen Krankenversicherung ist richtig?

(1) Leistungen dürfen nur an Versicherte, die länger als 6 Wochen Mitglied sind, gewährt werden.

(2) Mehrleistungen dürfen die Krankenkassen nur mit Genehmigung des Bundesarbeitsministers übernehmen.

(3) Die von der Krankenkasse zu übernehmenden Regelleistungen sind gesetzlich vorgeschrieben.

(4) Der Umfang der Leistungen richtet sich nach der Höhe des Beitrags, den der Versicherte zahlt.

(5) Leistungen werden höchstens für die Dauer von 26 Wochen gewährt.

740

Welche Aussage über die Leistungen der gesetzlichen Krankenversicherung ist richtig?

(1) Die Übernahme von Kosten für die Krankenhauspflege darf von der Krankenkasse zeitlich nicht begrenzt werden.

(2) Der Umfang der Leistung der Krankenversicherung richtet sich nach der Höhe der zu zahlenden Beiträge.

(3) Die Kosten für Arzneien trägt die Krankenversicherung in jedem Fall zu 100 %.

(4) Ein Anspruch auf Leistungen besteht erst nach einer Mitgliedschaft von 6 Wochen.

(5) Nach dem Tod eines Versicherten erhalten die Angehörigen ein Sterbegeld in der Höhe von 12 Monatsgehältern.

741

Welche Kosten haben den größten Anteil an den Ausgaben der Krankenkassen?

(1) Kosten für Zahnersatz

(2) Kosten für ärztliche Behandlung

(3) Kosten für Krankenhausbehandlung

(4) Kosten für Arzneimittel

(5) Kosten für Krankengeld

742

Was gehört *nicht* zu den gesetzlich vorgeschriebenen Leistungen (Regelleistungen) der gesetzlichen Krankenkassen?

(1) Zahlung von Krankengeld

(2) Übernahme der Kosten von Kuren in Kur- und Badeorten

(3) Übernahme der Kosten für häusliche Krankenpflege

(4) Übernahme der Kosten für Krankenhauspflege

(5) Übernahme der Kosten für ärztliche Behandlung

743

Ein in der gesetzlichen Krankenversicherung Pflichtversicherter ist erkrankt und möchte sich behandeln lassen. Die Kosten für die Behandlung soll die Krankenkasse voll übernehmen. Welche Aussage ist richtig?

Der Versicherte

(1) kann jeden Arzt, egal ob er zur kassenärztlichen Versorgung zugelassen oder nicht zugelassen ist, aufsuchen.

(2) muß einen Arzt wählen, der seine Praxis im Bezirk seiner Krankenkasse hat.

(3) kann unter den zur vertragsärztlichen Versorgung zugelassenen Ärzten frei wählen.

(4) muß in jedem Fall zuerst einen Arzt der Allgemeinmedizin aufsuchen, erst danach ist der Besuch bei einem Facharzt möglich.

(5) kann anstelle eines Arztes auch einen Heilpraktiker aufsuchen.

744

Ein in der gesetzlichen Krankenversicherung Versicherter ist schwer erkrankt und muß in ein Krankenhaus eingewiesen werden. Kann die Krankenkasse dem Versicherten vorschreiben, welches Krankenhaus er aufsuchen muß?

(1) Ja, er muß das von der Krankenkasse ausgewählte Krankenhaus aufsuchen.

(2) Ja, der Versicherte muß das in unmittelbarer Nähe seines Wohnorts gelegene Krankenhaus aufsuchen.

(3) Ja, er muß das kostengünstigste Krankenhaus aufsuchen.

(4) Ja, er muß das Krankenhaus aufsuchen, das zur Zeit am wenigsten belegt ist.

(5) Nein, er kann unter den zugelassenen Krankenhäusern wählen.

Aufgabenbank **Sozialversicherung**

745

Welche Kosten werden von der gesetzlichen Krankenkasse in jedem Fall voll übernommen?

(1) Kosten für Arzneimittel

(2) Kosten für die Bestattung und das Grab des Versicherten

(3) Kosten für Brillen- und Zahnersatz

(4) Kosten für Krankenhauspflege

(5) Kosten für Vorsorgeuntersuchungen

746

Für welche Leistungsart der gesetzlichen Krankenkasse sieht das Sozialgesetzbuch eine Eigenbeteiligung der Versicherten *nicht* vor?

(1) Krankenhausbehandlung

(2) Fahr- und Transportkosten

(3) Ärztliche Behandlung

(4) Arznei- und Heilmittel

(5) Zahnersatz

747

Welche Aussage über das von der gesetzlichen Krankenkasse zu zahlende Krankengeld ist richtig?

(1) Das Krankengeld wird zeitlich unbegrenzt gezahlt, für dieselbe Krankheit jedoch nur für 78 Wochen innerhalb von drei Jahren.

(2) Das Krankengeld wird in jedem Fall vom ersten Krankheitstag an gezahlt, wenn sich der Arbeitnehmer in einem Arbeitsverhältnis befindet.

(3) Das Krankengeld beträgt in jedem Fall 100 % des regelmäßigen Nettolohns bzw. -gehalts.

(4) Das Krankengeld wird nicht gezahlt, wenn sich der erkrankte Arbeitnehmer im Krankenhaus befindet.

(5) Das Krankengeld für erkrankte, nicht erwerbstätigen Familienmitglieder beträgt 40 % des an den Versicherten zu zahlenden Krankengelds.

748

Welche Aussage über die Krankenversicherung von Arbeitslosen und die Leistungen an Arbeitslose bei Krankheit ist *falsch*?

(1) Die Empfänger von Arbeitslosengeld und Arbeitslosenhilfe sind durch das Arbeitsamt krankenversichert.

(2) Für die Dauer der Erkrankung erhält der Arbeitslose an Stelle der Arbeitslosenunterstützung Krankengeld.

(3) Eine Erkrankung während der Arbeitslosigkeit muß vom Arbeitslosen dem Arbeitsamt und der Krankenkasse sofort gemeldet werden.

(4) Die Beiträge zur Krankenversicherung tragen der Arbeitslose und das Arbeitsamt je zur Hälfte.

(5) Arbeitslose erhalten von der Krankenversicherung dieselben Leistungen wie die beschäftigten Versicherten.

749

Welche Institution ist gesetzlich beauftragt, Unfallverhütungsvorschriften zu erstellen?

(1) Gewerbeaufsichtsamt

(2) Berufsgenossenschaft

(3) Landesarbeitsamt

(4) Landesregierung

(5) Technischer Überwachungsverein (TÜV)

750

Für wen sind die Unfallverhütungsvorschriften rechtlich bindend?

(1) Für den Importeur von im Ausland hergestellten Geräten, Maschinen und anderen Betriebsmitteln und -einrichtungen

(2) Für den Vertreiber von Betriebsmitteln und -einrichtungen

(3) Für alle Staatsbürger

(4) Für Unternehmer und Versicherte der Mitgliedsunternehmen der Berufsgenossenschaft

(5) Für alle Bürger, die das 18. Lebensjahr vollendet haben

Sozialversicherung — Aufgabenbank

751

Welche Maßnahme wird *nicht* von den Berufsgenossenschaften vorgeschrieben?

(1) Tragen eines Schutzhelms bei der Arbeit auf Baustellen

(2) Benutzen einer Schutzbrille beim Umgang mit ätzenden Flüssigkeiten

(3) Überprüfen der Kraftfahrzeuge von Werksangehörigen zur Gewährleistung der Verkehrssicherheit

(4) Verbot des Rauchens beim Umgang mit Explosivstoffen

(5) Anlegen eines Gehörschutzes beim Arbeiten an lauten Maschinen

752

Wie kann ein Arbeitnehmer, der vorsätzlich oder fahrlässig gegen eine Unfallverhütungsvorschrift verstößt, durch die Berufsgenossenschaft bestraft werden?

(1) Durch Ausschluß aus der berufsgenossenschaftlichen Unfallversicherung

(2) In schweren Fällen durch Verhängung einer Haftstrafe

(3) Durch Auferlegung eines Bußgeldes

(4) Durch Lohnkürzung für eine bestimmte Zeit

(5) Durch Erzwingung der Kündigung des Arbeitsverhältnisses

753

In welchem Fall liegt *kein* Arbeitsunfall vor?

(1) Herr Müller bohrt während der Mittagspause einige Löcher in den Pfosten seines Gartenzauns und verletzt sich dabei den Daumen.

(2) Herr Otto hilft einem Kollegen beim Beladen des Firmenlieferwagens und quetscht sich dabei die Hand.

(3) Der Auszubildende Hans wird vom Ausbilder ins Farbengeschäft Schmitt geschickt und wird dabei von einem Auto angefahren.

(4) Frau Maier stolpert beim Betriebsausflug über einen Stein und bricht sich das Bein.

(5) Frau Schulz rutscht in der Mittagspause auf dem Weg zur Werkskantine aus und bricht sich zwei Finger.

754

In der gesetzlichen Unfallversicherung besteht auch Versicherungsschutz für sogenannte Wegeunfälle. In welchem Fall würde die Berufsgenossenschaft jedoch *keine* Leistungen erbringen?

(1) Frau Hansen bringt auf dem Weg zur Arbeit ihre Tochter in den Kindergarten. Auf dem Umweg zum Kindergarten wird sie von einem Auto angefahren.

(2) Frau Schmied wird auf dem Heimweg von der Arbeit überfallen und erheblich verletzt.

(3) Frau Schuster rutscht in der Mittagspause auf dem Weg zur Kantine aus und verstaucht sich das Handgelenk.

(4) Herr Müller fährt im Rahmen einer Fahrgemeinschaft regelmäßig zwei Kollegen nach Haus, wobei er einen längeren Umweg machen muß. Dabei hat er einen Unfall und verliert ein Auge.

(5) Herr Maier ist fertig angezogen und will zur Arbeit gehen. In der Diele stürzt er hin und bricht sich das Bein.

755

In welchem Fall liegt ein „Wegeunfall" vor, für den die gesetzliche Unfallversicherung eintritt?

(1) Frau Maier kommt abends von der Schichtarbeit nach Haus. Im dunklen Treppenhaus läuft sie gegen einen Pfeiler und bricht sich die Nase.

(2) Frau Braun geht in der Mittagspause zum Friseur. Dabei rutscht sie auf Glatteis aus und bricht sich den Arm.

(3) Herr Franz fährt mit seinem Auto zur Arbeit. Unterwegs hat er einen Reifendefekt. Beim Auswechseln des Reifens bricht er sich Daumen und Zeigefinger.

(4) Herr Schulz fährt am Sonntag mit seinem Fahrrad zum Hauptbahnhof, um sich eine Monatskarte zu kaufen. Dabei stürzt er und verstaucht sich beide Handgelenke.

(5) Frau Groß fährt mit dem Motorrad in den vom Arbeitgeber bezahlten Urlaub. Dabei verunglückt sie tödlich.

756

Wer sind die Träger der gesetzlichen Unfallversicherung?

(1) Die Allgemeinen Ortskrankenkassen

(2) Die Krankenkassen

(3) Die Arbeitsämter

(4) Die Berufsgenossenschaften

(5) Die Landesversicherungsanstalten

Aufgabenbank   Sozialversicherung

757

Bei welcher Institution ist der Arbeitnehmer gegen Unfallschäden, die auf dem Arbeitsweg oder dem Arbeitsplatz eintreten, versichert?

(1) Krankenkasse

(2) Landesversicherungsanstalt

(3) Arbeitgeberverband

(4) Bundesanstalt für Arbeit

(5) Berufsgenossenschaft

758

Was ist die wichtigste Aufgabe der Berufsgenossenschaften?

(1) Die Erstellung und Veröffentlichung einer jährlichen Unfallstatistik

(2) Die Verhütung von Arbeitsunfällen

(3) Die Erhebung von Bußgeldern bei Verstößen gegen die Unfallverhütungsvorschriften

(4) Die Erforschung der Ursachen von Unfällen im häuslichen Bereich

(5) Die Schlichtung von Streitigkeiten zwischen Arbeitgebern und Arbeitnehmern wegen Schadenersatzansprüchen aus Arbeitsunfällen

759

Was gehört *nicht* zu den Aufgaben der Berufsgenossenschaften?

(1) Erlaß von Unfallverhütungsvorschriften

(2) Überwachung der Einhaltung der Unfallverhütungsvorschriften

(3) Übernahme der Kosten für die Heilbehandlung eines durch einen Arbeitsunfall Verletzten

(4) Überwachung der Einhaltung der Arbeitszeitordnung

(5) Zahlung von Verletztenrente

760

Die Aufgaben der Berufsgenossenschaften sind: Unfallverhütung, Rehabilitation und finanzielle Sicherstellung der Unfallgeschädigten. Was versteht man dabei unter Rehabilitation?

(1) Maßnahmen zur Wiederherstellung der Arbeitsfähigkeit der Verunglückten

(2) Bestrafung der Personen, die den Arbeitsunfall verursacht haben

(3) Ersatz von Körperteilen durch Prothesen

(4) Wissenschaftliche Ermittlung der Unfallursachen

(5) Überwachung der Einhaltung der Unfallverhütungsvorschriften in den Betrieben

761

Welche Aussage über die Berufsgenossenschaft ist *falsch*?

(1) Mitglieder der Berufsgenossenschaften sind nur die Arbeitgeber.

(2) Die Berufsgenossenschaften sind die Träger der gesetzlichen Unfallversicherung.

(3) In den Selbstverwaltungsorganen der Berufsgenossenschaften wirken Arbeitgeber und Arbeitnehmer in gleicher Anzahl mit.

(4) Die Mittel für die Ausgaben der Berufsgenossenschaften werden von den Arbeitgebern aufgebracht.

(5) Die Mittel für die Ausgaben der Berufsgenossenschaften werden vom Staat aufgebracht.

762

Welche Aussage über die Finanzierung der gesetzlichen Unfallversicherung ist richtig?

(1) Die Finanzierung erfolgt je zur Hälfte durch die Beiträge der Arbeitgeber und der Arbeitnehmer.

(2) Die Finanzierung erfolgt allein durch den Staat.

(3) Die Finanzierung erfolgt allein durch die Beiträge der Arbeitgeber.

(4) Die Finanzierung erfolgt durch die gesetzlichen Krankenkassen.

(5) Die Finanzierung erfolgt durch die Bundesanstalt für Arbeit und freiwillige Beiträge der Arbeitgeber.

Sozialversicherung — Aufgabenbank

763

Wer hat die Beiträge für die gesetzliche Unfallversicherung zu bezahlen?

1. Arbeitgeber und Arbeitnehmer je zur Hälfte
2. Arbeitgeber und Staat je zur Hälfte
3. Arbeitnehmer und Staat je zur Hälfte
4. Arbeitnehmer in voller Höhe
5. Arbeitgeber in voller Höhe

764

Welche Aussage über den Beitrag, den ein Unternehmer zur gesetzlichen Unfallversicherung zahlen muß, ist *falsch*?

1. Der Beitrag wird erhöht, wenn im abgelaufenen Jahr sich die Zahl der Unfälle vergrößert hat.
2. Der Beitrag wird jedes Jahr neu berechnet.
3. Der Beitrag ist vom Verdienst der Beschäftigten in der Unternehmung abhängig.
4. Der Beitrag ist vom Grad der Unfallgefahr in der Unternehmung abhängig.
5. Der Beitrag ist für alle Unternehmer gleich hoch.

765

Ein Unternehmer führt den Beitrag zur gesetzlichen Unfallversicherung nicht ab. Welche Aussage über den Versicherungsschutz der Arbeitnehmer ist richtig?

1. Die Arbeitnehmer verlieren drei Wochen nach dem Termin der Beitragszahlung den Versicherungsschutz.
2. Die Arbeitnehmer sind trotzdem unfallversichert.
3. Die Arbeitnehmer erhalten im Versicherungsfall nur Leistungen in halber Höhe.
4. Die Arbeitnehmer sind weiter unfallversichert, wenn sie länger als 6 Jahre im Unternehmen tätig sind.
5. Die Arbeitnehmer sind weiterversichert, wenn sie innerhalb von drei Wochen den Beitrag selbst aufbringen.

766

Wie kommt das Versicherungsverhältnis eines Arbeitnehmers mit der zuständigen Berufsgenossenschaft zustande?

1. Durch die Pflichtmitgliedschaft des Arbeitgebers in der Berufsgenossenschaft
2. Durch automatische Mitgliedschaft nach Vollendung des 18. Lebensjahrs
3. Durch Aufnahmeantrag des Arbeitnehmers
4. Durch die Zahlung des ersten Beitrags durch den Arbeitnehmer
5. Durch die Beantragung einer Versicherungsleistung, z.B. nach einem Unfall

767

Welche der genannten Personen ist in der gesetzlichen Unfallversicherung *nicht* pflichtversichert?

1. Auszubildender
2. Umschüler
3. Angestellter
4. Beamter
5. Heimarbeiter

768

Welche der genannten Leistungen wird von der gesetzlichen Unfallversicherung *nicht* erbracht?

1. Zahlung einer Verletztenrente nach einem Arbeitsunfall
2. Übernahme der Kosten für Heilbehandlung nach einem Arbeitsunfall
3. Übernahme der Kosten der Umschulung bei Berufsunfähigkeit
4. Zahlung von Krankengeld bei allgemeinen Erkrankungen
5. Zahlung einer Rente an Hinterbliebene eines Unfallopfers

Aufgabenbank   **Sozialversicherung**

769

Für welchen der genannten Unfälle erbringt die gesetzliche Unfallversicherung *keine* Leistungen?

1. Arbeitsunfall im Betrieb, der durch eigene Fahrlässigkeit verursacht wurde
2. Arbeitsunfall auf einer Baustelle, der auf „höhere Gewalt" (z.B. Glatteis) zurückzuführen ist.
3. Arbeitsunfall bei Montagearbeiten im Ausland
4. Verkehrsunfall auf dem Weg zur Arbeitsstelle
5. Arbeitsunfall, der auf übermäßigen Alkoholgenuß zurückzuführen ist

770

Ein Monteur kommt mit seinem privaten Auto auf der Fahrt zu einem Kunden ins Schleudern und fährt gegen einen Baum. Er wird dabei erheblich verletzt und das Auto stark beschädigt. Was wird von der Berufsgenossenschaft *nicht* übernommen?

1. Kosten für Autoreparatur
2. Kosten für ärztliche Behandlung
3. Kosten für Krankenhauspflege
4. Übergangsgeld während der Arbeitsunfähigkeit
5. Verletztenrente bei Erwerbsminderung

771

In welchem Fall ist ein Auszubildender in der gesetzlichen Unfallversicherung *nicht* versichert?

1. Auf dem Weg zu schriftlichen Abschlußprüfung
2. Bei der mündlichen Abschlußprüfung
3. Bei der Feier der bestandenen Abschlußprüfung im Freundeskreis
4. Auf dem Heimweg von der schriftlichen Abschlußprüfung
5. Beim Anfertigen des Prüfungsstücks der Abschlußprüfung

772

In welchem Fall ist die genannte Person in der gesetzlichen Unfallversicherung *nicht* versichert?

1. Der siebenjährige Klaus fällt im Kindergarten vom Stuhl und bricht sich den Arm.
2. Die 14jährige Ilse fällt in der Schule die Treppe herunter und bricht sich ein Bein.
3. Herr Müller rettet einen Autofahrer aus dem im Straßengraben liegenden Auto und zieht sich dabei erhebliche Schnittverletzungen zu.
4. Frau Maier putzt die Fenster ihrer Wohnung. Dabei fällt sie von der Leiter und bricht sich ein Bein.
5. Herr Schulz hilft einem Polizisten bei der Festnahme eines Einbrechers und wird dabei erheblich verletzt.

773

Welches Ziel will der Gesetzgeber mit dem Arbeitsförderungsgesetz *nicht* erreichen?

1. Aufrechterhaltung eines hohen Beschäftigungsstands
2. Ständige Verbesserung der Beschäftigungsstruktur
3. Erhöhung des Anteils ausländischer Arbeitnehmer an der Gesamtzahl der Beschäftigten
4. Förderung des Wirtschaftswachstums
5. Bekämpfung illegaler Beschäftigung

774

Welche Institution hat den gesetzlichen Auftrag, die im Arbeitsförderungsgesetz genannten Aufgaben durchzuführen?

1. Bundesministerium für Arbeit und Sozialordnung
2. Bundesanstalt für Arbeit
3. Bundesversicherungsanstalt
4. Berufsgenossenschaft
5. Gesetzliche Krankenkassen

Sozialversicherung — **Aufgabenbank**

775

Welche der genannten Aufgaben wurde der Bundesanstalt für Arbeit *nicht* übertragen?

① Berufsberatung
② Arbeitsvermittlung
③ Gewährung von Arbeitslosenhilfe
④ Arbeitslosenversicherung
⑤ Krankenversicherung der Arbeitslosen

776

Welche Gruppe ist in den Organen (Verwaltungsrat und Vorstand) der Bundesversicherungsanstalt für Arbeit *nicht* vertreten?

① Vertreter der politischen Parteien
② Vertreter des Bundesrats
③ Vertreter der Bundesregierung
④ Arbeitnehmer
⑤ Arbeitgeber

777

In welcher Stadt hat die Bundesanstalt für Arbeit ihren Sitz?

① Berlin
② Bonn
③ Frankfurt
④ Nürnberg
⑤ Kassel

778

Welche Einrichtung ist Träger der Arbeitslosenversicherung?

① Landesversicherungsanstalt
② Bundesversicherungsanstalt für Angestellte
③ Allgemeine Ortskrankenkassen
④ Berufsgenossenschaften
⑤ Bundesanstalt für Arbeit

779

Was gehört *nicht* zu den Aufgaben der Arbeitsämter?

① Zahlung von Sozialhilfe
② Zahlung von Arbeitslosenhilfe
③ Zahlung von Arbeitslosengeld
④ Vermittlung von Arbeitsplätzen
⑤ Arbeits- und Berufsberatung

780

Welche der genannten Personen ist in der Arbeitslosenversicherung beitragspflichtig?

① Selbständiger
② Auszubildender
③ Hausfrau
④ Rentner
⑤ Beamter

Aufgabenbank **Sozialversicherung**

781

Welche der genannten Personen ist in der Arbeitslosenversicherung *nicht* beitragspflichtig?

(1) Herr Schneider wird im Rahmen eines Berufsausbildungsvertrags zum Werkzeugmechaniker ausgebildet.

(2) Frau Schulze arbeitet in der Woche nur 20 Stunden als Kassiererin.

(3) Herr Braun studiert an der Fachhochschule Maschinenbau.

(4) Frau Fischer ist im Betrieb ihres Mannes an drei Arbeitstagen je 8 Stunden als Sekretärin gegen Entgelt tätig.

(5) Herr Franz leistet seinen Grundwehrdienst ab. Davor war er zwei Jahre als Verkaufsfahrer tätig.

782

In welchem Fall braucht ein Arbeitnehmer *keine* Beiträge zur Arbeitslosenversicherung mehr zu zahlen?

(1) Wenn er 7000,– DM im Monat verdient

(2) Wenn er das 65. Lebensjahr vollendet

(3) Wenn er sich auf einer Montagestelle im Ausland befindet

(4) Wenn er zum leitenden Angestellten ernannt wird

(5) Wenn er verheiratet ist und mehr als drei Kinder hat

783

Bis zu welchem Alter ist ein Arbeitnehmer in der Arbeitslosenversicherung beitragspflichtig?

Bis zur Vollendung des

(1) 65. Lebensjahrs

(2) 63. Lebensjahrs

(3) 60. Lebensjahrs

(4) 58. Lebensjahrs

(5) 54. Lebensjahrs

784

Wie werden die Mittel zur Finanzierung der Leistungen der Arbeitslosenversicherung aufgebracht?

(1) Durch Zahlungen der Rentenversicherung und der Krankenversicherungen

(2) Durch Umlage der Gesamtaufwendungen auf alle Unternehmungen

(3) Durch Beiträge der Arbeitnehmer und der Arbeitgeber

(4) Durch Beiträge der Gemeinden aus den Gemeindekassen

(5) Durch den Bund aus dem Staatshaushalt

785

Wonach richtet sich die Höhe des Beitrags, den ein Arbeitnehmer zur Arbeitslosenversicherung zu zahlen hat?

(1) Nach dem Arbeitsentgelt und der Anzahl der Familienangehörigen

(2) Nach dem Arbeitsentgelt und der Anzahl der Beschäftigungsjahre

(3) Nach dem Arbeitsentgelt und dem Versicherungsrisiko

(4) Nur nach dem Versicherungsrisiko

(5) Nur nach dem Arbeitsentgelt

786

Wieviel Prozent des Beitrags zur Arbeitslosenversicherung muß der Arbeitnehmer bezahlen?

(1) 20 %

(2) 25 %

(3) 33 1/3 %

(4) 50 %

(5) 100 %

Sozialversicherung — Aufgabenbank

787

Welchen Anteil vom Beitrag zur Arbeitslosenversicherung muß der Arbeitgeber bezahlen?

1. Ein Viertel des Beitrags
2. Die Hälfte des Beitrags
3. Drei Viertel des Beitrags
4. Den gesamten Beitrag
5. Keinen

788

An welche Stelle hat der Arbeitgeber die Beiträge zur Arbeitslosenversicherung abzuführen?

1. Arbeitsamt
2. Krankenkasse
3. Bundesanstalt für Arbeit
4. Landesversicherungsanstalt
5. Finanzamt

789

Welche Leistung an Arbeitslose wird durch Beiträge der Versicherten zur Arbeitslosenversicherung aufgebracht?

1. Sozialhilfe
2. Arbeitslosenhilfe
3. Arbeitslosengeld
4. Wohngeld
5. Krankengeld

790

Arbeitslosengeld erhält ein Arbeitsloser nur, wenn er ganz bestimmte Voraussetzungen erfüllt. Welche Voraussetzung wird *nicht* gefordert?

1. Er muß die deutsche Staatsbürgerschaft besitzen.
2. Er muß die Anwartschaftszeit erfüllt haben.
3. Er muß für die Arbeitsvermittlung verfügbar sein.
4. Er muß sich persönlich arbeitslos melden.
5. Er muß die Zahlung von Arbeitslosengeld beantragen.

791

Welche Voraussetzung muß ein Arbeitsloser unter anderem erfüllen, um Arbeitslosengeld zu erhalten?

1. Er muß bedürftig sein.
2. Er muß das 21. Lebensjahr vollendet haben.
3. Er darf nicht älter als 63 Jahre sein.
4. Er muß die Anwartschaftszeit erfüllt haben.
5. Er darf im letzten Jahr vor der Arbeitslosigkeit monatlich nicht mehr als 7600,– DM verdient haben.

792

Welche der genannten Personen ist im Sinne des Arbeitsförderungsgesetzes arbeitslos?

1. Selbständiger Handwerksmeister, der seinen Betrieb wegen Auftragsmangel geschlossen hat
2. Verkäuferin, die wöchentlich nur 17 Stunden arbeitet
3. Hausfrau mit abgeschlossener Berufsausbildung, die eine Arbeitsstelle annehmen möchte, das aber wegen der Betreuung ihrer Kinder nicht kann
4. Student einer Fachhochschule
5. Werkzeugmechaniker, der Altersruhegeld bezieht, in seinem Beruf jedoch noch halbtags arbeiten möchte

Aufgabenbank **Sozialversicherung**

793

Wieviel Kalendertage muß ein Arbeitnehmer im Normalfall innerhalb der Rahmenfrist von drei Jahren mindestens beitragspflichtig beschäftigt gewesen sein, um die Anwartschaft auf Arbeitslosengeld zu erfüllen?

1. 120
2. 150
3. 240
4. 360
5. 520

794

Herr Müller hat Werkzeugmechaniker gelernt und wird nach der bestandenen Abschlußprüfung sofort arbeitslos. Hat er Anspruch auf Arbeitslosengeld?

1. Ja, da er die Anwartschaftszeit erfüllt hat
2. Nein, da er noch keine Beiträge als Facharbeiter gezahlt hat
3. Nein, da er weniger als 4 Jahre beschäftigt war
4. Nein, da es in diesem Beruf noch offene Stellen gibt
5. Nein, da Auszubildende keine Beiträge zur Arbeitslosenversicherung zahlen

795

Frau Müller war fünf Jahre als Bauzeichnerin tätig. Danach war sie sieben Jahre Hausfrau. Nun meldet sie sich beim Arbeitsamt arbeitslos; sie kann jedoch nicht vermittelt werden. Bekommt sie Arbeitslosengeld?

1. Nein, sie bekommt lediglich Arbeitslosenhilfe.
2. Nein, da sie derzeit nicht zu den Arbeitnehmern zählt.
3. Nein, da sie die Anwartschaftszeit nicht erfüllt.
4. Ja, weil die Hausfrauen-Tätigkeit als Berufstätigkeit angerechnet wird.
5. Ja, wobei die Höhe des Arbeitslosengelds jedoch nach dem Einkommen einer Hausgehilfin berechnet wird.

796

Arbeitslosengeld erhält ein Arbeitsloser nur, wenn er für die Arbeitsvermittlung verfügbar ist. Welche Bedingung muß der Arbeitslose im Sinne der Verfügbarkeit *nicht* erfüllen?

1. Er muß für das Arbeitsamt täglich durch Postkarte oder Brief unter der Wohnanschrift erreichbar sein.
2. Er muß das Arbeitsamt täglich aufsuchen können.
3. Er muß während der Dienstzeit des Arbeitsamts telefonisch erreichbar sein.
4. Er muß eine zumutbare Beschäftigung unter den üblichen Bedingungen des Arbeitsmarktes ausüben können.
5. Er muß bereit sein, jede zumutbare Beschäftigung aufzunehmen.

797

In welchem Fall ist der Antragsteller für die Arbeitsvermittlung verfügbar und erfüllt damit eine wesentliche Voraussetzung für die Zahlung von Arbeitslosengeld?

Der Arbeitslose teilt dem Arbeitsvermittler bei der Arbeitslosmeldung mit, daß

1. er ein Studium an der Fachhochschule begonnen hat.
2. er nur vormittags und am Abend jeweils zwei Stunden arbeiten kann.
3. er in der nächsten Woche nach Spanien fahren werde, um den Winter in seiner Ferienwohnung zu verbringen.
4. er wegen seiner körperlichen Leiden derzeit keine Arbeit annehmen kann.
5. er nur noch an drei Tagen in der Woche jeweils 8 Stunden arbeiten kann.

798

Einem Arbeitnehmer wird am 12. Januar zum 31. März gekündigt. Mit Datum vom 25. März teilt der Arbeitnehmer seine bevorstehende Arbeitslosigkeit dem Arbeitsamt schriftlich mit. Am 5. April meldet er sich persönlich beim Arbeitsamt. Ab welchem Tag erhält er Arbeitslosengeld?

1. Ab dem 13. Januar
2. Ab dem 26. März
3. Ab dem 31. März
4. Ab dem 01. April
5. Ab dem 05. April

Sozialversicherung — Aufgabenbank

799

Arbeitslosengeld erhält ein Arbeitsloser nur, wenn er einen Antrag stellt. Welche Institution oder Person ist für die Entgegennahme des Antrags zuständig?

1. Der letzte Arbeitgeber
2. Die Industrie- und Handelskammer
3. Das Landesarbeitsamt
4. Das Arbeitsamt, das für den Betrieb des Arbeitgebers zuständig ist
5. Das für den Wohnsitz des Arbeitnehmers zuständige Arbeitsamt

800

Von welchen zwei Größen ist die Anspruchsdauer, d.h. die Zeit, in der Arbeitslosengeld gezahlt wird, abhängig?

1. Von der Summe der gezahlten Versicherungsbeiträge und dem Familienstand des Arbeitslosen
2. Von der Dauer der beitragspflichtigen Beschäftigung in den letzten Jahren und dem Alter des Arbeitslosen
3. Von der Dauer der beitragspflichtigen Beschäftigung und der Bedürftigkeit des Arbeitslosen
4. Von der Höhe des letzten Arbeitsentgelt und dem Alter des Arbeitslosen
5. Von der Dauer der Beschäftigung beim letzten Arbeitgeber und dem Familienstand des Versicherten

801

Ein Auszubildender besteht nach der 3,5jährigen Ausbildung die Abschlußprüfung und wird danach arbeitslos. Wie lange erhält er Arbeitslosengeld?

1. 90 Wochentage
2. 156 Wochentage
3. 208 Wochentage
4. 260 Wochentage
5. 312 Wochentage

802

Kann ein Arbeitsloser innerhalb der siebenjährigen Rahmenfrist mindestens 840 Kalendertage beitragspflichtige Beschäftigung nachweisen, dann erhöht sich ab der Vollendung eines bestimmten Lebensjahrs die Anspruchsdauer für das Arbeitslosengeld. Welches Lebensjahr muß er vollendet haben?

1. Das 25. Lebensjahr
2. Das 28. Lebensjahr
3. Das 32. Lebensjahr
4. Das 40. Lebensjahr
5. Das 42. Lebensjahr

803

Welche Voraussetzung muß ein Arbeitsloser erfüllen, um die im Arbeitsförderungsgesetz vorgeschriebene maximale Anspruchsdauer (832 Tage) für die Zahlung des Arbeitslosengelds, zu erfüllen?

1. Er muß das 54. Lebensjahr vollendet haben.
2. Er muß das 49. Lebensjahr vollendet haben.
3. Er muß verheiratet und für mindestens zwei Kinder unterhaltspflichtig sein.
4. Er muß in einer Rahmenfrist von fünf Jahren 960 Kalendertage beitragspflichtig beschäftigt gewesen sein.
5. Er muß mindestens sieben Jahre ohne Unterbrechung bei einem Arbeitgeber gegen Entgelt beschäftigt gewesen sein.

804

Ein 55jähriger Facharbeiter, der stets beitragspflichtig beschäftigt war, wird arbeitslos. Wie lange würde er Arbeitslosengeld erhalten?

1. 468 Wochentage
2. 520 Wochentage
3. 676 Wochentage
4. 832 Wochentage
5. 980 Wochentage

Aufgabenbank   **Sozialversicherung**

805

Was wird bei der Bemessung des Arbeitslosengelds *nicht* berücksichtigt?

1. Das zuletzt erzielte Arbeitsentgelt
2. Die Lohnsteuerklasse des Arbeitslosen
3. Die Unterhaltspflicht für ein Kind
4. Die im Bemessungszeitraum geleisteten Arbeitsstunden
5. Steuerfreibeträge auf der Lohnsteuerkarte

806

Für die Berechnung der Höhe des Arbeitslosengelds ist das im Bemessungszeitraum erzielte Arbeitsentgelt von wesentlicher Bedeutung. Was wird dem Arbeitsentgelt zugeordnet?

1. Weihnachtsgeld
2. Urlaubsgeld
3. Überstundenzuschläge
4. Jubiläumsgelder
5. Entgelt für Überstunden ohne Zuschläge

807

Ein Auszubildender erhielt im letzten Ausbildungsjahr 1 150,- DM Ausbildungsvergütung. Nach bestandener Abschlußprüfung wird er arbeitslos. Wonach wird das Arbeitslosengeld bemessen?

1. Nach der Ausbildungsvergütung
2. Nach 50 % des erreichbaren Tariflohns
3. Nach 75 % des erreichbaren Tariflohns
4. Nach 80 % des erreichbaren Tariflohns
5. Nach 100 % des erreichbaren Tariflohns

808

Ein Auszubildender erhielt im letzten Ausbildungsjahr 1 150,- DM Ausbildungsvergütung. Nachdem er die Abschlußprüfung *nicht* bestanden hat, lehnt er eine weitere Ausbildung ab und meldet sich als Arbeitsloser beim Arbeitsamt. Wonach wird das Arbeitslosengeld bemessen?

1. Nach der Ausbildungsvergütung
2. Nach 50 % des erreichbaren Tariflohns
3. Nach 75 % des erreichbaren Tariflohns
4. Nach 80 % des erreichbaren Tariflohns
5. Nach 100 % des erreichbaren Tariflohns

809

Wie hoch ist das Arbeitslosengeld, das ein Arbeitsloser, der ein Kind zu unterhalten hat, erhält?

1. 53 % des vom Arbeitsamt berechneten letzten Nettoarbeitsentgelts.
2. 57 % des vom Arbeitsamt berechneten letzten Nettoarbeitsentgelts.
3. 60 % des vom Arbeitsamt berechneten letzten Nettoarbeitsentgelts.
4. 67 % des vom Arbeitsamt berechneten letzten Nettoarbeitsentgelts.
5. 72 % des vom Arbeitsamt berechneten letzten Nettoarbeitsentgelts.

810

Wie hoch ist das Arbeitslosengeld, das ein Alleinstehender ohne Kind erhält?

1. 53 % des vom Arbeitsamt berechneten letzten Nettoarbeitsentgelts.
2. 57 % des vom Arbeitsamt berechneten letzten Nettoarbeitsentgelts.
3. 58 % des vom Arbeitsamt berechneten letzten Nettoarbeitsentgelts.
4. 60 % des vom Arbeitsamt berechneten letzten Nettoarbeitsentgelts.
5. 67 % des vom Arbeitsamt berechneten letzten Nettoarbeitsentgelts.

Sozialversicherung — Aufgabenbank

811

Welche Aussage über das Arbeitslosengeld ist richtig?

1. Arbeitslosengeld wird von den Arbeitsämtern in Bargeld ausgezahlt.
2. Arbeitslosengeld erhält nur derjenige, der eine Notlage nachweisen kann.
3. Arbeitslosengeld wird erst vom vierten Tag der Arbeitslosigkeit gezahlt.
4. Arbeitslosengeld wird für die Höchstdauer von vier Jahren gezahlt.
5. Arbeitslosengeld wird auch gezahlt, wenn der Arbeitslose verwertbares Vermögen besitzt.

812

Ein Arbeitnehmer wird aus einem wichtigen Grund fristlos entlassen. Welche Aussage im Hinblick auf ein zu beanspruchendes Arbeitslosengeld ist in diesem Falle richtig?

Der Arbeitslose

1. erhält Arbeitslosengeld erst nach einer Sperrfrist von 12 Wochen.
2. erhält kein Arbeitslosengeld, aber Arbeitslosenhilfe.
3. erhält sofort Arbeitslosengeld.
4. erhält für die Dauer der Arbeitslosigkeit weder Arbeitslosengeld noch Arbeitslosenhilfe.
5. erhält Arbeitslosengeld erst nach einer Sperrfrist von einer Woche.

813

In welchem der genannten Fälle wird das Arbeitsamt die Zahlung des Arbeitslosengelds für eine bestimmte Zeit *nicht* sperren?

1. Ein Arbeitnehmer versteht sich mit seinen Kollegen nicht und löst von sich aus den Arbeitsvertrag.
2. Ein Auszubildender wird nach der bestandenen Abschlußprüfung sofort arbeitslos.
3. Ein Arbeitnehmer wird aus einem wichtigen Grund fristlos entlassen.
4. Ein Arbeitsloser verhindert durch sein Auftreten und seine äußere Erscheinung die Arbeitsvermittlung durch das Arbeitsamt.
5. Ein Arbeitsloser kommt der Aufforderung zum Erscheinen auf dem Arbeitsamt nicht nach.

814

In welchem der genannten Fälle würde das Arbeitsamt das Arbeitslosengeld für 12 Wochen sperren?

1. Herr Frank kündigt fristlos seinen Arbeitsvertrag, weil der Arbeitgeber seit zwei Monaten das Arbeitsentgelt nicht gezahlt hat.
2. Herrn Schulze wird wegen Betriebsstillegung ordentlich gekündigt. Er meldet sich arbeitslos.
3. Frau Rot lehnt eine ihr vom Arbeitsamt angebotene auf vier Wochen befristete Arbeitsstelle ab.
4. Herr Huber kündigt fristgerecht seinen Arbeitsvertrag, weil er die Arbeit körperlich nicht mehr leisten kann, was ihm ein Arzt bescheinigt hat.
5. Frau Meier kündigt ihren Arbeitsvertrag, weil sie für eine 12wöchige Reise nach Indien keinen Sonderurlaub erhält. Nach der Reise meldet sie sich arbeitslos.

815

In welchem Fall geht einem Arbeitslosen ein erarbeiteter Anspruch auf Arbeitslosengeld unwiederbringlich verloren?

1. Wenn der Arbeitslose einen erheblichen Vermögenszuwachs (Lottogewinn) nicht meldet.
2. Wenn der Arbeitslose zuviel gezahltes Arbeitslosengeld nicht zurückzahlt.
3. Wenn der Arbeitslose nach Entstehen des Anspruchs bereits Anlaß für eine Sperrzeit von zwölf Wochen gegeben hat und er erneut Anlaß für eine Sperrzeit von 12 Wochen gibt.
4. Wenn der Arbeitslose in Urlaub fährt und die Urlaubsanschrift dem Arbeitsamt nicht meldet.
5. Wenn der Arbeitslose eine Straftat begeht.

816

Ein Industriemechaniker wird arbeitslos und erhält Arbeitslosengeld. Welche der ihm vom Arbeitsamt angebotenen Beschäftigungen kann der Arbeitslose *nicht* als unzumutbar ablehnen?

1. Beschäftigung, bei der das Bruttoarbeitsentgelt 20 % geringer als bei seiner letzten Beschäftigung ist
2. Beschäftigung als Fließbandarbeiter
3. Beschäftigung, bei der er für den Hin- und Rückweg 3 Stunden benötigt
4. Beschäftigung, für die das Nettoarbeitsentgelt geringer als das Arbeitslosengeld ist
5. Beschäftigung, die unter dem Tariflohn bezahlt wird

Aufgabenbank   **Sozialversicherung**

817

Ein Facharbeiter ist seit sieben Monaten arbeitslos und bezieht Arbeitslosengeld. Welche Beschäftigung kann der Arbeitslose als *nicht* zumutbar ablehnen, ohne daß sein Arbeitslosengeld gekürzt wird?

Eine Beschäftigung, bei der er

(1) keine übertariflichen Zuschläge erhält.

(2) nur 80 % seines früheren Bruttolohns erhält.

(3) unter dem Lohntarif bezahlt wird.

(4) für den Hin- und Rückweg zum Arbeitsplatz 2,5 Stunden benötigt.

(5) eine Stufe unter seiner Facharbeiter-Qualifikation arbeiten muß.

818

Einem arbeitslosen Techniker, der zuletzt ein monatliches Bruttogehalt von 5700,– DM erhielt, wird vom Arbeitsamt eine Techniker-Stelle angeboten, auf der er lediglich 4800,– DM brutto verdienen würde. Ist diese Stelle nach dem Arbeitsförderungsgesetz für den Arbeitslosen zumutbar?

(1) Ja, sofern das Arbeitsamt die Differenz zwischen dem früheren und dem neuen Bruttogehalt ausgleicht.

(2) Ja, da der Arbeitslose kurzfristig jede angebotene Stelle, die seiner Ausbildung entspricht, annehmen muß.

(3) Ja, da ein finanzieller Abstieg bis zu 80 % des letzten Bruttogehalts zugemutet werden kann.

(4) Nein, das Bruttogehalt darf nur 10 % unter dem früheren Bruttogehalt liegen.

(5) Nein, da ein finanzieller Abstieg nicht zugemutet werden darf.

819

Wozu ist ein Arbeitsloser, der Arbeitslosengeld bezieht, *nicht* verpflichtet?

(1) Dem Arbeitsamt eine Änderung der Vermögensverhältnisse mitzuteilen, z.B. Erbschaft.

(2) Einen Umzug dem Arbeitsamt mit Angabe der neuen Anschrift rechtzeitig mitzuteilen.

(3) Einen Urlaub vor seinem Antritt vom Arbeitsamt bestätigen zu lassen.

(4) Eine ihm vom Arbeitsamt vermittelte, ihm zumutbare Beschäftigung anzunehmen.

(5) Eine zur Arbeitsunfähigkeit führende Erkrankung dem Arbeitsamt zu melden.

820

Ein Arbeitsloser, der Arbeitslosengeld bezieht, möchte außerhalb des Wohnorts sechs Wochen Urlaub machen. Welche Aussagen sind richtig?

(1) Der Arbeitslose muß dem Arbeitsamt jederzeit zur Verfügung stehen; ein Urlaub ist deshalb nicht möglich.

(2) Der Arbeitslose kann in Urlaub gehen. Er erhält für die Urlaubszeit jedoch kein Arbeitslosengeld.

(3) Der Arbeitslose kann ohne Verlust des Arbeitslosengelds in Urlaub gehen. Er muß dem Arbeitsamt lediglich mitteilen, wo er zu erreichen ist.

(4) Der Arbeitslose erhält für drei Wochen Arbeitslosengeld, wenn der Urlaub vom Arbeitsamt genehmigt wurde.

(5) Der Arbeitslose kann in Urlaub gehen, weil ihm nach dem Bundesurlaubsgesetz 30 Tage Urlaub zustehen.

821

Ein Arbeitsloser, der Arbeitslosengeld bezieht, fährt für 8 Wochen nach Spanien in Urlaub. Welche Aussage über das Arbeitslosengeld ist richtig?

(1) Er erhält neben dem Arbeitslosengeld ein zusätzliches Urlaubsgeld.

(2) Er erhält für drei Wochen Arbeitslosengeld.

(3) Er erhält für sechs Wochen Arbeitslosengeld.

(4) Er erhält für die gesamte Dauer des Urlaubs kein Arbeitslosengeld.

(5) Er erhält für drei Wochen Arbeitslosengeld und die Reisekosten.

822

Ein Arbeitsloser, der Arbeitslosengeld bezieht, erkrankt. Welche Aussage über seine finanzielle Sicherung ist richtig?

(1) Er erhält bis zu einer Arbeitsunfähigkeitsdauer von sechs Wochen Arbeitslosengeld, danach Krankengeld.

(2) Er erhält 14 Tage Arbeitslosengeld und danach Krankengeld.

(3) Er erhält vom ersten Tag der Erkrankung an von der Krankenkasse Krankengeld.

(4) Er erhält bis zu drei Wochen Arbeitslosengeld, danach Sozialhilfe.

(5) Er erhält weder Arbeitslosen- noch Krankengeld sondern lediglich Sozialhilfe.

Sozialversicherung — Aufgabenbank

823

Wer zahlt für einen Arbeitslosen, der Arbeitslosengeld bezieht, die Beiträge zur gesetzlichen Krankenversicherung?

(1) Die Bundesanstalt für Arbeit
(2) Die Landesregierung
(3) Das Sozialamt der Gemeinde
(4) Die Bundesregierung
(5) Das Bundesarbeitsministerium

824

Wie werden die Mittel für die Zahlung der Arbeitslosenhilfe aufgebracht?

(1) Durch Beiträge der Arbeitnehmer und der Arbeitgeber zur Arbeitslosenversicherung
(2) Durch Umlage der Gesamtaufwendungen auf alle Unternehmungen
(3) Durch Zahlungen der Rentenversicherung und der Krankenversicherungen
(4) Durch den Bund aus dem Staatshaushalt
(5) Durch die Gemeinden aus den Gemeindekassen

825

Welche Aussage über die Arbeitslosenhilfe ist *falsch*?

(1) Sie wird nur gezahlt, wenn der anspruchsberechtigte Antragsteller bedürftig ist.
(2) Bei der Prüfung des Anspruchs wird das Vermögen des Arbeitslosen und seines Ehepartners berücksichtigt.
(3) Der Höchstsatz der Arbeitslosenhilfe beträgt 68 % des vom Arbeitsamt berechneten letzten Nettoarbeitsentgelts.
(4) Alleinstehende erhalten einen niedrigeren Prozentsatz ihres letzten Arbeitsentgelts als Verheiratete.
(5) Arbeitslosenhilfe wird zeitlich unbegrenzt gezahlt, sie muß jedoch jährlich neu beantragt werden.

826

In welchem Fall würde das Arbeitsamt Arbeitslosenhilfe zahlen?

(1) Frau Moll war fünf Jahre als Hausfrau tätig. Nun meldet sie sich beim Arbeitsamt als arbeitslos. Sie kann jedoch zur Zeit nicht vermittelt werden.
(2) Herr Wild verliert nach sechs Monaten den Anspruch auf Zahlung von Arbeitslosengeld. Er kann immer noch nicht vermittelt werden.
(3) Frau Schön war sechs Jahre selbständig tätig. Im Jahr vor der Antragstellung war sie 55 Kalendertage beitragspflichtig beschäftigt.
(4) Herr Braun meldet sich nach seinem Soziologiestudium, als arbeitslos. Er kann jedoch nicht vermittelt werden.
(5) Frau Scholz verliert nach 10jähriger ununterbrochener Tätigkeit als Verkäuferin ihren Arbeitsplatz und meldet sich arbeitslos. Sie kann jedoch nicht vermittelt werden.

827

Herr Müller hat unmittelbar nach dem Abitur eine Hochschule besucht. Nach dem Examen findet er keinen passenden Arbeitsplatz. Bekommt er von einer öffentlichen Stelle eine finanzielle Unterstützung?

(1) Ja, vom Arbeitsamt Arbeitslosengeld
(2) Ja, vom Arbeitsamt Arbeitslosenhilfe
(3) Ja, von der Hochschule ein Überbrückungsgeld
(4) Ja, vom Sozialamt Sozialhilfe, wenn er bedürftig ist
(5) Nein

828

In welchem Fall würde ein Arbeitsloser, der Arbeit sucht, vom Sozialamt Hilfe zum Lebensunterhalt (Sozialhilfe) bekommen?

Der Arbeitslose

(1) lebt in eheähnlicher Gemeinschaft mit seinem Lebenspartner zusammen der ein monatliches Arbeitsentgelt von 5 200,– DM bezieht.
(2) erhält vom Arbeitsamt Arbeitslosengeld, das jedoch nicht ausreicht, um seinen Lebensunterhalt und die Zinsen für ein Baudarlehen zu bezahlen.
(3) lebt bei seinen Eltern, die ein monatliches Einkommen von 4 500,– DM haben.
(4) erhält vom Arbeitsamt Arbeitslosenhilfe, die jedoch unter dem Satz der Sozialhilfe liegt.
(5) hat monatliche Mieteinkünfte in Höhe von 3 000,– DM.

Aufgabenbank — Sozialversicherung

829

Einem Arbeitslosen, der eine zumutbare Arbeitsstelle ohne Begründung ablehnt, wird das Arbeitslosengeld für zwölf Wochen gesperrt. Er beantragt beim Sozialamt Sozialhilfe. Welche wesentliche Voraussetzung muß er erfüllen?

(1) Er muß älter als 50 Jahre sein.

(2) Er muß für mindestens ein Kind aufkommen müssen.

(3) Er muß vor der Arbeitslosigkeit mindestens 6 Monate beitragspflichtig beschäftigt gewesen sein.

(4) Er und seine Angehörigen müssen bedürftig sein.

(5) Er muß später die Sozialhilfe zurückzahlen können.

830

In welchem Fall hat der Arbeitslose *keinen* Anspruch auf Sozialhilfe?

(1) Der Arbeitslose erhält vom Arbeitsamt Arbeitslosenhilfe, die jedoch zum Bestreiten des Lebensunterhalts nicht ausreicht.

(2) Dem bedürftigen Arbeitslosen wird das Arbeitslosengeld für 12 Wochen gesperrt, weil er einen zumutbaren Arbeitsplatz abgelehnt hat.

(3) Der Arbeitslose, der weder Arbeitslosengeld noch Arbeitslosenhilfe bekommt, lebt mit seiner Freundin, die monatlich 3 800,- DM verdient, in eheähnlicher Gemeinschaft

(4) Der bedürftige Arbeitslose erhält weder Arbeitslosengeld noch Arbeitslosenhilfe, weil er nach seinem Studium nur zwei Monate beitragspflichtig beschäftigt war.

(5) Der bedürftige Arbeitslose erhält für die ersten zwölf Wochen der Arbeitslosigkeit kein Arbeitslosengeld, weil er ohne wichtigen Grund sein Arbeitsverhältnis selbst gekündigt hat.

831

Welche Aussage über die Landesversicherungsanstalten ist richtig?

(1) Sie sind zuständig für die Rentenversicherung der Arbeiter.

(2) Sie sind zuständig für die gesetzliche Krankenversicherung der Arbeitnehmer.

(3) Sie erlassen Richtlinien und Verwaltungsanweisungen für alle Sozialversicherungszweige.

(4) Sie erarbeiten Unfallverhütungsvorschriften und überwachen ihre Einhaltung.

(5) Sie sind Dachorganisation aller Versicherungen, die sich im Besitz der Bundesländer befinden.

832

Welche Aufgabe hat die Bundesversicherungsanstalt für Angestellte *nicht*?

(1) Übernahme der Kosten für Maßnahmen, die der Erhaltung der Erwerbsfähigkeit von Angestellten dienen

(2) Zahlung von Berufs- und Erwerbsunfähigkeitsrenten

(3) Zahlung des Altersruhegelds

(4) Übernahme der Kosten für die berufliche Wiedereingliederung von Angestellten, die durch Arbeitsunfälle geschädigt wurden

(5) Aufklärung und Beratung der Versicherten über ihre Rentenansprüche

833

Welche Aussage über die Mitgliedschaft in der gesetzlichen Rentenversicherung ist richtig?

(1) Jeder Arbeitnehmer kann frei entscheiden, ob er der Arbeiter- oder der Angestelltenversicherung angehören möchte.

(2) Jede natürliche Person kann unabhängig vom Alter und der Staatszugehörigkeit der Rentenversicherung freiwillig beitreten.

(3) Jeder Arbeitnehmer kann aus der Rentenversicherung austreten, wenn er das 55. Lebensjahr vollendet hat oder wenn er mehr als 5500,- DM im Monat verdient.

(4) Jeder Arbeiter ist ohne Rücksicht auf seinen eigenen Willen Mitglied in der Rentenversicherung.

(5) Arbeitslose können die freiwillige Mitgliedschaft beantragen, sofern sie Arbeitslosengeld oder -hilfe erhalten.

834

Wer finanziert die Leistungen der Rentenversicherung insgesamt?

(1) Nur die Arbeitgeber und die Arbeitnehmer

(2) Arbeitgeber, Arbeitnehmer und der Bund

(3) Jeweils zu 50 % der Bund und die Arbeitgeber

(4) Jeweils zu 50 % der Bund und die Arbeitnehmer

(5) Nur die Arbeitgeber

Sozialversicherung

835

Wer legt die Höhe der Beiträge für die Rentenversicherung fest?

1. Der Bundestag
2. Die Geschäftsführung der Landesversicherungsanstalten und der Bundesversicherungsanstalt für Angestellte
3. Die Bundesregierung
4. Der Bundesarbeitsminister
5. Die Vertreterversammlungen der Rentenversicherungsträger

836

Was geschieht mit den Beiträgen der Versicherten, die die Bundesversicherungsanstalt für Angestellte bzw. die Landesversicherungsanstalten einnehmen?

1. Sie werden am Ende des Jahres an die Staatskasse überwiesen.
2. Sie werden jeweils auf den Konten der Versicherten angesammelt und bei Erreichen des Rentenalters zurückgezahlt.
3. Sie werden am Ende des Jahres gewinnbringend angelegt, damit die Versicherten später eine hohe Rückzahlung erhalten.
4. Sie werden sogleich als Rente wieder ausgezahlt bzw. für andere Aufgaben der Rentenversicherungen ausgegeben.
5. Sie werden jeweils am Monatsende gleichmäßig auf die Träger der Sozialversicherungen aufgeteilt.

837

Welche der genannten Leistungen wird von der Rentenversicherung *nicht* erbracht?

1. Gewährung einer Rente bei vorzeitiger Erwerbsunfähigkeit
2. Gewährung einer Rente bei Berufsunfähigkeit
3. Gewährung eines Altersruhegelds bei Erreichen der gesetzlichen Altersgrenze
4. Zahlung von Kurbehandlungen zur Erhaltung der Erwerbsfähigkeit
5. Zahlung von Beihilfen bei vorübergehender Arbeitslosigkeit

838

Wieviel Jahre anrechnungsfähiger Versicherungszeiten muß ein Versicherter mindestens nachweisen, um ein Anrecht auf Altersruhegeld zu haben?

1. 5 Jahre
2. 10 Jahre
3. 15 Jahre
4. 20 Jahre
5. 25 Jahre

839

Wonach richtet sich die Höhe des Altersruhegelds, das ein Arbeitnehmer erhält?

1. Nur nach der Anzahl der Beitragsjahre des Arbeitnehmers
2. Nur nach dem Durchschnittseinkommen des Arbeitnehmers
3. Nur nach der Anzahl der Beitragsjahre und nach dem Durchschnittseinkommen des Arbeitnehmers
4. Nur nach dem Durchschnittseinkommen des Arbeitnehmers und dem Durchschnittseinkommen aller Arbeitnehmer
5. Nach der Anzahl der Beitragsjahre und dem Durchschnittseinkommen des Arbeitnehmers sowie nach dem Durchschnittseinkommen aller Arbeiter und Angestellten

840

Was bedeutet der Begriff „Dynamisierung" der Rente?

1. Die Höhe der Rente richtet sich allein nach der Höhe der insgesamt gezahlten Beiträge.
2. Die Renten werden jeweils der Entwicklung der Löhne und Gehälter angepaßt.
3. Das Altersruhegeld kann zwischen dem 63. und 67. Lebensjahr beantragt werden.
4. Die Renten werden mit den Beiträgen der zur Zeit beitragspflichtigen Arbeitnehmer finanziert.
5. Die Renten sind einkommensteuerfrei.

Aufgabenbank **Arbeits- und Sozialgerichtsbarkeit**

841

Welcher Vergleich zwischen der Arbeitsgerichtsbarkeit und der Zivilgerichtsbarkeit ist *falsch*?

In der Arbeitsgerichtsbarkeit

(1) gibt es keine Gerichtsferien.

(2) sind die Gerichtsgebühren niedriger.

(3) ist die Öffentlichkeit stets ausgeschlossen.

(4) werden in der 1. Instanz der siegenden Partei die Kosten für Zeitversäumnis und Prozeßvertretung nicht erstattet.

(5) werden keine Kostenvorschüsse erhoben.

842

Welche Aussage über die Arbeitsgerichtsbarkeit ist richtig?

(1) Sie besteht aus vier Instanzen.

(2) Die Gerichte aller Instanzen unterstehen der Dienstaufsicht des Bundesarbeitsministeriums.

(3) In allen Instanzen besteht „Anwaltszwang", d.h. man muß sich durch einen Rechtsanwalt vertreten lassen.

(4) In allen Instanzen wirken bei der Urteilsfindung Vertreter der Arbeitgeber und der Arbeitnehmer mit.

(5) In allen Instanzen werden keine Gerichtsgebühren erhoben

843

Welche Aussage über das Arbeitsgericht und das Arbeitsgerichtsverfahren ist *falsch*?

(1) Das Arbeitsgerichtsverfahren ist für die Beteiligten stets frei von Gebühren.

(2) Örtlich zuständig ist in der Regel das Gericht am Wohn- bzw. am Firmensitz des Beklagten.

(3) Die Klage kann schriftlich oder mündlich bei Gericht erfolgen.

(4) Kläger und Beklagter können sich vor Gericht durch einen Anwalt oder Rechtsbeistand vertreten lassen.

(5) Das Arbeitsgericht ist zuständig für Klagen, die aus einem Arbeits- oder Ausbildungsverhältnis entstehen.

844

Welche Behauptung über die richterliche Unabhängigkeit entspricht dem Grundgesetz?

Die Richter sind

(1) nur von den Weisungen des Dienstvorgesetzten abhängig.

(2) nur dem Gesetz unterworfen.

(3) nur an Weisungen des Justizministers gebunden.

(4) nur ihrem Gewissen verantwortlich.

(5) nur der öffentlichen Meinung verpflichtet.

845

Welche Aussage über einen Berufsrichter, der beim Arbeits- bzw. einem Sozialgericht tätig ist, ist richtig?

(1) Der Richter wird nur für eine Amtszeit von 12 Jahren ernannt.

(2) Der Richter darf keiner politischen Partei angehören.

(3) Der Richter kann neben seinem Beruf noch als Rechtsanwalt tätig sein.

(4) Der Richter ist unabhängig und nur dem Gesetz unterworfen.

(5) Der Richter ist abhängig von den Weisungen des Landesarbeitsministers.

846

Bei den Arbeitsgerichten sind ehrenamtliche Richter tätig. In welcher Auswahlantwort sind die zwei Gruppen genannt, aus denen sie ausgewählt werden?

(1) Arbeiter und Angestellte

(2) Arbeitgeber und Arbeitnehmer

(3) Mitglieder der politischen Parteien und Gewerkschaften

(4) Gemeinderäte und Gewerkschaftsmitglieder

(5) Landesbeamte und Arbeitgeber

Arbeits- und Sozialgerichtsbarkeit

847

Welche Voraussetzung muß man unter anderem für die Berufung als ehrenamtlicher Richter beim Arbeitsgericht erfüllen?

1. Vollendung des 18. Lebensjahrs
2. Vollendung des 25. Lebensjahrs
3. Bestehen eines ungekündigten Arbeitsverhältnisses
4. Fünfjährige Tätigkeit als Arbeitnehmer in dem Bezirk des Arbeitsgerichts
5. Zweijährige Tätigkeit als Arbeitgeber in dem Bezirk des Arbeitsgerichts

848

Wer ersetzt einem bei einem Arbeitsgericht tätigen ehrenamtlichen Richter den Lohnausfall und die Fahrtkosten?

1. Der Arbeitgeber
2. Die Gewerkschaft
3. Der Arbeitgeberverband
4. Das Finanzamt
5. Der Staat

849

Welche Aussage über die Zusammensetzung eines Arbeitsgerichts ist richtig?

Das Arbeitsgericht besteht aus

1. einem Vorsitzenden, seinem Stellvertreter und einem ehrenamtlichen Richter.
2. einem Berufsrichter und zwei ehrenamtlichen Richtern
3. zwei Berufsrichter und einem ehrenamtlichen Richter.
4. zwei Berufsrichtern und zwei ehrenamtlichen Richtern.
5. drei Berufsrichtern und zwei ehrenamtlichen Richtern.

850

In welcher Auswahlantwort ist die Zusammensetzung des Gerichts richtig angegeben?

1. Arbeitsgericht: Zwei Berufsrichter und ein ehrenamtlicher Richter.
2. Arbeitsgericht: Zwei Berufsrichter und zwei ehrenamtliche Richter.
3. Landesarbeitsgericht: Besteht nur aus Berufsrichtern.
4. Landesarbeitsgericht: Ein Berufsrichter und zwei ehrenamtliche Richter.
5. Bundesarbeitsgericht: Besteht nur aus Berufsrichtern.

851

Welche Aussage entspricht den gesetzlichen Vorschriften über das Verfahren der Arbeitsgerichtsbarkeit?

1. Vor dem Arbeitsgericht muß man sich durch einen Rechtsanwalt vertreten lassen.
2. Die Verhandlungen vor dem Arbeitsgericht sind nicht öffentlich.
3. Vor Beginn der eigentlichen Verhandlungen hat der Vorsitzende den Versuch einer gütlichen Einigung vorzunehmen.
4. Eine Klage ist beim Arbeitsgericht stets in schriftlicher Form einzureichen.
5. Um die Anzahl der Klagen vor den Arbeitsgerichten in Grenzen zu halten, werden nur Klagen mit einem Streitwert von mehr als DM 100,– zugelassen.

852

In welchem Fall ist das Arbeitsgericht *nicht* zuständig?

1. Streitigkeit zwischen Arbeitgeberverband und Gewerkschaft über Einzelheiten des Tarifvertrags
2. Streitigkeit zwischen einem Arbeitgeber und einem Arbeitnehmer über die Streichung von Leistungszulagen
3. Streitigkeit zwischen Arbeitgeber und Betriebsrat über die Pausenregelung im Betrieb
4. Streitigkeit zwischen einem Arbeitslosen und dem Arbeitsamt über die Höhe des Arbeitslosengelds
5. Streitigkeit zwischen zwei Arbeitnehmern einer Akkordgruppe über die jeweilgen Anteile der Akkordvergütung

Aufgabenbank **Arbeits- und Sozialgerichtsbarkeit**

853

Ein Arbeitnehmer ist mit der ordentlichen Kündigung seines Arbeitsverhältnisses nicht einverstanden. Er reicht Klage beim Arbeitsgericht ein. Was muß der Vorsitzende des Arbeitsgerichts zuerst tun?

(1) Er muß den Arbeitnehmer auffordern, die Klage schriftlich einzureichen.

(2) Er muß dem Arbeitnehmer einen Anwalt stellen.

(3) Er muß den Arbeitgeber auffordern, zur Klage schriftlich Stellung zu nehmen.

(4) Er muß den Arbeitgeber auffordern, die Kündigung zurückzunehmen.

(5) Er muß Arbeitnehmer und Arbeitgeber zu einer Güteverhandlung einladen und versuchen, eine gütliche Einigung zu erreichen.

854

In welchem Fall wird normalerweise vor einer Klage beim Arbeitsgericht ein Schiedsverfahren durchgeführt?

(1) Ein Auszubildender streitet sich mit dem Ausbildenden über die Anschaffung von Ausbildungsmitteln.

(2) Ein Arbeitnehmer streitet sich mit seinem Arbeitgeber um die Dauer des Urlaubs.

(3) Ein Arbeitgeberverband streitet sich mit einer Gewerkschaft um die Rechtmäßigkeit eines Streiks.

(4) Zwei Arbeitnehmer streiten sich um die Anteile an einer Erfindung.

(5) Ein Arbeitgeber streitet sich mit dem Betriebsrat um die Rechtmäßigkeit von Torkontrollen.

855

Welche Institution führt bei Streitigkeiten zwischen ausbildenden Arbeitgebern und Auszubildenden ein Schiedsverfahren durch?

(1) Industrie- und Handelskammer

(2) Arbeitsamt

(3) Arbeitsgericht

(4) Arbeitgeberverband

(5) Amtsgericht

856

Wozu wurde die Sozialgerichtsbarkeit geschaffen?

(1) Zum Schutz des Staates vor ungerechtfertigten Ansprüchen der Bürger

(2) Zum Schutz der Sozialversicherungen vor überhöhten Krankenhaus- und Arzneimittelkosten

(3) Zum Schutz der Sozialversicherten vor fehlerhaften Entscheidungen der Sozialversicherungen

(4) Zum Schutz der Bürger vor einem ungerechtfertigten Abbau von Sozialleistungen durch den Staat

(5) Zum Schutz der Arbeitnehmer vor einem ungerechtfertigten Abbau von betrieblichen Sozialleistungen

857

Welche Aussage über die Sozialgerichtsbarkeit ist *falsch*?

(1) Sie besteht aus drei Instanzen.

(2) Die Gerichte aller Instanzen sind von den Verwaltungen der Sozialversicherungen unabhängig.

(3) In allen Instanzen wirken bei der Urteilsfindung Vertreter der Arbeitgeber und der Versicherten mit.

(4) In allen Instanzen werden von den Versicherten keine Gerichtsgebühren erhoben.

(5) Die Gerichte sind nur mit Berufsrichtern besetzt.

858

Welche Aussage über das Sozialgerichtsverfahren ist *falsch*?

(1) Einer Klage vor dem Sozialgericht muß ein Widerspruchsverfahren bei der Verwaltung vorausgehen.

(2) Die Entscheidung des Gerichts ergeht nach der mündlichen Verhandlung.

(3) Mit der Erhebung der Klage muß der Kläger einen Rechtsanwalt beauftragen.

(4) In der mündlichen Verhandlung dürfen die Beteiligten an den Zeugenvernehmungen teilnehmen.

(5) Von der Verhandlung kann die Öffentlichkeit ausgeschlossen werden.

Arbeits- und Sozialgerichtsbarkeit

859

In welcher Auswahlantwort ist die Zusammensetzung des Gerichts richtig angegeben?

(1) Sozialgericht: Zwei Berufsrichter und drei ehrenamtliche Richter.

(2) Sozialgericht: Ein Berufsrichter und zwei ehrenamtliche Richter.

(3) Landessozialgericht: Zwei Berufsrichter und zwei ehrenamtliche Richter.

(4) Landessozialgericht: Besteht nur aus Berufsrichtern.

(5) Bundessozialgericht: Besteht nur aus Berufsrichtern.

860

In der Sozialgerichtsbarkeit sind Berufsrichter und ehrenamtliche Richter tätig. Wie ist das Stimmrecht bei der Urteilsfindung geregelt?

(1) Stimmrecht haben nur die Berufsrichter.

(2) Berufsrichter und ehrenamtliche Richter besitzen das gleiche Stimmrecht.

(3) Der Vorsitzende besitzt gegenüber allen anderen Richtern stets eine Stimme mehr.

(4) Die Berufsrichter besitzen gegenüber den ehrenamtlichen Richtern stets die doppelte Anzahl der Stimmen.

(5) Die ehrenamtlichen Richter haben nur in den Fällen Stimmrecht, in denen die Abstimmung unter den Berufsrichtern zur Stimmengleichheit führt.

861

Welche Aussage über das Verfahren beim Sozialgericht ist *falsch*?

(1) Die Beteiligten (Kläger, Beklagte) haben Anspruch auf rechtliches Gehör und können Akteneinsicht beantragen.

(2) Das Sozialgericht stützt sich bei seiner Entscheidung nur auf die von den Beteiligten vorgetragenen Sachverhalte.

(3) Das Sozialgericht ermittelt den Sachverhalt von Amts wegen.

(4) Die Beteiligten können sich durch Prozeßbevollmächtigte vertreten lassen.

(5) Die Sozialgerichte entscheiden in der Regel erst nach Durchführung eines Widerspruchverfahrens.

862

Welche Aussage über die Kosten bei einem Sozialgerichtsverfahren ist richtig?

(1) Die Gerichtskosten sind höher als bei einem Arbeitsgerichtsverfahren.

(2) Das Gericht entscheidet, wer die Gerichtskosten bezahlt.

(3) Die außergerichtlichen Kosten, z.B. für Rechtsanwälte, muß jeder Beteiligte selbst bezahlen.

(4) Bei allen Gerichten der Sozialgerichtsbarkeit werden von den Versicherten keine Gerichtskosten erhoben.

(5) Die außergerichtlichen Kosten muß in jedem Fall die beklagte Versicherung bezahlen.

863

In welchem Fall ist das Sozialgericht *nicht* zuständig?

(1) Streitigkeit zwischen einem Geschädigten und einer Kraftfahrzeugversicherung um die Bezahlung der Krankenhauskosten

(2) Streitigkeit zwischen einem Arbeitslosen und dem Arbeitsamt um die Höhe des Arbeitslosengelds

(3) Streitigkeit zwischen einem Arbeitnehmer und der Berufsgenossenschaft um die Höhe der Unfallrente

(4) Streitigkeit zwischen einem Rentner und der Krankenkasse um die Erstattung der Kosten für Zahnersatz

(5) Streitigkeit zwischen einem Arbeitgeber und der Berufsgenossenschaft um die Höhe des Beitrags

864

Einem Arbeitslosen wird vom Arbeitsamt das Arbeitslosengeld gesperrt, was er für ungerecht erachtet. Was muß er zuerst tun, wenn er diese Verwaltungsentscheidung rückgängig machen will?

(1) Einen Rechtsanwalt beauftragen, Klage vor dem Verwaltungsgericht zu erheben.

(2) Einen beim Sozialgericht als ehrenamtlichen Richter tätigen Arbeitnehmer mit der Vertretung seiner Interessen beauftragen.

(3) Persönlich beim Sozialgericht Klage erheben.

(4) Seine Einwände gegen diese Entscheidung schriftlich dem Arbeitsgericht vortragen.

(5) Widerspruch beim Arbeitsamt erheben.

**Hinweise
zur schriftlichen Prüfung
in der
Wirtschafts- und Sozialkunde**

Hinweise zur schriftlichen Prüfung in der Wirtschafts- und Sozialkunde

1. Allgemein

In den Verordnungen über die Berufsausbildung in den gewerblich/technischen Ausbildungsberufen sind auch die Rahmenbedingungen für die schriftliche Prüfung vorgegeben. Danach besteht dieser Teil der Abschlußprüfung aus vier Prüfungsfächern: Drei berufsbezogene und das berufsübergreifende Prüfungsfach „Wirtschafts- und Sozialkunde".

Fast alle Industrie- und Handelskammern verwenden heute für die nach dem Berufsbildungsgesetz durchzuführenden Prüfungen Aufgabensätze, die von den Fachausschüssen der PAL zusammengestellt werden. Das gilt auch für das Prüfungsfach „Wirtschafts- und Sozialkunde".

Bei der Erarbeitung der Unterlagen für die „Wirtschafts- und Sozialkunde" berücksichtigt die PAL die von den Fachausschüssen beschlossenen unterschiedlichen Vorgaben. So enthält der Aufgabensatz für

- die nicht neugeordneten Metallberufe,
- die Berufe der Bauwirtschaft,
- die Berufe der Bekleidungsindustrie,
- den Technischen Zeichner/die Technische Zeichnerin und
- einige Splitterberufe

lediglich 30 gebundene (programmierte) Aufgaben, die in einer Vorgabezeit von 30 min zu bearbeiten sind.

Der Aufgabensatz für

- die neugeordneten Metall- und Elektroberufe,
- die naturwissenschaftlichen Berufe und
- den Beruf Bauzeichner

enthält ebenfalls 30 gebundene Aufgaben, jedoch zusätzlich noch 6 ungebundene Aufgaben. Für die Bearbeitung dieses Aufgabensatzes ist eine Zeit von 45 min vorgegeben.

2. Inhaltliche Gestaltung des Prüfungsfachs

Nach den Verordnungen sollen in der Wirtschafts- und Sozialkunde Kenntnisse über „allgemeine wirtschaftliche und gesellschaftliche Zusammenhänge der Berufs- und Arbeitswelt" geprüft werden. In den Ausbildungsordnungen sind die im Ausbildungsbetrieb zu vermittelnden Kenntnisse näher beschrieben.

Das Berufsbildungsgesetz verlangt im § 35 außerdem, daß in der Abschlußprüfung festzustellen ist, ob der Prüfling mit dem ihm in der Berufsschule vermittelten, für die Berufsausbildung wesentlichen

Abschlußprüfung
Katalog der Inhalte der schriftlichen Prüfung
Wirtschafts- und Sozialkunde

01.09.1995

Prüfungsgebiet	Prüfungsteilgebiet	Prüfungsinhalt
Berufsausbildung (2 gebundene Aufgaben, 1 ungebundene Aufgabe)	Rechtliche Grundlagen des Berufsausbildungsverhältnisses (1 gebundene Aufgabe)	Berufsbildungsgesetz
		Berufsausbildungsvertrag: Partner, Abschluß, Dauer, Beendigung
		Gegenseitige Rechte und Pflichten aus dem Berufsbildungsvertrag
	Möglichkeiten der Fortbildung und Umschulung (1 gebundene Aufgabe)	Maßnahmen der beruflichen Fortbildung und Umschulung
		Staatliche Fördermaßnahmen (z. B. AFG)
Betrieb (9 gebundene Aufgaben, 1 ungebundene Aufgabe)	Aufbau, Aufgaben und Unternehmensformen eines Betriebs sowie seine Stellung in der Wirtschaft (4 gebundene Aufgaben)	Aufbau eines Industriebetriebs
		Wesentliche Aufgaben eines Betriebs: Beschaffung, Produktion, Absatz
		Stellung des Industriebetriebs in der Wirtschaft
		Wesentliche Ziele erwerbswirtschaftlicher und öffentlicher Bertriebe: Gewinnerzielung, Kostendeckung, Marktversorgung
		Betriebliche Kenngrößen: Produktivität, Wirtschaftlichkeit, Rentabilität
	Wesentliche Unternehmensformen und deren wirtschaftliche Bedeutung (2 gebundene Aufgaben)	Einzelunternehmen
		OHG, KG
		AG, GmbH
		Genossenschaften
		Wirtschaftliche Verflechtungen
	Aufgaben von Arbeitgeber- und Arbeitnehmerorganisationen (3 gebundene Aufgaben)	Arbeitnehmerorganisationen
		Arbeitgeberorganisationen
Arbeits- und Tarifrecht, Arbeitsschutz (8 gebundene Aufgaben, 1 ungebundene Aufgabe)	Wesentliche Bereiche des Arbeitsvertrags, des Arbeitsrechts und des Arbeitsschutzes (4 gebundene Aufgaben)	Lohn und Gehalt
		Arbeitszeit und Arbeitszeitordnungen
		Gewerbeaufsicht/technischer Arbeitsschutz
		Kündigung und Kündigungsschutz
		Jugendarbeitsschutz
		Frauenarbeitsschutz/Mutterschutz
		Schwerbehindertenschutz
		Urlaub
	Bedeutung und Aufgabe von Tarifverträgen und des Tarifrechts (4 gebundene Aufgaben)	Tarifautonomie
		Tarifvertragspartei
		Tarifverträge
		Laufzeit, Friedenspflicht
		Verbindlichkeit von Tarifverträgen
		Streik, Aussperrung, Schlichtung
Betriebliche Mitbestimmung (5 gebundene Aufgaben, 1 ungebundene Aufgabe)	Mitwirkungs- und Mitbestimmungsmöglichkeiten des Arbeitnehmers im Betrieb (5 gebundene Aufgaben)	Betriebsverfassungs-, Mitbestimmungsgesetz
		Betriebsrat
		Jugend- und Auszubildendenvertretung
Sozialversicherung (5 gebundene Aufgaben, 2 ungebundene Aufgaben)	Regelungen und Bedeutung der gesetzlichen Sozialversicherungen (1 gebundene Aufgabe)	Versicherungsarten
		Geschichtliche Entwicklung
		Versicherungsprinzipien
	Versicherungsträger, -pflicht, Beitragszahlung, Leistungen (4 gebundene Aufgaben)	Krankenversicherung
		Unfallversicherung
		Rentenversicherung
		Arbeitslosenversicherung
Arbeits- und Sozialgerichtsbarkeit (1 gebundene Aufgabe)	Wichtige Regelungen, Zuständigkeitsbereiche, Aufgaben, Instanzenweg (1 gebundene Aufgabe)	Arbeitsgericht
		Sozialgericht

Bild 1. Katalog der Inhalte der schriftlichen Prüfung, der auch die Verteilung der 30 gebundenen Aufgaben auf die Prüfungsgebiete enthält. Die Angaben zu den ungebundenen Aufgaben gelten nur für die auf der vorhergehenden Seite genannten Ausbildungsberufe.

Lehrstoff vertraut ist. Welche Inhalte dieser im § 35 BBiG angesprochene Lehrstoff umfaßt, das ergibt sich aus den „Elementen für den Unterricht der Berufsschule im Bereich Wirtschafts- und Sozialkunde gewerblich/technischer Ausbildungsberufe", die am 18.05.1984 von der Kultusministerkonferenz (KMK) beschlossen wurden.

Die Forderungen des Berufsbildungsgesetzes und der Verordnungen sowie der Beschluß der KMK wurden von der PAL im „Katalog der Inhalte der schriftlichen Prüfung" (Bild 1) umgesetzt. Dieser Katalog enthält die Prüfungsgebiete, Prüfungsteilgebiete und Prüfungsinhalte, die im Prüfungsfach „Wirtschafts- und Sozialkunde" vorkommen können. Der Prüfungsstoff bezieht sich also in besonderem Maße auf den jungen Menschen in der Berufs- und Arbeitswelt. Von besonderer Bedeutung sind dabei die Aspekte, die sich auf die Abhängigkeiten, Sicherheiten und Gestaltungsmöglichkeiten des Einzelnen und der Gruppe in der Berufs- und Arbeitswelt beziehen. Themen aus den Bereichen Politik, Staatsbürgerkunde, Gemeinschaftskunde, Volkswirtschaftslehre gehören weder nach dem Berufsbildungsgesetz noch nach den KMK-Elementen zum Gegenstand der Abschlußprüfung.

3. Prüfungstechnische Gestaltung des Aufgabensatzes

Der Aufgabensatz enthält 30 gebundene Aufgaben des Typs 1 aus 5, bei denen zur Aufgabenstellung (Aufgabenstamm) fünf Auswahlantworten mitgeliefert werden. Eine davon ist als Lösung zutreffend. Die vorliegende Aufgabenbank enthält eine Vielzahl von Mustern derartiger gebundener Aufgaben.

Von den 30 gebundenen Aufgaben muß der Prüfungsteilnehmer jedoch nur 25 bearbeiten; er kann also fünf Aufgaben abwählen, was im folgenden noch erläutert wird.

Der Aufgabensatz für die neuen Metall- und Elektroberufe, die naturwissenschaftlichen Berufe und den Beruf Bauzeichner enthält zusätzlich noch sechs ungebundene Aufgaben, also Aufgaben, bei denen der Prüfungsteilnehmer die Antwort selbst formulieren und niederschreiben muß. Der Muster-Aufgabensatz im Anhang zeigt Art und Umfang dieser Aufgaben. Von diesen sechs Aufgaben muß der Prüfungsteilnehmer allerdings nur vier bearbeiten. Er kann also zwei Aufgaben abwählen.

4. Bearbeitung der Aufgaben

4.1 Allgemeine Hinweise

Am Prüfungstag erhält der Prüfungsteilnehmer den blauen Aufgabensatz und den mit blauer Farbe unterlegten Markierungsbogen. Der Aufgabensatz enthält 30 gebundene Aufgaben und bei den neugeordneten Ausbildungsberufen zusätzlich noch sechs ungebundene Aufgaben.

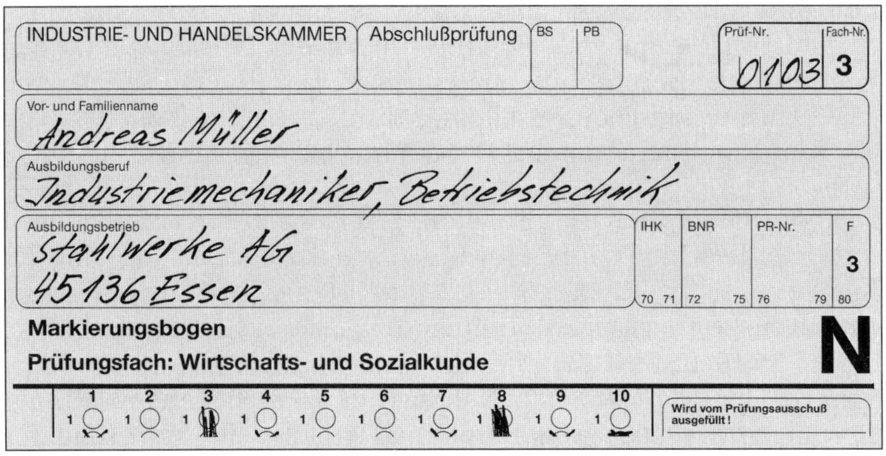
INDUSTRIE- UND HANDELSKAMMER | Abschlußprüfung | BS | PB | Prüf-Nr. 0103 | Fach-Nr. 3

Vor- und Familienname: Andreas Müller

Ausbildungsberuf: Industriemechaniker, Betriebstechnik

Ausbildungsbetrieb: Stahlwerke AG
45136 Essen

IHK | BNR | PR-Nr. | F 3
70 71 | 72 75 | 76 79 | 80

Markierungsbogen

Prüfungsfach: Wirtschafts- und Sozialkunde

N

1 2 3 4 5 6 7 8 9 10

Wird vom Prüfungsausschuß ausgefüllt!

Bild 2. Kopf des Markierungsbogens mit den vom Prüfungsteilnehmer manuell eingetragenen Daten.

Vor Beginn der Bearbeitung muß der Prüfungsteilnehmer prüfen, ob der Aufgabensatz wirklich die auf der Seite 2 genannte Zahl von Aufgaben enthält. Sollte das aufgrund eines Herstellungsfehlers nicht der Fall sein, so muß diese Unstimmigkeit sofort der Prüfungsaufsicht gemeldet werden. Danach muß der Prüfungsteilnehmer prüfen, ob er den richtigen Markierungsbogen benutzt. Der Markierungsbogen trägt den Titel „Wirtschafts- und Sozialkunde", ist blau bedruckt und besitzt ein ebenfalls blau bedrucktes Durchschreibeblatt. Ein Muster-Markierungsbogen ist am Ende des Buchs eingebunden.

Nach diesen Prüfungen hat der Prüfungsteilnehmer in den Kopf des Markierungsbogens die ihm mit der Einladung zur Prüfung mitgeteilte Prüfnummer einzutragen und den Kopf des Markierungsbogens auszufüllen (Bild 2). Dafür sollte unbedingt ein Kugelschreiber benutzt werden, damit die Angaben auch auf dem Durchschreibeblatt deutlich zu lesen sind. Bleistift oder Filzschreiber sind nicht erlaubt.

Einige Industrie- und Handelskammern lassen die Markierungsbogen vor der Prüfung von der Datenverarbeitungsanlage mit den Daten der Prüfungsteilnehmer bedrucken. In diesem Fall erhält der Prüfungsteilnehmer einen Markierungsbogen, in dem sein Name, der Ausbildungsbetrieb und der Ausbildungsberuf bereits eingedruckt sind. Der Prüfungsteilnehmer braucht dann nur noch seine Prüfnummer einzutragen. Er muß jedoch genau prüfen, ob die eingedruckten Angaben richtig sind.

4.2 Bearbeitung der gebundenen Aufgaben

Vor Beginn der Bearbeitung der Aufgaben sollte der Prüfungsteilnehmer die Arbeitshinweise auf der Seite 2 des Aufgabensatzes genau lesen. Danach muß er die einzelnen Aufgaben bearbeiten, d.h. er muß sie lesen und im Markierungsbogen die seiner Meinung nach zutref-

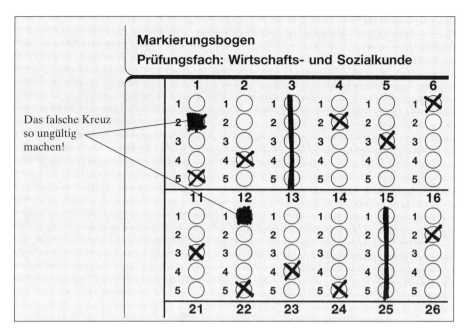

Bild 3. Versehentlich falsch eingetragene Kreuze können – wie dargestellt – ungültig gemacht werden.

fende Lösung ankreuzen. Dafür sollte der Prüfungsteilnehmer einen Kugelschreiber verwenden, damit auf jeden Fall die Markierungskreuze auch auf dem Durchschreibeblatt deutlich zu erkennen sind.

Am sinnvollsten ist es, wenn der Prüfungsteilnehmer die gebundenen Aufgaben in der vorgegebenen Reihenfolge durchliest. Von Aufgaben, die er lösen möchte, kreuzt er die seiner Meinung nach zutreffende Auswahlantwort gleich auf dem Markierungsbogen an. Aufgaben, die er nicht sofort lösen möchte bzw. lösen kann, überspringt er. Sind am Ende weniger als 25 Aufgaben bearbeitet, dann wählt der Prüfungsteilnehmer aus den vorher noch nicht bearbeiteten Aufgaben die noch fehlenden aus und löst diese.

Sind am Ende mehr als 25 Aufgaben bearbeitet, dann geht er die Aufgaben nochmals durch und wählt die Aufgaben aus, die nicht in die Bewertung eingehen sollen. Vor Ablauf der Vorgabezeit müssen auf dem Markierungsbogen die Felder von fünf Aufgaben deutlich erkennbar durchgestrichen sein (Bild 3 und 4). Ist das nicht der Fall, dann werden die letzten fünf Aufgaben nicht bewertet.

Das Aufgabenheft enthält 30 gebundene Aufgaben des Typs 1 aus 5, d.h. von den vorgegebenen fünf Auswahlantworten einer Aufgabe ist immer nur eine richtig bzw. falsch. Es darf also bei jeder Aufgabe nur eine Auswahlantwort angekreuzt werden. Werden mehr als eine Auswahlantwort angekreuzt, so gilt die Aufgabe als nicht gelöst. Ebenfalls als nicht gelöst wird eine Aufgabe bewertet, bei der keine Auswahlantwort angekreuzt ist.

Sollte aus Versehen eine Markierung in das falsche Feld des Markierungsbogens gesetzt werden, so ist dieses Kreuz unkenntlich zu machen und ein anderes Kreuz an die richtige Stelle zu setzen (Bild 3).

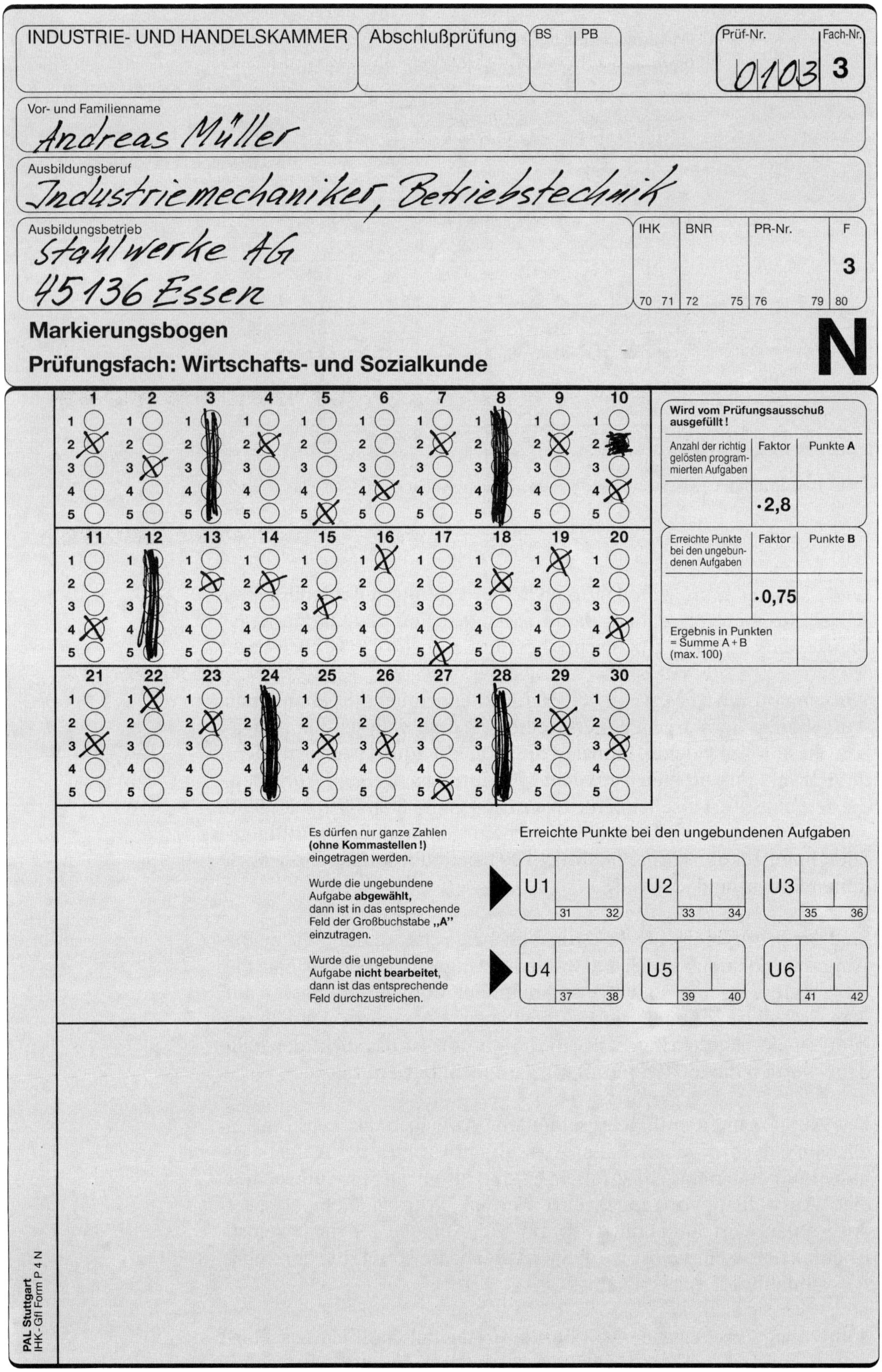

Bild 4. Beispiel eines vom Prüfungsteilnehmer vollständig bearbeiteten Markierungsbogens.

Bei der Ermittlung der bei den gebundenen Aufgaben erbrachten Prüfungsleistungen wird ausschließlich der Markierungsbogen zugrunde gelegt. Dieser muß also vollständig ausgefüllt und fünf Felder müssen durchgestrichen sein. Sind diese Bedingungen nicht erfüllt, so sind spätere Reklamationen nicht möglich. Das Bild 4 zeigt einen vollständig bearbeiteten Markierungsbogen.

4.3 Bearbeitung der ungebundenen Aufgaben

Wie bereits mehrfach gesagt, enthält das Aufgabenheft für

- die neuen Metall- und Elektroberufe,
- die naturwissenschaftlichen Berufe und
- den Beruf Bauzeichner

zusätzlich zu den 30 gebundenen Aufgaben noch sechs ungebundene Aufgaben. Der im Anhang vorgestellte Muster-Aufgabensatz gilt für diese Berufe und zeigt die Art der ungebundenen Aufgaben. Die sechs ungebundenen Aufgaben sind am Ende des Aufgabenhefts auf einem heraustrennbaren Blatt gedruckt.

Vor Beginn der Bearbeitung dieser Aufgaben muß der Prüfungsteilnehmer in den Kopf des Aufgabenblatts seine Prüfnummer, seinen Namen und seinen Ausbildungsberuf eintragen. Ohne diese Angaben können die Prüfungsleistungen dem Prüfungsteilnehmer nicht zugeordnet werden.

Danach sollte der Prüfungsteilnehmer die Arbeitshinweise zu den ungebundenen Aufgaben sorgfältig lesen. Von den sechs ungebundenen Aufgaben kann der Prüfungsteilnehmer zwei abwählen; er braucht also lediglich vier Aufgaben zu bearbeiten. Den Text der abgewählten zwei Aufgaben muß er auf dem Aufgabenblatt deutlich erkennbar durchstreichen.

Die ungebundenen Aufgaben sollten – wo immer möglich – mit kurzen Sätzen beantwortet werden.

Nach der Bearbeitung dieser Aufgaben muß das Aufgabenblatt vorsichtig aus dem Aufgabensatz herausgetrennt und zusammen mit dem Markierungsbogen der Prüfungsaufsicht übergeben werden.

5. Bewertung der Prüfungsleistungen

5.1 Bewertung der gebundenen Aufgaben

Die Auswertung der Prüfungsleistungen erfolgt allein auf der Grundlage des Markierungsbogens. Deshalb muß der Markierungsbogen alle in den Arbeitshinweisen geforderten Angaben enthalten. Fehlen die persönlichen Angaben, dann kann diese wichtige Arbeitsunterlage nicht ausgewertet werden.

Die Auswertung des Markierungsbogens kann maschinell oder manuell vorgenommen werden. Im ersten Fall werden die Markierungen in die DV-Anlage eingegeben. Die Anlage ermittelt die Anzahl der richtig gelösten Aufgaben und multipliziert diese Zahl mit dem Faktor 4 zum Ergebnis (im 100-Punkte-Schlüssel) der gebundenen Aufgaben.

Bei der manuellen Auswertung muß der Prüfungsausschuß diese Arbeiten unter Verwendung der transparenten Lösungsschablone ausführen. Dabei sind folgende Hinweise zu beachten:

– Als gelöst gilt nur die Aufgabe, bei der zwischen der Markierung auf dem Markierungsbogen und der Lösungsschablone völlige Übereinstimmung besteht.

– Aufgaben, die im Markierungsbogen keine Markierungen aufweisen, gelten als nicht gelöst (null Punkte).

– Aufgaben, bei denen zwei oder mehr Kreuze gesetzt wurden, gelten als falsch bearbeitet (null Punkte).

– Wurden keine fünf Aufgaben abgewählt, dann dürfen die letzten fünf Aufgaben (26 bis 30) nicht bewertet werden.

– Wurden nur vier oder nur drei Aufgaben abgewählt, dann darf die letzte Aufgabe (30) bzw. dann dürfen die letzten zwei Aufgaben (29 und 30) nicht bewertet werden.

Bei den Ausbildungsberufen, bei denen der Aufgabensatz nur gebundene Aufgaben enthält, ist das Ergebnis der bei diesen Aufgaben erbrachten Prüfungsleistungen gleichzeitig das Ergebnis des Prüfungsfachs Wirtschafts- und Sozialkunde.

5.2 Bewertung der ungebundenen Aufgaben

Die ungebundenen Aufgaben müssen vom Prüfungsausschuß manuell ausgewertet werden. Zur Arbeitserleichterung liefert die PAL Lösungsvorschläge. Der Prüfungsausschuß muß beachten, daß auch andere Formulierungen richtig sein können. Für die Bewertung kommt es allein auf die fachliche Richtigkeit der Lösung an.

Der PAL-Fachausschuß bemüht sich darum, die ungebundenen Aufgaben vom Inhalt und vom Lösezeitaufwand gleichwertig zu gestalten, damit eine Gewichtung der Aufgaben untereinander nicht erforderlich wird. Er geht davon aus, daß sich unvermeidbare geringe Unterschiede untereinander ausgleichen und sieht deshalb für jede Aufgabe die Vergabe einer maximal erreichbaren Punktzahl von 10 vor.

Bei den ungebundenen Aufgaben kann der Prüfungsteilnehmer also bei vollständiger Lösung jeweils 10 Punkte; insgesamt somit 40 Punkte erreichen.

Bei der Berechnung des Ergebnisses der Prüfungsleistungen im Prüfungsfach Wirtschafts- und Sozialkunde werden die gebundenen Aufgaben mit 70 % und die ungebundenen mit 30 % gewichtet. Die Berechnungstabelle auf dem Markierungsbogen ist so gestattet, daß der Prüfungsausschuß problemlos das Ergebnis der Wirtschafts- und Sozialkunde ermitteln kann.

6. Muster-Aufgabensatz

Zur Verdeutlichung der obigen Hinweise zum Prüfungsfach Wirtschafts- und Sozialkunde enthält der Anhang einen Muster-Aufgabensatz, einen Markierungsbogen, eine Lösungsschablone und Lösungsvorschläge für die sechs ungebundenen Aufgaben des Muster-Aufgabensatzes.

Anhang

Muster-Aufgabensatz
Lösungsschablone
Lösungsvorschläge
Markierungsbogen

Fach-Nr. 7

Industrie- und Handelskammer

Abschlußprüfung

Neugeordnete Ausbildungsberufe

Elektroberufe
Naturwissenschaftliche Berufe

Wirtschafts- und Sozialkunde
(Aufgabensatz 1)

Muster-Aufgabensatz

PAL Stuttgart

Vorgabezeit: 45 min

Hilfsmittel: keine

1. **Allgemeine Hinweise**

1.1 Der Aufgabensatz für die Wirtschafts- und Sozialkunde enthält 30 gebundene (programmierte) und 6 ungebundene Aufgaben.

1.2 Für die Bearbeitung der 36 Aufgaben ist eine Vorgabezeit von 45 min festgelegt.

1.3 Die Reihenfolge der Bearbeitung der Aufgaben ist freigestellt. Sie können also zuerst die gebundenen (programmierten) oder die ungebundenen Aufgaben bearbeiten.

2. **Arbeitshinweise für die gebundenen (programmierten) Aufgaben**

2.1 Vor Beginn der Bearbeitung der Aufgaben tragen Sie in den Kopf des Markierungsbogens Wirtschafts- und Sozialkunde (blauer Markierungsbogen) ein:

– Die Ihnen mit der Einladung zur Prüfung mitgeteilte Prüfnummer.

2.2 Dann tragen Sie in den Kopf des Markierungsbogens ein:

– Vor- und Familienname
– Ausbildungsberuf
– Ausbildungsbetrieb

Sind diese Angaben bereits eingedruckt, dann prüfen Sie diese auf Richtigkeit.

2.3 **Von den vorgegebenen 30 Aufgaben müssen Sie nur 25 bearbeiten. Sie müssen sich also entscheiden, welche 5 Aufgaben Sie nicht lösen wollen.**

2.4 Vor Ablauf der Vorgabezeit müssen Sie auf dem Markierungsbogen die 5 Aufgaben kenntlich machen, die Sie nicht bearbeitet haben bzw. die nicht bewertet werden sollen. 5 Aufgaben müssen also, wie auf Seite 3 gezeigt, auf dem Markierungsbogen deutlich erkennbar durchgestrichen sein. Ist das nicht der Fall, dann werden automatisch die letzten 5 Aufgaben nicht bewertet.

2.5 Von den vorgegebenen Auswahlantworten ist jeweils nur eine richtig bzw. falsch. Es darf also nur eine Auswahlantwort angekreuzt werden. Werden mehr als eine angekreuzt, so gilt die Aufgabe als nicht gelöst.

2.6 **Zum Ankreuzen ist ein Kugelschreiber zu verwenden.** Die Markierung muß deutlich erkennbar sein.

2.7 Sollte aus Versehen eine Markierung in das falsche Feld gesetzt werden, so ist dieses Kreuz unkenntlich zu machen und ein anderes Kreuz an die richtige Stelle zu setzen.

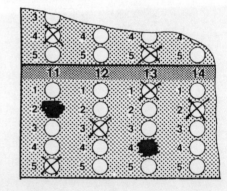

2.8 Bei der Ermittlung der Anzahl der richtig gelösten gebundenen Aufgaben wird ausschließlich der Markierungsbogen zugrunde gelegt. Dieser muß also vollständig ausgefüllt sein, bei 25 Aufgaben jeweils ein Kreuz enthalten und 5 Aufgaben müssen durchgestrichen sein. Sind diese Bedingungen nicht erfüllt, so sind spätere Reklamationen nicht möglich.

3. **Arbeitshinweise für die ungebundenen Aufgaben**

   Siehe Seite 8

Diese Prüfungsaufgaben wurden von einem überregionalen nach § 37 Abs. 2 BBiG zusammengesetzten Ausschuß beschlossen.

PAL Stuttgart
Alle Rechte vorbehalten

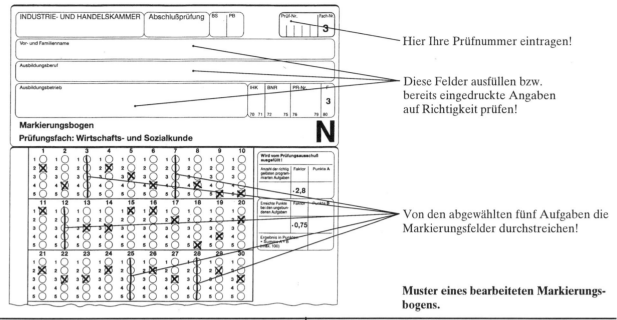

Hier Ihre Prüfnummer eintragen!

Diese Felder ausfüllen bzw. bereits eingedruckte Angaben auf Richtigkeit prüfen!

Von den abgewählten fünf Aufgaben die Markierungsfelder durchstreichen!

Muster eines bearbeiteten Markierungsbogens.

1

In welchem der genannten Fälle gilt das Berufsbildungsgesetz *nicht*?

(1) Frau Braun wird bei einem Arzt zur Arzthelferin ausgebildet.

(2) Frau Schulz wird in einer Berufsfachschule zur elektrotechnischen Assistentin ausgebildet.

(3) Herr Müller wird zum Werkzeugmechaniker umgeschult.

(4) Herr Huber nimmt an der Industriemeisterprüfung der IHK München teil.

(5) Frau Fischer wird bei der Deutschen Bahn AG als Technische Zeichnerin ausgebildet.

2

Welche Behauptung über die Ausbildungsvergütung ist *falsch*?

(1) Sie muß mit fortschreitender Berufsausbildung, mindestens jährlich, erhöht werden.

(2) Sie muß spätestens am letzten Arbeitstag des Monats gezahlt werden.

(3) Sie muß halbjährlich erhöht werden.

(4) Sie ist dem Auszubildenden auszuzahlen bzw. auf sein Konto zu überweisen.

(5) Sie ist auch zu zahlen, wenn der Ausbildende an Ausbildungsmaßnahmen außerhalb der Ausbildungsstätte teilnimmt.

3

Was stellen die Betriebe der Investitionsgüterindustrie *nicht* her?

(1) Güter, die zur Erzeugung neuer Güter erforderlich sind.

(2) Güter, die zur Steigerung der Produktivität im Handwerk dienen.

(3) Güter, die zur Erzeugung von Grundstoffen dienen.

(4) Güter, die für die Förderung und den Abbau von Rohstoffen erforderlich sind.

(5) Güter, die zum Gebrauch und für den Verbrauch in Haushalten dienen.

4

Was soll durch betriebliche Maßnahmen zur Humanisierung der Arbeit unter anderem erreicht werden?

(1) Abbau von Arbeitsplätzen

(2) Erhöhung des Gewinns des Unternehmers

(3) Senkung der Produktionskosten

(4) Verringerung der körperlichen und seelischen Belastungen

(5) Verringerung der Wochenarbeitszeit

5

In welchem Fall wäre die betriebliche Kenngröße „Rentabilität" negativ?

1. Wenn der Betrieb Arbeitskräfte entläßt
2. Wenn der Betrieb einen sehr großen Gewinn erzielt
3. Wenn der Betrieb Verlust macht
4. Wenn der Betrieb den Umsatz steigert
5. Wenn der Betrieb Fremdkapital aufnimmt

6

Welche Aussage über die Einzelunternehmung ist richtig?

1. Einzelunternehmungen hängen sehr stark von den Fähigkeiten des Unternehmers ab.
2. Einzelunternehmungen sind besonders kapitalstark.
3. Bei Einzelunternehmungen wird das Risiko stets von mehreren Kapitalgebern getragen.
4. Einzelunternehmungen können sich nur sehr langsam den Marktveränderungen anpassen.
5. Einzelunternehmungen sind besonders kreditwürdig.

7

Welche Aussage über die Aktionäre einer Aktiengesellschaft ist richtig?

1. Die Aktionäre sind verpflichtet, die Hauptversammlung der AG zu besuchen.
2. Die Aktionäre haften für die Verbindlichkeiten der AG auch mit ihrem Privatvermögen.
3. Die Aktionäre erhalten jedes Jahr eine Dividende, unabhängig davon, ob die AG Gewinn oder Verlust macht.
4. Die Aktionäre arbeiten in der Regel in der AG persönlich mit.
5. Die Aktionäre sind die Eigentümer der AG.

8

Mehrere Unternehmungen vereinbaren, ihre gleichartigen Erzeugnisse nicht unter einem bestimmten Preis abzugeben. Welche Aussage ist richtig?

1. Derartige Absprachen sind zulässig, wenn dadurch Arbeitsplätze erhalten werden können.
2. Derartige Absprachen sind nach dem Kartellgesetz verboten.
3. Derartige Absprachen fördern die Idee der freien Marktwirtschaft.
4. Ohne derartige Absprachen kann eine Marktwirtschaft nicht funktionieren.
5. Derartige Absprachen führen insgesamt gesehen zur Verbilligung der Güter.

9

Welche Aufgabe gehört in den Zuständigkeitsbereich einer Industrie- und Handelskammer?

1. Beratung der Unternehmungen in arbeitsrechtlichen Fragen
2. Vermittlung von Ausbildungsstellen
3. Durchführung von Industriemeister-Prüfungen
4. Entscheidung von Streitigkeiten, die sich aus Arbeitsverträgen ergeben
5. Erarbeitung von Unfallverhütungsvorschriften

10

Welcher der genannten Vorteile ergibt sich aus der Zugehörigkeit zu einer Gewerkschaft für den Arbeitnehmer?

1. Höherer Urlaubsanspruch
2. Erhöhter Kündigungsschutz
3. Anspruch auf Teilnahme an gewerkschaftlichen Bildungsmaßnahmen
4. Wählbarkeit in den Betriebsrat
5. Höheres Arbeitslosengeld

11

Welche Interessenorganisation gehört dem Deutschen Gewerkschaftsbund (DGB) an?

- (1) Deutscher Beamtenbund
- (2) Gewerkschaft Öffentliche Dienste, Transport und Verkehr
- (3) Deutsche Angestelltengewerkschaft
- (4) Bundeswehrverband
- (5) Verband der Lehrer an beruflichen Schulen

12

Frau Müller tritt in die Deutsche Angestelltengewerkschaft ein. Welcher Vorteil ergibt sich dadurch für sie?

- (1) Sie erhält ein höheres Gehalt als ihre nichtorganisierten Kolleginnen.
- (2) Sie hat Anspruch auf gewerkschaftlichen Rechtsschutz bei einem Arbeitsgerichtsverfahren.
- (3) Sie darf bei einer Tarifauseinandersetzung nicht ausgesperrt werden.
- (4) Sie hat Anspruch auf fünf Tage Bildungsurlaub.
- (5) Sie darf an den Bildungsmaßnahmen sämtlicher Gewerkschaften teilnehmen.

13

Was gehört *nicht* zur Fürsorgepflicht des Arbeitgebers gegenüber dem Arbeitnehmer?

- (1) Für eine ausreichende Verpflegung zu sorgen
- (2) Gesundheit, Sitte und Anstand zu schützen
- (3) Für die Sicherheit der Sachen zu sorgen, die der Arbeitnehmer berechtigterweise in den Betrieb mitbringt
- (4) Den Arbeitsablauf gefahrlos zu gestalten
- (5) Die Sozialversicherungsbeiträge abzuführen

14

Wofür zahlen Arbeitgeber *keinen* Zuschlag zum Lohn?

- (1) Für Überstunden
- (2) Für betriebliche Weiterbildungsmaßnahmen
- (3) Für Nachtarbeit
- (4) Für Sonntagsarbeit
- (5) Für besondere Erschwernisse, z.B. Schmutzarbeit, Arbeit in großer Hitze

15

Welche Aussage entspricht dem Bundesurlaubsgesetz?

- (1) Der Arbeitgeber kann keinen Einfluß auf die zeitliche Festlegung des Urlaubs nehmen.
- (2) Der gesamte Urlaub muß immer zusammenhängend genommen werden.
- (3) Bei der zeitlichen Festlegung des Urlaubs sind die Urlaubswünsche des Arbeitnehmers und die betrieblichen Belange zu berücksichtigen.
- (4) In Tarifverträgen kann der Mindesturlaub herabgesetzt werden.
- (5) Verzichtet der Arbeitnehmer auf seinen Urlaub, so kann der Arbeitgeber ihn durch Geld abgelten.

16

Bis zu welchem Alter gilt normalerweise das Jugendarbeitsschutzgesetz?

Bis zur Vollendung des

- (1) 21. Lebensjahres.
- (2) 18. Lebensjahres.
- (3) 16. Lebensjahres.
- (4) 15. Lebensjahres.
- (5) 14. Lebensjahres.

17

Mit welcher der genannten Arbeiten dürfen Jugendliche grundsätzlich *nicht*, d.h. nur in bestimmten Ausnahmefällen, beschäftigt werden?

- (1) Mit Akkord- und Fließbandarbeiten
- (2) Mit Arbeiten, die auch den Einsatz körperlicher Kräfte erfordern
- (3) Mit Arbeiten in Räumen, die ausschließlich künstlich beleuchtet sind
- (4) Mit Arbeiten, die überwiegend im Freien zu verrichten sind
- (5) Mit Arbeiten, die vorwiegend in stehender Haltung zu verrichten sind

18

Ein Arbeitnehmer, der in einem Betrieb mit etwa 100 Beschäftigten tätig ist, wird zum Grundwehrdienst einberufen. Welche Aussage ist *falsch*?

- (1) Während des Grundwehrdienstes ruht das Arbeitsverhältnis.
- (2) Mit Beginn des Grundwehrdienstes endet das Arbeitsverhältnis.
- (3) Während des Grundwehrdienstes besteht Kündigungsschutz.
- (4) Der Arbeitnehmer hat den Einberufungsbescheid dem Arbeitgeber unverzüglich vorzulegen.
- (5) Während des Grundwehrdienstes bleibt der Arbeitnehmer Angehöriger des Betriebs.

19

Welche Vereinbarung wäre in einem Tarifvertrag nicht zulässig?

- (1) Die Arbeitnehmer erhalten im Kalenderjahr 5 Tage Sonderurlaub für die Teilnahme an Bildungsmaßnahmen.
- (2) Für Mehrarbeit wird ein Zuschlag von 35 % der regelmäßigen Vergütung gezahlt.
- (3) Die Wochenarbeitszeit der Schichtarbeiter beträgt 38 Stunden.
- (4) Die Laufzeit des Tarifvertrags beträgt 24 Monate.
- (5) Den Arbeitnehmern ist jede entgeltliche Nebentätigkeit untersagt.

20

Was wird *nicht* durch Tarifverträge geregelt?

- (1) Arbeitsdauer
- (2) Lohnhöhe
- (3) Arbeitsbeginn
- (4) Urlaubsdauer
- (5) Vergütungsgruppen

21

Was wird unter anderem in einem Lohntarifvertrag geregelt?

- (1) Zeitpunkt der Lohnzahlung
- (2) Mindesthöhe der Löhne
- (3) Arbeitszeiten
- (4) Urlaubsdauer
- (5) Beiträge zur Krankenversicherung

22

Wer gehört *nicht* zu den Arbeitnehmern im Sinn des Betriebsverfassungsgesetzes?

- (1) Geschäftsführer einer GmbH
- (2) Arbeiter, der ständig auf Montage tätig ist
- (3) Angestellte, die nur halbtags tätig ist
- (4) Mitglied des Betriebsrats, das von der Arbeit freigestellt ist
- (5) Auszubildender

23

In welchem Fall können die Arbeitnehmer eines Industriebetriebs auf die Wahl eines Betriebsrats bzw. eines Betriebsobmannes bestehen?

1. Wenn in diesem Betrieb mindestens 3 ständige wahlberechtigte Arbeitnehmer, die auch wählbar sind, beschäftigt werden.
2. Nur dann, wenn in dem Betrieb mehr als 10 ständige wahlberechtigte Arbeitnehmer, von denen 5 wählbar sind, beschäftigt werden.
3. Wenn mindestens 5 ständige wahlberechtigte Arbeitnehmer, von denen drei wählbar sind, beschäftigt werden.
4. Nur dann, wenn mehr als 20 ständige wahlberechtigte Arbeitnehmer beschäftigt werden.
5. Nur dann, wenn mehr als 50 wählbare Arbeitnehmer beschäftigt werden.

24

Wer trägt die Kosten, die durch die Tätigkeit des Betriebsrats entstehen?

1. Im allgemeinen die Betriebsratsmitglieder selbst
2. Die im Betrieb vertretenen Gewerkschaften
3. Alle im Betrieb beschäftigten Arbeitnehmer (Umlageverfahren)
4. Die im Betrieb tätigen Mitglieder von Gewerkschaften
5. Der Arbeitgeber

25

Wer kann für die Wahl der Jugend- und Auszubildendenvertretung kandidieren?

1. Nur die gewerkschaftlich organisierten Arbeitnehmer des Betriebs
2. Nur die Arbeitnehmer, die das 18. Lebensjahr noch nicht vollendet haben
3. Nur die Arbeitnehmer, die das 21. Lebensjahr noch nicht vollendet haben
4. Nur die Arbeitnehmer, die das 25. Lebensjahr noch nicht vollendet haben
5. Nur die Arbeitnehmer, die das 30. Lebensjahr noch nicht vollendet haben.

26

Der Arbeitgeber will Beginn und Ende der täglichen Arbeitszeit sowie die Pausen neu regeln. Welche Aussage ist richtig?

1. Der Betriebsrat hat in dieser Angelegenheit ein Mitbestimmungsrecht.
2. Der Betriebsrat muß vom Arbeitgeber lediglich informiert werden.
3. Der Betriebsrat muß vom Arbeitgeber gehört werden.
4. Der Arbeitgeber muß mit dem Betriebsrat beraten, bevor er allein entscheidet.
5. Der Betriebsrat hat kein Mitwirkungs- oder Mitbestimmungsrecht.

27

Welche Aussage über die Verwaltung der Sozialversicherungen ist richtig?

1. Alle Sozialversicherungen verwalten sich durch gewählte Organe selbst.
2. Alle Sozialversicherungen werden durch das Bundesministerium für Arbeit verwaltet.
3. Ein kleiner Teil der Sozialversicherungen verwaltet sich selbst, die Mehrzahl wird vom Staat verwaltet.
4. Alle Sozialversicherungen werden von Beamten, die die Landesregierungen einsetzen, verwaltet.
5. Alle Sozialversicherungen werden gemeinsam von den Arbeitgebern und den Gewerkschaften verwaltet.

28

Welche Aussage über die gesetzliche Krankenversicherung ist richtig?

1. Den Beitrag zur Krankenversicherung trägt der Arbeitgeber allein.
2. Die Höhe des Beitrags richtet sich nach der Höhe des Nettolohns bzw. des Nettogehalts des Arbeitnehmers.
3. Die Höhe der Leistungen der Krankenversicherung ist abhängig von der Höhe der Beitragsleistung des Versicherten.
4. Die Kosten für Hilfsmittel, z.B. Zahnersatz, trägt die Krankenversicherung in jedem Fall in voller Höhe.
5. Der nicht berufstätige Ehepartner eines Versicherten ist mitversichert.

29

Welchen Beitragsanteil zahlt der bei der Landesversicherungsanstalt (LVA) versicherte Arbeitnehmer zur gesetzlichen Rentenversicherung?

(1) Keinen, der Arbeitgeber zahlt die Beiträge in voller Höhe

(2) Ein Viertel des Beitrags

(3) Die Hälfte des Beitrags

(4) Drei Viertel des Beitrags

(5) Den gesamten Beitrag

30

Wonach richtet sich die Höhe des Arbeitslosengeldes?

(1) Nach der Höhe der insgesamt entrichteten Beiträge

(2) Nach den insgesamt entrichteten Beiträgen und nach dem Lebensalter

(3) Nach dem zuletzt bezogenen Nettoarbeitsentgelt

(4) Nach dem Lebensalter und nach der Anzahl der Familienangehörigen

(5) Nach der Anzahl der Beitragsjahre

---

3. **Arbeitshinweise für die ungebundenen Aufgaben**

3.1 Vor Beginn der Bearbeitung der ungebundenen Aufgaben tragen Sie in den Kopf des Aufgabenblatts ein:

- Die Ihnen mit der Einladung zur Prüfung mitgeteilte Prüfnummer
- Vor- und Familienname
- Ausbildungsberuf

3.2 Dann bearbeiten Sie die Aufgaben. Dabei beachten Sie, daß Sie von den 6 ungebundenen Aufgaben in diesem Heft nur 4 bearbeiten müssen. Sie müssen sich also entscheiden, welche zwei Aufgaben Sie nicht lösen wollen. Den Text dieser beiden Aufgaben streichen Sie in diesem Heft deutlich erkennbar durch.

3.3 Beantworten Sie die Fragen – wo immer möglich – mit kurzen Sätzen.

3.4 Nach der Bearbeitung der ungebundenen Aufgaben trennen Sie das Blatt mit den ungebundenen Aufgaben vorsichtig aus diesem Aufgabenheft heraus.

3.5 Prüfen Sie vor Abgabe des Aufgabenblatts, ob Sie den Text von zwei Aufgaben durchgestrichen haben. Ist das nicht der Fall, dann werden vom Prüfungsausschuß bei der Auswertung die letzten bearbeiteten zwei ungebundenen Aufgaben nicht bewertet.

3.6 Bei der Ermittlung der Prüfungsleistungen wird das Aufgabenblatt mit den ungebundenen Aufgaben und der Markierungsbogen der gebundenen (programmierten) Aufgaben zugrunde gelegt. Dieses Aufgabenblatt und der bearbeitete Markierungsbogen sind deshalb am Ende der Vorgabezeit von 45 min der Prüfungsaufsicht zu übergeben. Spätere Reklamationen sind nicht möglich.

Industrie- und Handelskammer
Muster-Aufgabensatz

Wirtschafts- und Sozialkunde

Prüf-Nr.:

Name:

Beruf:

U1

Das Zeugnis des Ausbildungsbetriebes darf Angaben über Führung, Leistung und besondere Fähigkeiten des Auszubildenden nur enthalten, wenn der Auszubildende dies verlangt.
Nennen Sie dafür einen Grund und erläutern Sie diesen.

Aufgabenlösung U1:

U2

Aus der Bildung von Konzernen können sich für den Verbraucher Nachteile ergeben.
Nennen Sie einen Nachteil und begründen Sie diesen.

Aufgabenlösung U2:

U3

Warum zahlen Arbeitgeber oft freiwillig auch den nichtorganisierten Arbeitnehmern den Tariflohn?

Aufgabenlösung U3:

U4

Erläutern Sie an einem Beispiel das Mitbestimmungsrecht des Betriebsrats zur Arbeitszeitgestaltung.

Aufgabenlösung U4:

Bewertung

Ergebnis U4

Punkte

U5

Begründen Sie anhand eines Arguments den Zweck der gesetzlichen Sozialversicherung.

Aufgabenlösung U5:

Ergebnis U5

Punkte

U6

Das Solidaritätsprinzip ist ein Grundpfeiler unserer sozialen Sicherung. Erläutern Sie den Begriff Solidaritätsprinzip.

Aufgabenlösung U6:

Ergebnis U6

Punkte

Erreichte Punkte bei den ungebundenen Aufgaben

Datum

Prüfer

Hinweis an den Prüfungsausschuß

Die Ergebnisse U1 bis U6 bitte in den blauen Markierungsbogen eintragen.

INDUSTRIE- UND HANDELSKAMMER

Lösungsschablone-Nr.:

Fach-Nr. **7**

Ausbildungsberuf: Muster-Aufgabensatz

Ausbildungsberuf: Neugeordnete Elektroberufe, Naturwissenschaftliche Berufe

Aufgabensatz 1
Wirtschafts- und Sozialkunde

Frage	a	b	c	d	e
1		●			
2			●		
3					●
4				●	
5			●		
6	●				
7					●
8		●			
9			●		
10			●		
11		●			
12		●			
13	●				
14		●			
15			●		
16		●			
17	●				
18		●			
19				●	
20			●		
21		●			
22	●				
23			●		
24					●
25				●	
26	●				
27	●				
28					●
29			●		
30			●		

Richtlinien für den Prüfungsausschuß Abschlußprüfung	Musteraufgabensatz
Wirtschafts- und Sozialkunde	Lösungsvorschläge

U1
- Es sollen Benachteiligungen bei Bewerbungen um einen Arbeitsplatz vermieden werden.
- Vor subjektiven Einschätzungen des Betriebes soll geschützt werden.
- Einschätzungen über Fleiß, Arbeitsverhalten, soziales Verhalten, Einsatzbereitschaft können nur schwer objektiv eingeschätzt werden.

U2
- Einschränkung des Wettbewerbs
- Marktbeherrschende Produkte sind konkurrenzlos

U3
- Um den Betriebsfrieden zu sichern und damit die Organisationsbereitschaft der Arbeitnehmer zu verringern.

U4
- Beginn und Ende der täglichen Arbeitszeit, einschließlich der Pausen, wird festgelegt.
- Verteilung auf die einzelnen Wochentage wird festgelegt.
- Vorübergehende Verkürzung oder Verlängerung der betriebsüblichen Arbeitszeit wird festgelegt.

U5
- Der einzelne kann sich nur unzureichend gegen Risiken, z.B. Krankheit, Arbeitsunfall, Arbeitslosigkeit, absichern. Er braucht die Solidargemeinschaft.
- Schutz vor unverschuldeter Not

U6
- Die Versicherten bilden eine Risikogemeinschaft. Sie kommt in ihrer Gesamtheit für die Schadensfälle des einzelnen auf.
- Die Ansprüche der einzelnen werden aus dem Topf aller einbezahlter Versicherungsbeiträge abgedeckt.

| INDUSTRIE- UND HANDELSKAMMER | Abschlußprüfung | BS | PB | Prüf-Nr. | Fach-Nr. **3** |

Vor- und Familienname

Ausbildungsberuf

Ausbildungsbetrieb

| IHK | BNR | PR-Nr. | F **3** |
| 70 71 | 72 75 | 76 79 | 80 |

Markierungsbogen
Prüfungsfach: Wirtschafts- und Sozialkunde

N

	Wird vom Prüfungsausschuß ausgefüllt!
Anzahl der richtig gelösten programmierten Aufgaben	Faktor · 2,8	Punkte **A**
Erreichte Punkte bei den ungebundenen Aufgaben	Faktor · 0,75	Punkte **B**
Ergebnis in Punkten = Summe A + B (max. 100)		

Es dürfen nur ganze Zahlen **(ohne Kommastellen!)** eingetragen werden.

Wurde die ungebundene Aufgabe **abgewählt,** dann ist in das entsprechende Feld der Großbuchstabe **„A"** einzutragen.

Wurde die ungebundene Aufgabe **nicht bearbeitet,** dann ist das entsprechende Feld durchzustreichen.

Erreichte Punkte bei den ungebundenen Aufgaben

| U1 (31 32) | U2 (33 34) | U3 (35 36) |
| U4 (37 38) | U5 (39 40) | U6 (41 42) |

PAL Stuttgart
IHK-GfI Form P 4 N

Testaufgaben aus der PAL-Aufgabenbank
Wirtschafts- und Sozialkunde · Lösungsschlüssel

Zur Beachtung:
Bei der Verwendung der Testaufgaben aus der PAL-Aufgabenbank innerhalb der betrieblichen und der schulischen Lehrstoffvermittlung muß der Lehrende entscheiden, ob der Lösungsschlüssel, der sich leicht heraustrennen läßt, dem Auszubildenden zugänglich gemacht werden soll oder nicht.

Aufgaben Nr.	richtig ist	Aufgaben Nr.	richtig ist	Aufgaben Nr.	richtig ist	Aufgaben Nr.	richtig ist	Aufgaben Nr.	richtig ist	Aufgaben Nr.	richtig ist	Aufgaben Nr.	richtig ist	Aufgaben Nr.	richtig ist	Aufgaben Nr.	richtig ist	Aufgaben Nr.	richtig ist
001	5	062	1	122	3	183	1	243	4	303	2	364	3	424	5	485	3	545	5
002	1	063	3	123	3	184	5	244	4	304	4	365	1	425	5	486	4	546	1
003	4	064	3	124	4	185	2	245	3	305	3	366	4	426	2	487	3	547	4
004	3	065	1	125	3	186	5	246	2	306	5	367	5	427	4	488	5	548	3
005	1	066	3	126	1	187	3	247	5	307	2	368	4	428	5	489	1	549	2
006	4	067	5	127	4	188	4	248	3	308	2	369	5	429	4	490	2	550	5
007	2	068	5	128	2	189	5	249	2	309	5	370	5	430	3	491	5	551	5
008	5	069	4	129	5	190	4	250	5	310	1	371	1	431	3	492	4	552	1
009	2	070	4	130	2	191	3	251	2	311	4	372	3	432	4	493	5	553	3
010	5	071	3	131	4	192	3	252	4	312	5	373	1	433	4	494	4	554	3
011	2	072	2	132	1	193	1	253	1	313	2	374	4	434	1	495	4	555	1
012	3	073	1	133	5	194	3	254	2	314	4	375	5	435	3	496	2	556	5
013	2	074	5	134	3	195	1	255	1	315	5	376	2	436	4	497	3	557	4
014	5	075	3	135	1	196	3	256	3	316	4	377	1	437	5	498	1	558	2
015	1	076	4	136	5	197	4	257	5	317	2	378	5	438	3	499	5	559	5
016	3	077	3	137	2	198	4	258	2	318	4	379	4	439	4			560	1
017	4	078	4	138	3	199	1	259	2	319	1	380	3	440	3	500	5	561	3
018	3	079	2	139	4			260	4	320	5	381	5	441	4	501	4	562	4
019	5	080	2	140	4	200	2	261	3	321	3	382	2	442	3	502	1	563	5
020	3	081	4	141	4	201	5	262	4	322	1	383	4	443	1	503	4	564	2
021	1	082	5	142	1	202	4	263	4	323	1	384	3	444	4	504	3	565	5
022	3	083	2	143	3	203	3	264	2	324	4	385	5	445	4	505	2	566	4
023	5	084	5	144	3	204	3	265	4	325	4	386	3	446	5	506	2	567	2
024	5	085	4	145	2	205	5	266	5	326	1	387	3	447	2	507	2	568	3
025	2	086	3	146	2	206	4	267	1	327	5	388	5	448	1	508	4	569	1
026	1	087	3	147	3	207	1	268	3	328	4	389	2	449	5	509	2	570	5
027	3	088	1	148	3	208	2	269	2	329	3	390	4	450	5	510	2	571	2
028	4	089	5	149	5	209	5	270	3	330	3	391	1	451	3	511	3	572	1
029	1	090	1	150	4	210	1	271	1	331	4	392	2	452	1	512	2	573	3
030	1	091	5	151	5	211	2	272	5	332	3	393	5	453	4	513	3	574	3
031	3	092	2	152	3	212	4	273	3	333	3	394	4	454	5	514	4	575	1
032	5	093	2	153	3	213	5	274	5	334	5	395	4	455	1	515	2	576	2
033	5	094	5	154	3	214	3	275	2	335	4	396	1	456	5	516	5	577	2
034	3	095	2	155	5	215	2	276	1	336	2	397	3	457	3	517	1	578	2
035	2	096	4	156	1	216	4	277	3	337	1	398	4	458	1	518	3	579	5
036	1	097	1	157	3	217	4	278	2	338	4	399	5	459	3	519	4	580	4
037	2	098	5	158	3	218	2	279	4	339	1			460	1	520	1	581	2
038	3	099	5	159	4	219	3	280	5	340	5	400	5	461	3	521	3	582	1
039	2			160	1	220	3	281	3	341	5	401	3	462	5	522	4	583	3
040	4	100	2	161	5	221	1	282	4	342	2	402	3	463	3	523	5	584	5
041	3	101	2	162	2	222	3	283	5	343	1	403	2	464	2	524	2	585	3
042	1	102	4	163	1	223	5	284	2	344	4	404	3	465	5	525	4	586	3
043	2	103	3	164	4	224	4	285	2	345	2	405	1	466	5	526	1	587	3
044	1	104	3	165	5	225	1	286	1	346	2	406	3	467	3	527	4	588	3
045	4	105	4	166	2	226	1	287	2	347	3	407	5	468	2	528	4	589	3
046	1	106	3	167	3	227	3	288	1	348	4	408	4	469	2	529	2	590	1
047	5	107	2	168	2	228	5	289	4	349	1	409	2	470	2	530	5	591	5
048	3	108	5	169	5	229	1	290	2	350	4	410	1	471	4	531	4	592	3
049	5	109	4	170	2	230	3	291	5	351	2	411	3	472	5	532	5	593	3
050	4	110	1	171	1	231	1	292	5	352	5	412	5	473	3	533	2	594	2
051	4	111	4	172	3	232	5	293	3	353	1	413	3	474	3	534	4	595	1
052	2	112	2	173	5	233	5	294	5	354	3	414	1	475	2	535	1	596	5
053	3	113	4	174	5	234	2	295	4	355	4	415	3	476	2	536	3	597	5
054	5	114	2	175	2	235	5	296	2	356	5	416	2	477	4	537	4	598	2
055	1	115	2	176	1	236	1	297	5	357	2	417	5	478	3	538	5	599	3
056	3	116	4	177	3	237	4	298	3	358	4	418	5	479	5	539	2		
057	5	117	4	178	3	238	4	299	1	359	5	419	5	480	4	540	4	600	4
058	1	118	4	179	2	239	2			360	3	420	3	481	1	541	4	601	1
059	3	119	2	180	4	240	1	300	3	361	3	421	4	482	1	542	4	602	1
060	4	120	1	181	5	241	5	301	2	362	2	422	5	483	3	543	2	603	3
061	5	121	3	182	2	242	2	302	3	363	4	423	3	484	4	544	3	604	4

Auf-gaben Nr.	rich-tig ist	Auf-gaben Nr.	rich-tig ist	Auf-gaben Nr.	rich-tig ist	Auf-gaben Nr.	rich-tig ist
605	2	671	5	736	4	801	2
606	2	672	2	737	3	802	5
607	1	673	5	738	5	803	1
608	2	674	1	739	3	804	4
609	4	675	5	740	1	805	5
610	4	676	2	741	3	806	5
611	5	677	4	742	2	807	2
612	1	678	2	743	3	808	1
613	3	679	1	744	5	809	4
614	4	680	2	745	5	810	4
615	3	681	5	746	3	811	5
616	2	682	2	747	1	812	1
617	3	683	5	748	4	813	2
618	3	684	2	749	2	814	5
619	2	685	2	750	4	815	3
620	4	686	5	751	3	816	1
621	2	687	2	752	3	817	3
622	2	688	5	753	1	818	3
623	5	689	1	754	5	819	1
624	4	690	3	755	2	820	4
625	2	691	4	756	4	821	4
626	2	692	5	757	5	822	1
627	5	693	2	758	2	823	1
628	3	694	3	759	4	824	4
629	2	695	1	760	1	825	3
630	4	696	4	761	5	826	2
631	4	697	2	762	3	827	4
632	4	698	3	763	5	828	4
633	5	699	2	764	5	829	4
634	2			765	2	830	3
635	1	700	1	766	1	831	1
636	4	701	4	767	4	832	4
637	3	702	3	768	4	833	4
638	4	703	4	769	5	834	2
639	2	704	4	770	1	835	1
640	1	705	4	771	3	836	4
641	4	706	5	772	4	837	5
642	2	707	1	773	3	838	1
643	1	708	1	774	2	839	5
644	2	709	5	775	5	840	2
645	1	710	5	776	1	841	3
646	4	711	5	777	4	842	4
647	5	712	3	778	5	843	1
648	2	713	3	779	1	844	2
649	1	714	4	780	2	845	4
650	3	715	2	781	3	846	2
651	2	716	2	782	2	847	2
652	5	717	3	783	1	848	5
653	5	718	5	784	3	849	2
654	1	719	5	785	5	850	4
655	2	720	2	786	4	851	3
656	4	721	5	787	2	852	4
657	5	722	3	788	2	853	5
658	1	723	2	789	3	854	1
659	3	724	2	790	1	855	1
660	5	725	5	791	4	856	3
661	3	726	5	792	2	857	5
662	5	727	3	793	4	858	3
663	3	728	5	794	1	859	2
664	1	729	2	795	3	860	2
665	3	730	3	796	3	861	2
666	3	731	3	797	5	862	4
667	2	732	1	798	5	863	1
668	2	733	3	799	5	864	5
669	1	734	2				
670	3	735	2	0800	2		

© 1996 by Verlag Dr.-Ing. Paul Christiani GmbH & Co. KG · 78464 Konstanz · Hermann-Hesse-Weg 2
Wirtschafts- und Sozialkunde · Lösungsschlüssel, 6. völlig neu bearbeitete Auflage 1996

Lieferübersicht

Stand: 01.07.2000 – Alle Preise sind inkl. gesetzl. Mehrwertsteuer.
Preisänderungen und Irrtümer vorbehalten.

Technisches Institut für
Aus- und Weiterbildung

PAL-Aufgabenbank
Herausgegeben von der
Industrie- und Handelskammer Region Stuttgart

Die veröffentlichten Bände der PAL-Aufgabenbank enthalten Testaufgaben für den schriftlichen Teil der Prüfungen (Technologie, Technische Mathematik, Technische Kommunikation, Arbeitsplanung, Wirtschafts- und Sozialkunde) sowie für den praktischen Teil der Prüfungen (Steuerungstechnik und NC-Technik).

Metallberufe (Neue Ausbildungsordnung)

**Technologie Teil 1
Grundkenntnisse**
(14. völlig neu bearbeitete Auflage 1996)
Werkstofftechnik · Fertigungstechnik · Fügen ·
Prüftechnik
Bestell-Nr. 100030   DM 34,50 / € 17,64

Industrie-, Werkzeug-, Zerspanungsmechaniker

Technische Kommunikation Teil 1
(15. verbesserte Auflage 1996)
Allgemeine Zeichenregeln · Raumvorstellung ·
Maßeintragung · Darstellung von Bauelementen ·
Darstellung von Verbindungen · Gemischte Aufgaben ·
Lesen von Gesamtzeichnungen · Geometrische
Grundkonstruktionen · Grafische Darstellungen ·
Tabellen
Bestell-Nr. 100034   DM 34,50 / € 17,64

Technische Mathematik
(18. völlig neu bearbeitete Auflage 1999)
Für alle Metallberufe: Allgemeine Grundlagen · Physikalische Berechnungen · Prüftechnik · Festigkeitsberechnungen · Maschinentechnische Berechnungen · Elektrotechnik · Steuerungstechnik · NC-Technik · Drehtechnik · Frästechnik · Werkzeugtechnik · Formentechnik · Lohn- und Kostenberechnung
Bestell-Nr. 100040   DM 34,50 / € 17,64

**Lösungshinweise
Technische Mathematik**
zur 17. und 18. Auflage
Bestell-Nr. 100130   DM 26,80 / € 13,70

Formelsammlung

Metallberufe
Industriemechaniker, Werkzeugmechaniker
Zerspanungsmechaniker, Technischer Zeichner
(3. vollständig überarbeitete Auflage 1994)
Bestell-Nr. 100114   DM 10,80 / € 5,52

Industriemechaniker

**Aufgaben für die praktische Ausbildung in der Steuerungstechnik
Teil 1 Pneumatik**
(5. überarbeitete Auflage 1998)
Diese PAL-Aufgabenbank (Ordner) enthält 30 Aufgaben für die Herstellung pneumatischer Steuerungen. Die Aufgaben entsprechen in Inhalt und Aufbau den PAL-Aufgaben, wie sie auch bei Abschlussprüfungen der IHK verlangt werden können.
Bestell-Nr. 100047   DM 60,80 / € 31,09

Lösungshinweise zum Teil 1 (5. überarbeitete Auflage 1998)
Bestell-Nr. 100048   DM 19,80 / € 10,12

Teil 2 Elektropneumatik
(2. überarbeitete Auflage 1998)
Diese PAL-Aufgabenbank (Ordner) enthält 30 Aufgaben für die Herstellung elektropneumatischer Steuerungen. Die Aufgaben entsprechen in Inhalt und Aufbau den PAL-Aufgaben, wie sie auch bei Abschlussprüfungen der IHK verlangt werden können.
Bestell-Nr. 100052   DM 60,80 / € 31,09

Lösungshinweise zum Teil 2 (2. überarbeitete Auflage 1998)
Bestell-Nr. 100053   DM 19,80 / € 10,12

Industrie-, Werkzeug-, Zerspanungsmechaniker

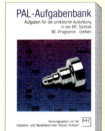

**Aufgaben für die
praktische Ausbildung in der
NC-Technik Drehen**
(3. verbesserte Auflage 1997)
Diese PAL-Aufgabenbank (Ordner) enthält ausführliche Erläuterungen zum Prüfungsstück „Erstellen eines NC-Programms", das in der Abschlussprüfung bearbeitet werden muss, sowie 15 Aufgaben aus der Drehtechnik, die weitgehend diesem Prüfungsstück entsprechen.
Bestell-Nr. 100054   DM 94.– / € 48,06

**Lösungen
Aufgaben für die praktische Ausbildung
in der NC-Technik Drehen**
Bestell-Nr. 100055   DM 32,80 / € 16,77

**Aufgaben für die
praktische Ausbildung in der
NC-Technik Fräsen**
(3. verbesserte Auflage 1997)
Diese PAL-Aufgabenbank (Ordner) enthält ausführliche Erläuterungen zum Prüfungsstück „Erstellen eines NC-Programms", das in der Abschlussprüfung bearbeitet werden muss, sowie 15 Aufgaben aus der Frästechnik, die weitgehend diesem Prüfungsstück entsprechen.
Bestell-Nr. 100056   DM 94.– / € 48,06

**Lösungen
Aufgaben für die praktische Ausbildung
in der NC-Technik Fräsen**
Bestell-Nr. 100057   DM 32,80 / € 16,77

Fortsetzung siehe Rückseite

Elektroberufe

Energieelektroniker · Industrieelektroniker

Technologie Teil 1 und Repetitor
(PAL-Aufgabenbank + PC-unterstützte Leistungsmessung)
Bestell-Nr. 100161   **DM 58,– / € 29,66**

Technologie Teil 1
(9. verbesserte Auflage 1998)
Werkstofftechnik · Grundlagen der Elektrotechnik · Messtechnik · Arbeitssicherheit
Bestell-Nr. 100060   **DM 34,50 / € 17,64**

**Repetitor zur PAL-Aufgabenbank
Technologie Teil 1**
PC-unterstützte Leistungsmessung (nur in Verbindung mit der PAL-Aufgabenbank, 7–9. Aufl., verwendbar).
Bestell-Nr. 100073   **DM 29,80 / € 15,24**

Technologie Teil 2 und Repetitor
(PAL-Aufgabenbank + PC-unterstützte Leistungsmessung)
Bestell-Nr. 100162   **DM 58,– / € 29,66**

Technologie Teil 2
(9. Auflage 1998)
Elektrische Maschinen · Elektrische Anlagen · Grundlagen der Elektronik · Schaltungen der Elektronik und Leistungselektronik
Bestell-Nr. 100061   **DM 34,50 / € 17,64**

**Repetitor zur PAL-Aufgabenbank
Technologie Teil 2**
PC-unterstützte Leistungsmessung (nur in Verbindung mit der PAL-Aufgabenbank, 9. Auflage, verwendbar).
Bestell-Nr. 100076   **DM 29,80 / € 15,24**

Technologie Teil 3 und Repetitor
(PAL-Aufgabenbank + PC-unterstützte Leistungsmessung)
Bestell-Nr. 100163   **DM 58,– / € 29,66**

Technologie Teil 3
(9. verbesserte Auflage 1999)
Digitaltechnik · Mikrocomputertechnik · Automatisierungstechnik
Bestell-Nr. 100062   **DM 34,50 / € 17,64**

**Repetitor zur PAL-Aufgabenbank
Technologie Teil 3**
PC-unterstützte Leistungsmessung (nur in Verbindung mit der PAL-Aufgabenbank, 8. + 9. Auflage, verwendbar).
Bestell-Nr. 100079   **DM 29,80 / € 15,24**

Technische Mathematik
(10. völlig überarbeitete Auflage 2000)
Allgemeine Grundlagen · Grundlagen der Elektronik · Elektronik, Digitaltechnik · Messtechnik · Elektrische Maschinen
Bestell-Nr. 100063   **DM 34,50 / € 17,64**

Alle Elektroberufe

Technische Kommunikation Teil 1
(8. völlig überarbeitete Auflage 1997)
Lesen von grafischen Darstellungen, Tabellen, Datenblättern und technischen Zeichnungen · Dokumentationen der Elektrotechnik · Lesen und Ergänzen von Schaltplänen der Installationstechnik, elektrischen Maschinen, der Elektronik und der Digitaltechnik · Lesen und Ergänzen von SPS-Funktionsdiagrammen und SPS-Programmen
Bestell-Nr. 100064   **DM 34,50 / € 17,64**

Chemieberufe

Technologie Teil 1 · Chemie
(6. völlig überarbeitete Auflage 1997)   Bestell-Nr. 100005   **DM 34,50 / € 17,64**

Technologie Teil 2 · Physik und Analytik
(4. völlig überarbeitete Auflage 1997)   Bestell-Nr. 100006   **DM 34,50 / € 17,64**

Labortechnik
(4. völlig überarbeitete Auflage 1999)   Bestell-Nr. 100007   **DM 34,50 / € 17,64**

Technische Mathematik
(3. überarbeitete Auflage 1999)   Bestell-Nr. 100008   **DM 34,50 / € 17,64**

Für alle Berufe

Wirtschafts- und Sozialkunde und Repetitor
(PAL-Aufgabenbank + PC-unterstützte Leistungsmessung)
Bestell-Nr. 100160   **DM 58,– / € 29,66**

Wirtschafts- und Sozialkunde
(6. völlig neu bearbeitete Auflage 1996, mit zum Teil wesentlichen Änderungen)
Berufsbildung, Betriebswirtschaft, Arbeits- und Tarifrecht, betriebliche Mitbestimmung, Sozialversicherungen sowie Arbeits- und Sozialgerichtsbarkeit.
Bestell-Nr. 100038   **DM 34,50 / € 17,64**

**Repetitor zur PAL-Aufgabenbank
Wirtschafts- und Sozialkunde**
PC-unterstützte Leistungsmessung (nur in Verbindung mit der PAL-Aufgabenbank, 6. Auflage, verwendbar).
Bestell-Nr. 100070   **DM 29,80 / € 15,24**

Kenntnisbank der Praxis

Lesen und Erstellen von Werkstattzeichnungen

Band 1 · Grundlagen
(7. überarbeitete Auflage 1996)
Der Band 1 enthält auf 80 Seiten im Format 210 x 210 mm die für den Auszubildenden und für den Facharbeiter wichtigsten Zeichenregeln (Zeichnungsnormen). Durch die tabellarische Darstellung der Zeichenregeln eignet sich die Kenntnisbank der Praxis besonders gut als Nachschlagewerk.
Bestell-Nr. 100133   **DM 17,80 / € 9,10**

Band 2 · Zeichenlehrgang mit Werkstückmodellen
(1. Auflage 1994)
Der Band 2 enthält alle notwendigen Hinweise zum Anfertigen einer Werkstattzeichnung sowie 50 Aufgaben, mit denen diese Qualifikation vermittelt werden kann. 25 Aufgaben beziehen sich auf die mitgelieferten 12 Werkstückmodelle.
Bei 20 Aufgaben muss die Werkstattzeichnung aus dem Raumbild eines Werkstücks entwickelt werden und bei 5 Aufgaben ist aus der Darstellung nach DIN 6 das Raumbild des Werkstücks zu zeichnen.
Bestell-Nr. 100150   **DM 88,80 / € 45,40**

Formelsammlungen

Die Formelsammlungen wurden speziell für die Verwendung in den Zwischen- und Abschlussprüfungen der Industrie- und Handelskammern erarbeitet.

Elektroberufe

Energietechnik
(4. überarbeitete Auflage 1994)   Bestell-Nr. 100131   **DM 10,80 / € 5,52**

Nachrichtentechnik
(3. überarbeitete Auflage 1994)   Bestell-Nr. 100132   **DM 10,80 / € 5,52**

Bauberufe

Bauzeichner/-in, Beton- und Stahlbetonbauer, Maurer, Straßenbauer, Zimmerer
(1. Auflage 1997)   Bestell-Nr. 100120   **DM 10,80 / € 5,52**

Dr.-Ing. Paul Christiani GmbH & Co. KG · Technisches Institut für Aus- und Weiterbildung · Hermann-Hesse-Weg 2 · 78464 Konstanz

Bestellkarte · PAL-Aufgabenbanken

Senden Sie mir die eingetragene Stückzahl bitte gegen Rechnung an die umstehende Adresse:

Stück	Best.-Nr.	Titel	DM/Stück	€/Stück
Metallberufe				
....	100030	Technologie Teil 1 · Grundkenntnisse	34,50	17,64
....	100040	Technische Mathematik **NEU**	34,50	17,64
....	100030	Technische Mathematik · Lösungshinweise **NEU**	26,80	13,70
....	100034	Technische Kommunikation Teil 1	34,50	17,64
....	100047	Steuerungstechnik Teil 1 Pneumatik	60,80	31,09
....	100048	Steuerungstechnik Teil 1 Pneumatik Lösungen	19,80	10,12
....	100052	Steuerungstechnik Teil 2 Elektropneumatik	60,80	31,09
....	100053	Steuerungstechnik Teil 2 Elektropneumatik Lösungen	19,80	10,12
....	100054	NC-Technik · Drehen	94,–	48,06
....	100055	NC-Technik · Drehen Lösungsband mit Diskette	32,80	16,77
....	100056	NC-Technik · Fräsen	94,–	48,06
....	100057	NC-Technik · Fräsen Lösungsband mit Diskette	32,80	16,77
Elektroberufe				
....	100161	Technologie Teil 1 – PAL-Aufgabenbank + Repetitor	58,–	29,66
....	100060	Technologie Teil 1	34,50	17,64
....	100073	Technologie Teil 1 – Repetitor	29,80	15,24
....	100162	Technologie Teil 2 – PAL-Aufgabenbank + Repetitor	58,–	29,66
....	100061	Technologie Teil 2	34,50	17,64
....	100076	Technologie Teil 2 – Repetitor	29,80	15,24
....	100163	Technologie Teil 3 – PAL-Aufgabenbank + Repetitor	58,–	29,66
....	100062	Technologie Teil 3	34,50	17,64
....	100079	Technologie Teil 3 – Repetitor	29,80	15,24
....	100064	Technische Kommunikation Teil 1	34,50	17,64
....	100063	Technische Mathematik **NEU**	34,50	17,64
Chemieberufe				
....	100005	Technologie Teil 1 · Chemie	34,50	17,64
....	100006	Technologie Teil 2 · Physik und Analytik	34,50	17,64
....	100007	Labortechnik	34,50	17,64
....	100008	Technische Mathematik	34,50	17,64
Für alle Berufe – Wirtschafts- und Sozialkunde				
....	100160	Aufgabenbank und Repetitor	58,–	29,66
....	100038	Aufgabenbank	34,50	17,64
....	100070	Repetitor	29,80	15,24

Preise inkl. MwSt. zuzügl. DM 4,95 / € 2,53 Versandkostenanteil pro Lieferung. (Preisänderungen vorbehalten.)

Datum   Unterschrift

Kenntnisbank der Praxis
Lesen und Erstellen von Werkstattzeichnungen

Stück	Best.-Nr.	Titel	DM/Stück	€/Stück
.....	100133	**Band 1 · Grundlagen**	17,80	9,10
.....	100150	**Band 2 Zeichenlehrgang mit Werkstückmodellen**	88,80	45,40

Formelsammlungen

Stück	Best.-Nr.	Titel	DM/Stück	€/Stück
.....	100114	**Metallberufe**	10,80	5,52
.....	100131	**Energietechnik**	10,80	5,52
.....	100132	**Nachrichtentechnik**	10,80	5,52
.....	100120	**Bauberufe**	10,80	5,52

Preise inkl. MwSt. zuzügl. DM 4,95 / € 2,53 Versandkostenanteil pro Lieferung.
(Preisänderungen vorbehalten.)

Rechnung in ☐ DM ☐ € (Bitte gewünschte Währung ankreuzen)

Absender (bitte in Druckschrift)

Name, Vorname / Firma .....

Straße, Nr. .....

PLZ/Ort .....

Datum ..... Unterschrift, Kundennummer .....

BA 822

☐ Kostenlose Gesamtübersicht BERUFSAUSBILDUNG

Antwort

Bitte mit Postkartengebühr freimachen!

Dr.-Ing. Paul Christiani
GmbH & Co. KG
Technisches Institut für
Aus- und Weiterbildung
Hermann-Hesse-Weg 2

78464 Konstanz